Uni-Taschenbücher 1481

UTB
FÜR WISSEN
SCHAFT

Eine Arbeitsgemeinschaft der Verlage

Wilhelm Fink Verlag München
Gustav Fischer Verlag Stuttgart
Francke Verlag Tübingen
Paul Haupt Verlag Bern und Stuttgart
Dr. Alfred Hüthig Verlag Heidelberg
Leske Verlag + Budrich GmbH Opladen
J. C. B. Mohr (Paul Siebeck) Tübingen
R. v. Decker & C. F. Müller Verlagsgesellschaft m. b. H. Heidelberg
Quelle & Meyer Heidelberg · Wiesbaden
Ernst Reinhardt Verlag München und Basel
F. K. Schattauer Verlag Stuttgart · New York
Ferdinand Schöningh Verlag Paderborn · München · Wien · Zürich
Eugen Ulmer Verlag Stuttgart
Vandenhoeck & Ruprecht in Göttingen und Zürich

Eugenio Coseriu

Sprachkompetenz

Grundzüge der Theorie des Sprechens

Bearbeitet und herausgegeben
von Heinrich Weber

Francke Verlag Tübingen

Prof. Dr. Dr. Drs. hc. *Eugenio Coseriu* lehrt an der Universität Tübingen Romanische Philologie und Allgemeine Sprachwissenschaft.

Dr. Heinrich Weber ist Akademischer Oberrat am Deutschen Seminar (Linguistische Abteilung) der Universität Tübingen.

CIP-Titelaufnahme der Deutschen Bibliothek

Coseriu, Eugenio:
Sprachkompetenz : Grundzüge d. Theorie d. Sprechens / Eugenio Coseriu. Bearb. u. hrsg. von Heinrich Weber. – Tübingen : Francke, 1988
   (UTB für Wissenschaft : Uni-Taschenbücher ; 1481)
   ISBN 3−7720−1747−9

NE: Weber, Heinrich [Bearb.]; UTB für Wissenschaft / Uni-Taschenbücher

© 1988 · A. Francke Verlag GmbH Tübingen
Dischingerweg 5 · D-7400 Tübingen 5

Einbandgestaltung: Alfred Krugmann, Freiberg am Neckar
Satz: Varus Verlag, Bonn
Druck: Gulde-Druck GmbH, Tübingen
Verarbeitung: Braun + Lamparter, Reutlingen
Printed in Germany

ISBN 3−7720−1747−9

Inhaltsverzeichnis

Vorwort des Herausgebers

Die gegenwärtige Linguistik ist, wenn man sie mit einem einzigen Schlagwort charakterisieren will, am ehesten eine Linguistik der "Sprachkompetenz", so wie die Linguistik in der ersten Hälfte dieses Jahrhunderts eine Linguistik der "Sprachstruktur" und die Linguistik des 19. Jahrhunderts eine Linguistik der "Sprachgeschichte" war. Sie geht der Frage nach, worin das sprachliche Wissen besteht, das es dem Menschen ermöglicht, zu sprechen und das Sprechen anderer zu verstehen. Die bisher einflußreichste Antwort wurde im Rahmen der amerikanischen Linguistik, genauer der generativen Grammatik N. Chomskys, gegeben: Die Sprachkompetenz sei ein Modul des Gehirns, dessen angeborene Prinzipien durch die Erfahrung einzelsprachlich spezifiziert würden, und die Linguistik habe die Aufgabe, diese Komponente des Geistes zu beschreiben, ihre angeborenen Prinzipien festzustellen und ihren Gebrauch zu untersuchen.

E. Coseriu, der in der von W. von Humboldt begründeten Tradition der Sprachforschung steht, darüber hinaus aber den ganzen Umkreis der traditionellen und modernen Sprachwissenschaft und Sprachphilosophie berücksichtigt, hat demgegenüber schon Mitte der fünfziger Jahre eine Theorie der Kompetenz oder - wie er es nannte - des "sprachlichen Wissens" (*saber lingüístico*) entwickelt (vgl. 1955/1975: "Determinierung und Umfeld") und seitdem vertreten, die Sprache als Erzeugnis menschlicher Kultur versteht: Nicht die Funktionsweise des Gehirns soll erklärt werden, sondern das alltägliche unreflektierte Sprechen der naiven Sprecher, und die Erklärung nimmt nicht Bezug auf biologisch vorgegebene Prinzipien, sondern auf die Fähigkeit des Menschen zu kreativer Tätigkeit, d.h. auf die Fähigkeit, Kultur und damit auch Sprache zu schaffen. Sprachkompetenz ist für ihn ein kulturbedingtes intuitives oder technisches Wissen auf den drei voneinander unabhängigen Ebenen des Sprechens im allgemeinen, der Einzelsprache und des Diskurses oder Textes. Allgemein-sprachliche Kompetenz, einzelsprachliche Kompetenz und Textkompetenz wirken im Sprechen zusammen (oder geraten gelegentlich in Konflikt miteinander), um einen jeweils neuen Diskurs in einer besonderen Situation zu gestalten. So erklärt E. Coseriu das Sprechen nicht primär aus der Biologie des Menschen, sondern aus seiner kreativen geistigen Tätigkeit, seiner Kultur und seiner Geschichte.

Das vorliegende Buch ist hervorgegangen aus Vorlesungen, die E. Coseriu im Wintersemester 1983/84 und im Sommersemester 1985 an der Universität Tübingen gehalten hat. Es stellt die sprachtheoretische Konzeption als ganze vor, deren Elemente der Verfasser seit den fünfziger Jahren in vielen Einzelpublikationen zugrundegelegt und diskutiert hat. Allerdings enthält es noch nicht die ganze Sprachtheorie, sondern nur die Theorie des Sprechens und der allgemeinen Gestaltung der Sprache; unberücksichtigt bleiben z.B. die Theorie des sprachlichen Zeichens oder die Theorie der Sprachgeschichte.

Von seinem Thema und von seiner Quelle, vor allem aber von der Bearbeitung her ist das Buch als Einführung konzipiert. Zum einen ist es eine Einführung in große Teile des Werkes von E. Coseriu, weil es den theoretischen Rahmen und den Hintergrund seiner Publikationen beleuchtet. Der Bearbeiter hat an geeigneten Stellen auf andere Werke des Verfassers verwiesen, die mit der Thematik des Buches zusammenhängen, und sie in einem eigenen Literaturverzeichnis zusammengefaßt, um so dem interessierten Leser die Weiterarbeit zu erleichtern. Darüber hinaus ist es eine Einführung in die Grundlagen der Sprachwissenschaft, weil es zentrale Fragestellungen und Begriffe der modernen Sprachwissenschaft vorstellt, diskutiert und an Beispielen veranschaulicht. In dieser Hinsicht konkurriert es mit des Verfassers *Einführung in die Allgemeine Sprachwissenschaft*, die vor einigen Monaten im gleichen Verlag erschienen ist, setzt aber andere Schwerpunkte. Im Vordergrund der *Einführung* stehen die Sprachstruktur und die Prinzipien einer Sprachwissenschaft, die diese Struktur beschreibt; der vorliegende Band führt dagegen, um Vorlesungstitel des Verfassers aufzugreifen, "über den Strukturalismus hinaus" zu einer "integralen Linguistik", die nicht nur die Einzelsprachen, sondern das ganze Sprechen umfaßt.

Der Bearbeiter hat Teile einer früheren Fassung dieses Buches in Proseminaren zur Einführung in die Sprachwissenschaft benutzt und immer wieder gesehen, wie sehr Coserius Konzeption geeignet ist, Interesse und Verständnis für sprachwissenschaftliche Fragestellungen zu wecken. Möglicherweise hat der Bearbeiter den einführenden Charakter stärker betont, als es vom Verfasser beabsichtigt war: er hat sich bemüht, den nicht immer ganz einfachen Gedankengang durch möglichst genaue und manchmal vielleicht gar zu ausführliche Formulierungen auch dem sprachwissenschaftlichen Laien so weit wie möglich zugänglich zu machen. Inwieweit dies gelungen ist, möge der Leser entscheiden.

Der Text beruht in erster Linie auf einer Tonbandnachschrift der beiden Vorlesungen. Der Wechsel der Textsorte hat allerdings zu größeren Veränderungen des ursprünglichen Wortlauts geführt. Angedeutetes wurde ausformuliert, Wiederholungen wurden gestrichen, Überleitungen neu formuliert, Lücken aus anderen Schriften des Verfassers ergänzt. Zitate wurden nachgeprüft, vervollständigt und möglichst anhand der Originaltexte wiedergegeben. So weit wie möglich wurden die Schriften der Autoren, auf die sich der Verfasser in der Vorlesung bezogen hat, ins Literaturverzeichnis aufgenommen. Die Gliederung des Textes und die Zwischenüberschriften stammen vom Bearbeiter. E. Coseriu hat das Manuskript gelesen und zahlreiche Verbesserungsvorschläge gemacht, die so weit wie möglich berücksichtigt wurden. Trotzdem ist kaum auszuschließen, daß bei der Bearbeitung Akzentverschiebungen und Mißverständnisse aufgetreten sind, für die der Bearbeiter die Verantwortung trägt. Wer vollständige Authentizität anstrebt, sei auf die Originalschriften des Verfassers verwiesen.

Gedankt sei all denen, die zum Zustandekommen dieses Buches beigetragen haben: Herrn E. Coseriu, der das Projekt von Anfang an gefördert und so die außerordentlich lehrreiche Auseinandersetzung mit seiner Sprachtheorie ermöglicht hat, seiner Sekretärin, Frau A. Ott, die mit großer Akribie die mühsamen Nachschriften vom Band angefertigt hat, Frau H. Aschenberg für kritische Hinweise zum Manuskript, meinen wissenschaftlichen Hilfskräften, Frau S. Vatter und Frau B. Rettich, für die Unterstützung bei den Korrekturen und nicht zuletzt dem Verlag für die Aufnahme des Bandes in die vorliegende Reihe.

Tübingen, den 8.8.88   H. Weber

0. Gegenstand und Fragestellung

Wir nehmen uns vor, eine Theorie der sprachlichen Kompetenz zu entwickeln. Unter Sprachkompetenz verstehen wir das Wissen, das die Sprecher beim Sprechen und bei der Gestaltung des Sprechens anwenden. Wir meinen nicht das Wissen über die "Sachen", von denen man spricht, sondern das Wissen, das sich auf das Sprechen selbst und auf seine Gestaltung bezieht. Wer schon andere Schriften von uns gelesen hat, wird viele Berührungspunkte feststellen können. Das liegt daran, daß das, was woanders als Grundlage diente, hier selbst zum Gegenstand der Untersuchung gemacht wird. Die Theorie der sprachlichen Kompetenz, die wir entwickeln wollen, wird zugleich eine Theorie des Sprechens in ihren Grundzügen sein. Sie wird auch eine Theorie über die Gestaltung der Sprachwissenschaft sein, weil der Aufbau der Sprachwissenschaft dem Aufbau der sprachlichen Kompetenz entsprechen sollte.

Eine Untersuchung der sprachlichen Kompetenz hat sich hauptsächlich mit folgenden vier Problemen zu beschäftigen:

1) Was umfaßt die Kompetenz, d.h. das Wissen, das die Sprecher beim Sprechen anwenden?

2) Welcher Natur ist dieses Wissen?
   - Ist es ein unsicheres Wissen, eine δόξα, eine Meinung?
   - Oder ist es eine Technik, ein technisches Wissen?
   - Oder ist es ein reflexives Wissen, eine "Wissenschaft"?

3) Was ist der Gehalt dieses Wissens, d.h. was weiß man im Rahmen der sprachlichen Kompetenz?
   - Kennt man Formen und Inhalte und Strukturen von Formen und Inhalten?
   - Oder kennt man Operationen zur Gestaltung der Formen und Inhalte?
   - Oder kennt man Regeln und Normen, um diese Operationen durchzuführen?

4) Wie ist dieses Wissen gestaltet?
   - Ist dieses Wissen systematisch gestaltet, d.h. "strukturiert"?

- Wenn dies der Fall ist: Auf welchen Ebenen und in welchem
  Ausmaß ist dieses Wissen strukturiert?

Das erste Problem, das den Umfang des sprachlichen Wissens betrifft, ist das wichtigste; wir werden ihm darum den größten Teil
dieses Buches widmen. Im ersten Kapitel diskutieren wir die For-
schungsgeschichte, und im zweiten Kapitel entwickeln wir unsere
eigene Theorie. Die übrigen Probleme können dann kürzer behandelt werden.

1. Geschichte und Kritik des Begriffs "Sprachkompetenz"

1.1. Die Unterscheidung von *langue* und *parole* bzw. Kompetenz und Performanz

In der Sprachwissenschaft des 20. Jh. haben sich vor allem zwei Auffassungen über den Umfang des sprachlichen Wissens behauptet. Es handelt sich dabei um die Theorie, die F. de Saussure in seinem *Cours de linguistique générale (1916)* dargelegt hat, und um die Theorie, die N. Chomsky in verschiedenen Abhandlungen (vor allem Chomsky 1965) vorgestellt hat. Wir werden auf diese beiden Autoren zurückkommen, so daß wir uns vorerst mit dem tatsächlichen Gehalt ihrer Auffassungen noch nicht zu beschäftigen brauchen.

Bei Saussure erscheint die Unterscheidung, die in der modernen Sprachwissenschaft berühmt geworden ist und allgemein anerkannt wird: er unterscheidet innerhalb der Sprache überhaupt *(langage)* zwischen *langue* und *parole* oder - wie man im Deutschen üblicherweise sagt - zwischen "Sprache" und "Rede"; besser und eindeutiger wäre es, zwischen "Einzelsprache" und "Rede" zu unterscheiden. Die *langue* ist das sprachliche Wissen, das Sprechenkönnen, und zwar ein bestimmtes historisch gegebenes Sprechenkönnen, z.B. das Deutsche. Die *parole* ist die Realisierung dieses Wissens im Sprechen. Sie ist nicht das Sprechen selbst, sondern nur das Sprechen, insofern es gerade dieses Wissen realisiert. Bei Chomsky erscheinen für *langue* und *parole* die beiden Begriffe "Kompetenz" und "Performanz". Chomsky unterscheidet also noch klarer zwischen dem Wissen, d.h. dem, was man weiß und wofür man sprachlich kompetent ist, und der Ausführung dieses Wissens im Sprechen.

Die beiden Auffassungen unterscheiden sich in terminologischer und inhaltlicher Hinsicht. Zur Benennung der zugrundeliegenden Fakten sind die Termini Chomskys vorzuziehen, weil sie eindeutiger sind und weil sie das, was gemeint ist, nicht nur benennen, sondern auch schon charakterisieren. Die *langue* ist bei Chomsky nicht nur als *langue* gegeben, sondern schon als das, was sie ist: ein Wissen, eine Kompetenz. Ebenso ist die *parole* nicht nur als *parole*, als eine bestimmte Form der Sprache, gegeben, sondern als Durchführung, als Ausführung eines Wissens im Sprechen.

Inhaltlich unterscheiden sich die beiden Auffassungen in dem, was sie als den Gehalt des sprachlichen Wissens ansehen, d.h. in unserem Punkt 3. Da wir darauf später ausführlich zurückkommen werden, sei hier nur folgendes gesagt: Bei Saussure ist die *langue* - auch wenn es nicht ausdrücklich gesagt wird - ein eher statisches System von Formen und Inhalten sowie von Strukturen und Paradigmata, die diesen Formen und Inhalten entsprechen. Das sprachliche Wissen besteht in diesem Fall darin, daß man eine bestimmte Form und eine bestimmte Bedeutung kennt. Die Kompetenz bei Chomsky ist dagegen eher ein Regelsystem. Sie wird operativ oder dynamisch aufgefaßt. Es geht um die Operationen, die man durchführt, um sprachliche Formen und Strukturen, insbesondere Sätze, im Sprechen auf korrekte Weise zu bilden.

Im übrigen entsprechen die beiden Auffassungen einander genau. Dies zeigt sich an Formulierungen wie "das, was Chomsky Kompetenz nennt", "das, was bei Saussure als *langue* erscheint", die man häufig in der neueren Sprachwissenschaft findet. Gemeinsam ist beiden Unterscheidungen die Abhängigkeit der *parole* von der *langue* bzw. der Performanz von der Kompetenz, und zwar sowohl in begrifflicher oder definitorischer als auch in faktischer Hinsicht. Die *parole* ist Realisierung der *langue*, und sie wird auch so aufgefaßt und definiert. Ebenso ist die Performanz Ausführung oder Durchführung der Kompetenz, wie es auch in der Definition zum Ausdruck kommt. In beiden Fällen wollen wir hier zu der Erkenntnis hinführen, daß die *parole* bzw. die Performanz - als Sprechen überhaupt aufgefaßt - anderes als die Realisierung der *langue* enthalten kann, oder daß sie - in strengem Sinne als Durchführung der Kompetenz genommen - im Sprechen neben sich noch anderes enthalten muß.

1.2.   Zur Vorgeschichte der Unterscheidung

Die Unterscheidung zwischen *langue* und *parole* und den diesen Termini entsprechenden Fakten in der Sprache wird fast immer Saussure zugeschrieben. Man glaubt, daß er als erster die Unterscheidung getroffen hat. Tatsächlich müßte man darüber sprechen, wie Saussure die Unterscheidung formuliert hat und wie er sie auffaßt. Die Unterscheidung selbst ist nämlich sehr alt. Wir finden sie in drei verschiedenen Formen:

1) Als intuitiv gemachte, nicht weiter begründete Unterscheidung findet sie sich dort, wo man auch sonst die ersten intuitiven Unterscheidungen findet: in den Sprachen selbst. Sehr viele Sprachen machen in ihrem Wortschatz diese oder eine ähnliche Unterscheidung.

2) In der praktischen Anwendung findet man die Unterscheidung seit der Antike als Grundlage der Grammatik und bei der Einteilung der sprachlichen Disziplinen im weitesten Sinne, d.h. der Disziplinen, die das Sprechen zum Gegenstand haben.

3) In expliziter Formulierung findet sich die Unterscheidung bei einer Reihe von Autoren, insbesondere aus dem deutschen Sprachraum oder aus Kulturräumen, die eng mit dem deutschen Kulturraum zusammenhängen.

1.2.1. Die intuitive Unterscheidung in den Sprachen

Wir betrachten zunächst die Unterscheidung in den Sprachen selbst. Sehr viele Sprachen machen in ihrem Wortschatz einen Unterschied zwischen Sprache und Rede:

Deutsch	Englisch	Russisch	Lateinisch
Sprache	*language/ tongue*	*jazyk*	*lingua*
Rede	*speech*	*reč*	*sermo*

Manche Sprachen, vor allem die romanischen, treffen sogar eine noch feinere Unterscheidung:

Franz.	Ital.	Span.	Port.	Rumän.
langage	*linguaggio*	*lenguaje*	*linguagem*	*limbaj*
langue	*lingua*	*lengua*	*língua*	*limbă*
parole	*favella/ parlare*	*habla(r)*	*fala(r)*	*vorbire*

Die Sprachen des am häufigsten auftretenden ersten Typs machen die Unterscheidung als primär. Bei den Sprachen, die drei Wörter besitzen, ist die weitere Unterscheidung meist sekundär. So gehören z.B. im Französischen die Wörter *langage* und *langue* zum gleichen Wortstamm.

Die Sprachen, die nur die primäre Unterscheidung treffen, haben einen einzigen Terminus für die Sprache im allgemeinen und für die Sprachen im einzelnen. In Ausdrücken wie *Der Mensch hat Sprache*, *Was ist die Sprache?*, *Sprachtheorie* ist die Sprache im allgemeinen gemeint. In Ausdrücken wie *die deutsche Sprache, die englische Sprache, die französische Sprache* bezieht man sich dagegen auf eine in bestimmter Weise geformte, historisch gegebene Sprache. Man kann in diesen Sprachen jedoch den Plural verwenden, wenn man sich auf die historischen Formen der Sprache beziehen will: *Das Deutsche, Englische, Französische usw. sind Sprachen.*[1]

Dt. *Sprache*, engl. *language* usw. entspricht den beiden Begriffen franz. *langage* und *langue* usw.; der Plural entspricht jedoch den Termini franz. *langue*, ital. *lingua* usw. Wir finden die so verstandene Unterscheidung im Titel von sprachwissenschaftlichen Werken, insbesondere von Einführungen, z.B. "Die Sprache und die Sprachen", "Language and Languages". In diesen Werken geht es um die Sprache im allgemeinen und um die historischen Formen der Sprache. Durch diese Verwendung des Plurals können auch die Sprachen des ersten Typs intuitiv eine dreifache Unterscheidung treffen. Das gleiche gilt für den anderen englischen Terminus *tongue*, der grundsätzlich den gleichen Umfang hat wie *language* (wenn auch vielleicht mit Betonung der *langue*).

In den Sprachen des zweiten Typs wird die Unterscheidung zwischen der Sprache im allgemeinen (*langage, linguaggio* usw.) und einer bestimmten Sprache (*langue, lingua* usw.) durch verschiedene Wörter getroffen. Im älteren nicht-technischen Sprachgebrauch

---

1 Zum Vergleich sei der Terminus *Kunst* angeführt. *Kunst* ist zunächst allgemein zu verstehen. Aber jede Form der Kunst ist wiederum *Kunst*; es wird kein anderer Terminus verwendet. Der Plural *Künste* ist jedoch dem Plural *Sprachen* nicht analog. Als *Künste* werden nicht die historischen, sondern die ständigen Formen der Kunst bezeichnet, z.B. Musik, Architektur usw.

kann zwar *langue, lingua* auch das Allgemeine mit einschließen (im älteren Französischen und im Portugiesischen eher umgekehrt), so daß die romanischen Sprachen hier den Sprachen des ersten Typs entsprechen. Heute kann man jedoch ohne weiteres sagen, daß auch der naive Sprecher einer romanischen Sprache diese Unterscheidung intuitiv, d.h. ohne weitere Begründung macht und daß er weiß, was gemeint ist, wenn es um *le langage* und um *langue* oder *notre langue* geht. Ein Franzose würde z.B. *notre langue* nicht als Sprache der Menschen verstehen, sondern als das Französische, d.h. als eine bestimmte Tradition des Sprechens.

1.2.2. Die praktische Unterscheidung in den Disziplinen des Triviums

Die Unterscheidung von *langue* und *parole* (in der Terminologie Saussures) findet man nicht nur als intuitive Unterscheidung in den Sprachen selbst, sondern auch seit der Antike als praktisch angewandte Unterscheidung zur Grundlegung der Grammatik. Man hat behauptet, die ältere Grammatik sei eine Grammatik der Rede gewesen oder eine Grammatik, die *langue* und *parole* nicht unterschieden oder miteinander verwechselt hätte. Das ist jedoch völlig falsch. Natürlich konnten in der traditionellen Grammatik vereinzelte Verwechslungen vorkommen; im ganzen ist sie aber seit ihren Anfängen eine Grammatik der *langue* oder der Kompetenz gewesen und nicht eine Grammatik der *parole* oder der Performanz. Was man in den Grammatiken beschreiben wollte, war immer ein Wissen, ein Sprechenkönnen, und zwar ein Wissen, das Formen, Inhalten und Regeln der Einzelsprache entspricht. Dies wird vor allem deutlich in der Abgrenzung der Grammatik von den beiden anderen sprachlichen Disziplinen der abendländischen Tradition, von Rhetorik und Dialektik, die sich gerade nicht auf die einzelsprachliche, sondern auf andere Arten der Kompetenz bezogen haben.

In Antike und Mittelalter gab es drei verschiedene sprachliche Disziplinen, nämlich Grammatik, Rhetorik und Dialektik, die drei verschiedene Arten der Kompetenz lehrten:

1) In der Grammatik geht es - zunächst sehr grob gesagt - um das, was unabhängig von Textsorten, Kontexten und Situationen ist,

was für das Sprechen in allen Textformen gilt. Mit der Genus-, Kasus- oder Pluralbildung behandelt sie beispielsweise Fakten, die in jeder Textform erscheinen können.

2) Die Rhetorik lehrt dagegen den Sprachgebrauch, der den Situationen und Kontexten angemessen ist. Sie lehrt ebenfalls Normen der sprachlichen Kompetenz, jedoch gerade nicht die grammatischen, sondern solche, die zwar in einer Einzelsprache festgestellt werden, jedoch einen viel allgemeineren Status haben.

Was ist unter einem Sprachgebrauch zu verstehen, der den Situationen und Kontexten des Sprechens angemessen ist? Wenn wir das feststellen wollen, müssen wir Typen von Faktoren unterscheiden, die am Kontext des Sprechens beteiligt sind, und wir müssen in bezug auf eben diese Typen Normen des Sprachgebrauchs feststellen oder - wenn wir normativ vorgehen - festsetzen. Grundsätzlich gibt es folgende Typen von Faktoren:

a) Worüber spricht man?
Hier geht es um das "Was?", um den Gegenstand des Sprechens. Es ist anzugeben, wie man über dieses oder jenes spricht.

b) Mit wem spricht man?
Hierbei geht es um den jeweiligen Hörer, den Adressaten des Sprechens. Es ist zu fragen, wie man zu bestimmten Kategorien von Personen spricht, z.B. zu Kindern, älteren Leuten oder Frauen.

c) Bei welcher Gelegenheit spricht man?

Hier ist zu fragen, welchem Situationstyp die jeweilige okkasionelle Situation entspricht und welche besondere Relation zwischen Sprecher und Hörer besteht.

Für diese drei Faktorentypen werden in der Rhetorik die Normen des angemessenen Sprachgebrauchs festgestellt oder festgesetzt. Die traditionelle Rhetorik hat sich zwar vor allem auf den Gegenstand des Sprechens konzentriert. Sie wird dadurch zu einer Theorie der objektiv begründeten Sprachstile. Dies liegt daran, daß die Rhetorik hauptsächlich anhand von Texten, vor allem literarischen Texten betrieben wurde und daß bei den überlieferten Texten nur der erste Faktor, das "Was?" des Sprechens, deutlich hervortrat. Man untersucht, wie man etwas Wichtiges, etwas Feierliches, etwas Allgemein-Menschliches, etwas Privates oder etwas Individuelles usw. zu sagen hat. Die beiden anderen Faktoren bleiben gerade bei den überlieferten Texten mehr oder weniger ausgeklammert. Diese Texte können grundsätzlich von verschiedenen Kategorien von Adressaten gelesen werden; eine besondere Beziehung zwischen dem Autor und bestimmten Kategorien von Lesern kommt eigentlich nicht zustande. Diese Konzentration auf den Gegenstand des Sprechens ist jedoch keinesfalls konstitutiv für die Rhetorik. In ihren Anfängen untersuchte sie auch die anderen Faktoren, und grundsätzlich betrifft sie das Sprechen schlechthin und nicht nur die Art des Sprechens, die in Texten überliefert wird.

Nach diesem Exkurs über die Faktoren des angemessenen Sprechens wenden wir uns der dritten der traditionellen sprachlichen Disziplinen zu:

3) Die Dialektik betrifft den kohärenten Gebrauch der Sprache im Dialog, im Miteinandersprechen. Sie spielt vor allem dort eine Rolle, wo die Kohärenz an erster Stelle notwendig ist, nämlich in der wissenschaftlichen einschließlich der philosophischen Forschung. In diesem Bereich müssen sinnvolle Fragen gestellt und Antworten gegeben werden, die diesen Fragen entsprechen. Auch die individuelle wissenschaftliche Forschung wird als Dialog aufgefaßt, d.h. als Argumentation, als Fragen und Antworten, als Aufstellen von Thesen und Anführen von Beweisgründen, als Formulieren und Widerlegen von Einwänden.

Wir werden später auf diese Unterscheidung zurückkommen, wenn wir die verschiedenen Typen der sprachlichen Kompetenz abgrenzen. Hier sei nur festgestellt, daß die Unterscheidung von Einzelsprache und Rede schon in der Grammatik als ihre Grundlage enthalten ist und daß die Abgrenzung der Grammatik zugleich eine Abgrenzung innerhalb der sprachlichen Kompetenz ist. Die sprachliche Kompetenz wird also nicht einfach mit dem durch die Abgrenzung der Einzelsprache geschaffenen Gegenstand gleichgesetzt. Mindestens in praktischer und normativer Hinsicht werden auch andere Formen der Kompetenz erkannt.

Am Rande sei bemerkt, daß die traditionellen sprachlichen Disziplinen, die in Antike und Mittelalter als Trivium zusammengefaßt
wurden, eine viel tiefere und viel umfassendere sprachliche Erziehung ermöglicht haben als die, die Sprachwissenschaft und Grammatik in moderner Zeit zu bieten haben. Diese sprachliche Erziehung in ihren drei Formen war die Grundlage des Studiums überhaupt, die Basis allen Lernens. Sie bildete den ersten Teil des Studiums im Mittelalter, das "Trivium". Man mußte das Trivium
durchlaufen haben, bevor man zu den Disziplinen übergehen konnte, die sich nicht mehr mit der Sprache allein, sondern mit dem Außersprachlichen, d.h. den Sachen selbst, befassen. Von einem solchen Umfang der sprachlichen Erziehung können wir heute kaum
noch träumen, obwohl wir glauben, große Fortschritte gemacht zu
haben. Das gleiche gilt für die Bedeutung, die hier der Sprache und
der sprachlichen Erziehung überhaupt beigemessen wird.

1.2.3. Die explizite Unterscheidung bei Hegel, Humboldt und Madvig

Die explizite Unterscheidung zwischen verschiedenen Formen der
Sprache findet man zuerst bei deutschsprachigen Autoren oder bei
Autoren, die mit dem deutschen Kulturraum eng zusammenhängen.
Wir können hier keine Geschichte, auch keine vollständige Vorge-
schichte dieser Unterscheidung anbieten, sondern nur einige Phasen
oder wichtige Momente, die wir feststellen konnten. Die Geschichte
selbst muß erst noch erarbeitet werden, damit die Zusammenhänge
zwischen diesen Phasen oder Momenten erkannt werden können.

Die Unterscheidung wird, soweit wir sehen, zum ersten Mal explizit gemacht von G.W.F. Hegel, und zwar in der *Enzyklopädie der
philosophischen Wissenschaften im Grundrisse*. In dem kurzen § 380
der 1. Auflage von 1817 und wieder in dem § 459 der 3. Auflage von
1830 (der nun den Umfang eines ganzen Kapitels angenommen hat
und den zentralen Abschnitt über die Sprache in der *Enzyklopädie*
darstellt), erscheint folgende sehr einfache Formel:

... die *Rede*, und ihr System, die *Sprache* ... [Hegel 1817, 248]

Rede und *Sprache* werden von Hegel selbst hervorgehoben. Unseres
Erachtens heißt das, daß Hegel hier eine fachsprachliche oder tech-

nische Unterscheidung machen wollte und daß *Rede* und *Sprache* als Termini verwendet werden. Hegel unterscheidet somit in der Sprache zwei geprägte Realitäten. Das Wörtchen *ihr* zeigt, daß er nicht von der Einzelsprache, sondern von der Rede ausgeht. Die Sprache ist nicht etwas anderes als die Rede, sondern das System der Rede selbst. Man findet die Sprache in der Rede selbst als das, was in ihr systematisch oder systemhaft ist. Wir werden darauf noch zurückkommen; hier war uns wichtig, daß Hegel die Unterscheidung ausdrücklich und in terminologischer Absicht gemacht hat.

Zum zweiten Mal erscheint eine ähnliche Unterscheidung bei W. von Humboldt, auch wenn sie nicht als ausdrückliche Unterscheidung beabsichtigt ist. Sie steht in seinem sprachtheoretischen Hauptwerk *Ueber die Verschiedenheit des menschlichen Sprachbaues und ihren Einfluss auf die geistige Entwicklung des Menschengeschlechts*, das postum 1836 als Einleitung zu einem anderen Werk erschienen ist, zum sog. "Kawi-Werk", d.h. zum Werk über die Kawi-Sprache auf der Insel Java.

In diesem Werk will Humboldt das Wesen der Sprachen in all ihren Formen bestimmen. In diesem Zusammenhang sagt er:

> Man muss die Sprache nicht sowohl wie ein todtes Erzeugtes, sondern weit mehr wie eine Erzeugung ansehen ... Sie selbst ist kein Werk (Ergon) sondern eine Thätigkeit (Energeia). [Humboldt 1963, 416 und 418]

Wir können hier die verwendeten Begriffe nicht ausführlich erklären, weil dies zu unserem zweiten Problem, zur Frage nach der Natur des sprachlichen Wissens gehört. Es sei nur hervorgehoben, daß Humboldt zwischen der Tätigkeit und dem Produkt der Tätigkeit unterscheidet und die Sprache gerade nicht als Produkt (Erzeugtes, *ergon*), sondern als Tätigkeit (Erzeugung, *energeia*) auffaßt. Mit dem Terminus *energeia*, den er in Klammern zu *Tätigkeit* hinzusetzt, bezieht er sich auf eine bestimmte Art von Tätigkeit, nämlich die schöpferische Tätigkeit.

Schöpferisch bedeutet, wenn man den Begriff *energeia* verwendet, 'über das Gelernte hinausgehend'. Der Begriff *energeia* ist ein Begriff von Aristoteles. Ἐνέργεια ist diejenige Tätigkeit, die ihrer eigenen Potenz, δύναμις, vorausgeht. Es gibt nämlich produktive Tätigkeiten, die etwas produzieren, indem sie ein schon erworbenes Machenkönnen anwenden. In diesem Fall hat man zuerst dieses Machen-können und dann erst die Anwendung dieser δύναμις, die produk-tive Tätigkeit. So ist es beispielsweise, wenn wir gewisse Gegenstän-de nach einem schon gebildeten Muster und mit einer schon gelern-ten Technik erzeugen. Es gibt aber auch Tätigkeiten, bei denen die Tätigkeit zuerst da ist, bei denen sie das Ursprüngliche ist. In die-sem Fall ist sie Erfindung; die δύναμις kommt erst nachher. Die Tä-tigkeit geht ihrer δύναμις voraus: Das durch schöpferische Tätig-keit Gemachte kann zu einem Muster werden, aus dem man die Normen für das Machen deduziert. Werden diese Normen nun aus dem Gemachten herausgelesen, so können sie zu einer Potenz, einer δύναμις, einem Machenkönnen werden. Nehmen wir an, Leonardo da Vinci schafft oder erfindet etwas. Es entsteht etwas Neues, vorher von niemand Gemachtes, etwas, was auch Leonardo nicht schon im voraus wußte oder als Verfahren beherrschte. Das Neue, von Leo-nardo zum ersten Mal Gemachte kann nun, nachdem es einmal ge-macht worden ist, von seinen Schülern übernommen werden als Muster für weiteres Produzieren. Es kann also gelernt werden, und zwar auch von Leonardo selbst, der das einmal Erfundene als Tech-nik für das weitere Produzieren übernehmen kann. In dieser Hin-sicht ist die schöpferische Tätigkeit zu verstehen, die ihrer eigenen δύναμις vorausgeht [vgl. 1979/1988: "Humboldt"].

Aristoteles sagt allerdings, daß diese schöpferische Tätigkeit in ih-rer Reinheit nur bei Gott sei. Gott sei nichts anderes als der reine Akt der Schöpfung; er sei nicht etwas, was schafft, sondern das Schaffen selbst. Bei den Menschen hingegen sei die schöpferische Tätigkeit nur insofern vorhanden, als das Neue über das Gelernte hinausgehe. Eine menschliche Tätigkeit sei in dem Maße schöpferisch, als sie über ihre δύναμις hinausgehe, und in dem Maße sei auch der Mensch göttlich oder Gott als schöpferisches Subjekt.

Humboldt meint diesen besonderen aristotelischen Begriff, wenn er sagt, daß die Sprache *energeia* ist. Er meint die Form der *energeia*, die man beim Menschen feststellt: das Hinausgehen über das Ge-lernte, das ursprüngliche Produzieren, das nicht einfach das schon Produzierte wiederholt.

Es ist kennzeichnend, daß Humboldt nun gerade in diesem Kon-text indirekt die Unterscheidung zwischen Sprache und Rede macht.

Er will nicht die Unterscheidung als solche machen, er will vielmehr behaupten, daß die Sprache in all ihren Formen *energeia* ist, und er will sich auf diese Formen beziehen. Diese Formen nennt er:

- die Sprache als Totalität des Sprechens
- eine Sprache
- das jedesmalige Sprechen

Die *Sprache als Totalität des Sprechens* entspricht dem *langage*; *e i-n e Sprache* oder - im weiteren Kontext - *Sprachen* entspricht der *langue*. Das *jedesmalige Sprechen* ist das, was man später *Rede* genannt hat. Ganz klar ist die Unterscheidung zwischen den beiden als *Sprache* bezeichneten Formen und der Form, die *das jeweilige Sprechen* genannt wird. Humboldt sagt, die Definition der Sprache als *energeia* würde an erster Stelle das *jedesmalige Sprechen* betreffen, gelte aber auch für die *Sprache als Totalität des Sprechens* und für *eine Sprache*:

> Unmittelbar und streng genommen, ist dies die Definition des jedesmaligen Sprechens; aber im wahren und wesentlichen Sinne kann man auch nur gleichsam die Totalität dieses Sprechens als die Sprache ansehen. Denn in dem zerstreuten Chaos von Wörtern und Regeln, welches wir wohl eine Sprache zu nennen pflegen, ist nur das durch jenes Sprechen hervorgebrachte Einzelne vorhanden und dies niemals vollständig, auch erst einer neuen Arbeit bedürftig, um daraus die Art des lebendigen Sprechens zu erkennen und ein wahres Bild der lebendigen Sprache zu geben. [Humboldt 1963, 418][1]

Humboldts Unterscheidung zwischen Tätigkeit und Werk, *energeia* und *ergon* entspricht keineswegs - entgegen einer sehr verbreiteten Meinung in der modernen Sprachwissenschaft - Saussures Unterscheidung zwischen *parole* und *langue*. *Energeia* ist nicht nur das Sprechen, sondern auch das, was bei Saussure als *langue* erscheint, und zwar jeweils ihrem Wesen nach. Der Begriff *energeia* betrifft zwar an erster Stelle das jeweilige Sprechen, aber er betrifft es nicht ausschließlich. Dagegen entspricht die Unterscheidung von jedesmaligem Sprechen, einer Sprache und der Totalität des Sprechens

---

1   Die Sätze Humboldts sind hier sehr kompliziert, weil er nicht selbst schrieb, sondern diktierte und deshalb sehr weitschweifig werden konnte.

ungefähr den Unterscheidungen Saussures. Von allen Formen der
Sprache aber wird behauptet, sie seien ihrem Wesen nach Tätigkeit.

Das dritte Mal erscheint eine ähnliche Unterscheidung bei dem
dänischen Linguisten und Latinisten J. N. Madvig. Sie wird vorgenommen in der Rektoratsrede "Ueber Wesen, Entwickelung und
Leben der Sprache" aus dem Jahr 1842, die - vom Verfasser ins
Deutsche übersetzt - in den *Kleinen philologischen Schriften*, Leipzig
1875, publiziert worden ist. Der Publikationsort ist nicht zufällig:
Leipzig war ein wichtiges Zentrum der linguistischen Forschung in
der zweiten Hälfte des 19. Jh. und hat Wesentliches zum begriffli-
chen Apparat der modernen Linguistik beigetragen.

In dieser Rektoratsrede sagt J.N. Madvig folgendes:

> Die allererste, leider nicht ganz selten übersehene Forderung bei jeder
> Untersuchung über die S p r a c h e ist, dass sie streng vom I n -
> h a l t d e r R e d e gesondert, rein gefaßt und so in klarer und sicherer
> Abstraktion festgehalten werde. [Madvig 1971, 86]

Madvig unterscheidet also zwischen dem Inhalt der Rede einerseits
und der Sprache andererseits, die vom Inhalt der Rede zu trennen
und in klarer und sicherer Abstraktion festzuhalten sei. Hier ist für
uns zweierlei wichtig:

Zum einen sind die Zusammenhänge wichtig, in denen Madvig
steht. Der Zusammenhang nach rückwärts ist klar: Madvig zitiert in
seiner Abhandlung [1971, 83] nur zwei Autoren und sagt von ihnen,
sie hätten das Wichtigste und Wesentlichste über die Sprache gesagt:
Hegel und Humboldt. Es ist sehr wahrscheinlich, daß Madvig damit
auch auf die Unterscheidungen anspielt, die bei Hegel und Humboldt zu finden sind. Nach vorwärts besteht höchstwahrscheinlich
ein Zusammenhang mit Saussure, weil bei ihm eine ähnliche Auffassung erscheint und weil er auch in anderem mit Madvig übereinstimmt, beispielsweise in der Auffassung vom willkürlichen, nicht
motivierten Charakter des sprachlichen Zeichens. Zum zweiten ist
die Tatsache hervorzuheben, daß Madvig die Sprache als etwas auffaßt, was vom jeweiligen Inhalt der Rede gesondert, aus der Rede
abstrahiert wird und somit auf einer Abstraktion beruht. Zum dritten ist wichtig, daß Madvig gerade diese Abstraktion, d.h. das Abstrakte und Abstrahierte, zum Objekt der Sprachwissenschaft

macht. Er sagt jedoch so wenig wie Hegel etwas über die Natur dieses Abstraktums.

Fassen wir noch einmal die Unterscheidungen zusammen, die wir bei Hegel, Humboldt und Madvig gefunden haben:

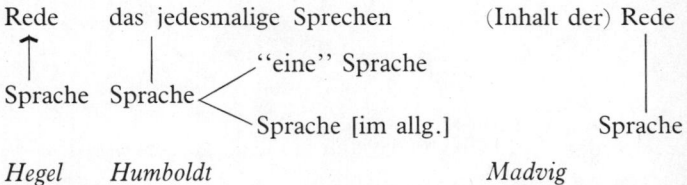

| Rede | das jedesmalige Sprechen | | (Inhalt der) Rede |

Hegel   Humboldt   Madvig

Bei Hegel werden wir fragen müssen, ob das Systemhafte in der Rede, d.h. die Sprache, nur einer bestimmten Art der Kompetenz, einem bestimmten Wissen entspricht (etwa dem, das bei Saussure als *langue* erscheint). Von Humboldt müssen wir für die spätere Diskussion des Wesens der Kompetenz festhalten, daß nicht nur das jedesmalige Sprechen *energeia* ist, sondern die Sprache in allen ihren Formen und damit auch in der Form der *langue*. Bei Madvig werden wir wie bei Hegel fragen müssen, ob das Abstraktum Sprache eine Kompetenz, ein Wissen ist und ob dieses Wissen ein mehrfaches ist. Wir werden weiter fragen müssen, ob dieses Abstraktum eine Einzelsprache meint oder alles Systemhafte in der Rede und damit auch verschiedene Arten des sprachlichen Wissens.

1.2.4. Die begründete Unterscheidung bei Georg von der Gabelentz

Zum vierten Mal begegnet uns die Unterscheidung bei Georg von der Gabelentz, und zwar in seinem Werk *Die Sprachwissenschaft. Ihre Aufgaben, Methoden und bisherigen Ergebnisse*, das zuerst 1891 und in 2. Aufl. postum 1901 in Leipzig erschienen ist [Neudruck 1972]. Dieses vierte Moment in der Geschichte der Unterscheidung ist für uns das wichtigste. Zum einen ist es das Ziel von Gabelentz, diese Unterscheidung explizit zu treffen, zu begründen und zu charakterisieren. Zum anderen dient die Unterscheidung dazu, verschiedene sprachwissenschaftliche Disziplinen zu begründen. Gabelentz meint, daß der Verschiedenheit der Formen der Sprache eine Verschiedenheit von Gesichtspunkten in der Sprachwissenschaft und damit verschiedene sprachwissenschaftliche Disziplinen entsprechen.

Die Unterscheidung, um die es hier geht, wird von Gabelentz wie folgt ausgedrückt:

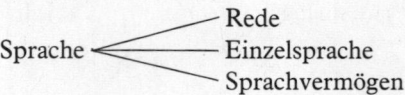

Sie wird damit begründet, daß die Sprache, aufgefaßt als "der gegliederte Ausdruck des Gedankens durch Laute", mehreres in sich fasse:

> Zunächst gilt die Sprache als Erscheinung, als jeweiliges Ausdrucksmittel für den jeweiligen Gedanken, d.h. als R e d e. Zweitens gilt die Sprache als eine einheitliche Gesammtheit solcher Ausdrucksmittel für jeden beliebigen Gedanken. In diesem Sinne reden wir von der Sprache eines Volkes, einer Berufsklasse, eines Schriftstellers usw. Sprache in diesem Sinne ist nicht sowohl die Gesammtheit aller Reden des Volkes, der Classe oder des Einzelnen, - als vielmehr die Gesammtheit derjenigen Fähigkeiten und Neigungen, welche die Form, derjenigen sachlichen Vorstellungen, welche den Stoff der Rede bestimmen. Endlich, drittens, nennt man die Sprache, ebenso wie das Recht und die Religion, ein Gemeingut der Menschen. Gemeint ist damit das S p r a c h - v e r m ö g e n, d.h. die allen Völkern innewohnende Gabe des Gedankenausdruckes durch Sprache. [Gabelentz 1972, 3]

Gabelentz unterscheidet also terminologisch, wie die typographische Hervorhebung zeigt, zwischen der *Rede* als dem jeweiligen Ausdrucksmittel für den jeweiligen Gedanken, der *Einzelsprache*, wie der einige Seiten weiter [1972, 8] eingeführte Terminus lautet, als dem Gemeingut eines Volkes und dem *Sprachvermögen* als der allgemeinen Fähigkeit der Menschen, sich durch Sprache zu äußern. Der Terminus *Einzelsprache* wird später oft zur Übersetzung von Saussures *langue* verwendet. Von der Einzelsprache wird - wenn auch nicht mit diesem Ausdruck - behauptet, daß sie eine Kompetenz oder ein Wissen sei und nicht bloß die Summe der Reden eines Volkes.

Da wir hier die Frage nach dem Umfang der Kompetenz behandeln, interessiert uns vor allem das Verhältnis von Rede und Einzelsprache. Gabelentz bestimmt es wie folgt:

> Die Rede ist eine Äusserung des einzelnen Menschen, die sie erzeugende Kraft gehört also zunächst dem Einzelnen an. Aber die Rede will verstanden sein, und sie kann nur verstanden werden, wenn die Kraft, der sie entströmt, auch in dem Hörer wirkt. Diese Kraft, - ein Apparat von Stoffen und Formen, - ist eben die Einzelsprache. [Gabelentz 1972, 59]

Die Einzelsprache ist also für Gabelentz eine erzeugende Kraft, ein Apparat von Stoffen und Formen, d.h. ein ''Wissen wie''. Zur Rede sagt Gabelentz zwar, daß sie die Sprache als konkrete Erscheinung, als Äußerung sei. Er sagt aber noch nichts darüber, ob sie bloße Realisierung der Einzelsprache sei, wenn er schreibt:

> Die Lebensäusserung einer Sprache, richtiger die Sprache selbst, die ja nur eine Lebensäusserung ist, - ist die Rede, die unmittelbar aus der Seele des Menschen fliesst. [Gabelentz 1972, 9]

Die heute naiv wirkende psychologische Terminologie braucht uns hier bei der Bestimmung der Begriffe nicht zu stören. An anderer Stelle grenzt Gabelentz die Rede als Lebensäußerung von der Einzelsprache folgendermaßen ab:

> Selbst die ärmste Sprache wird der Rede gewisse Freiheiten gestatten. Der Redende hat die Wahl, ob er den ihm vorschwebenden Gedanken in diese oder jene Form kleiden will ... [Gabelentz 1972, 386]

Wir finden hier einen Begriff, der auch in der heutigen Sprachwissenschaft immer wieder auftritt, den Begriff der ''Wahl''. Die Rede bleibt innerhalb der Einzelsprache; sie realisiert die Einzelsprache aufgrund einer Wahl zwischen den verschiedenen Möglichkeiten, die diese ihr bietet. Das bedeutet: Wo die Einzelsprache nur eine einzige Möglichkeit bietet, kann man nicht wählen, fällt die Rede mit der Einzelsprache zusammen, ist sie nur Realisierung oder Äußerung der Einzelsprache. Aber auch wo man wählen kann, ist die Rede nichts anderes als Realisierung der Einzelsprache, weil der Redende doch innerhalb der von der Einzelsprache zur Verfügung gestellten Ausdrucksmittel bleibt. Gabelentz schreibt ganz klar, daß es drei verschiedene Kräfte gibt, die die Rede bestimmen. Er macht aber nicht klar, ob diese Kräfte auch etwas anderes als eine besondere Wahl unter den Möglichkeiten der Einzelsprache bewirken:

> So sind es drei Mächte, die hier bestimmend wirken: zwei ständige: die Gewohnheit und die individuelle Anlage, und eine momentane: die jeweilige Stimmung. [Gabelentz 1972, 386]

Daß Gabelentz die Rede nur als Realisierung der Einzelsprache auffaßt, wird noch klarer, wenn wir die Disziplinen berücksichtigen,
die den drei Formen der Sprache entsprechen. Gabelentz führt dazu
aus:

> Die einzelsprachliche Forschung erklärt die R e d e aus dem Wesen
> der Einzelsprache. Die genealogisch historische Forschung erklärt
> die E i n z e l s p r a c h e, wie sie sich nach Raum und Zeit gespalten
> und gewandelt hat. Die allgemeine Sprachwissenschaft endlich will die
> vielen Sprachen als ebensoviele Erscheinungsformen des e i n e n g e -
> m e i n m e n s c h l i c h e n V e r m ö g e n s, und somit dieses
> Vermögen selbst erklären. [Gabelentz 1972, 12]

Nach Gabelentz' Auffassung bestehen also folgende Entsprechungen
zwischen den Formen der Sprache und den sprachwissenschaftlichen Disziplinen:

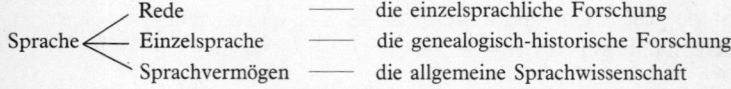

```
                Rede            ——— die einzelsprachliche Forschung
Sprache  ←—  Einzelsprache      ——— die genealogisch-historische Forschung
                Sprachvermögen  ——— die allgemeine Sprachwissenschaft
```

Die Disziplinen werden bestimmt nach ihrem jeweiligen Gegenstand. Unter dem Gegenstand einer Disziplin versteht Gabelentz die
Menge der Erscheinungen, die durch sie e r k l ä r t werden sollen.
Gegenstand ist also nicht das, was in der Disziplin beschrieben wird,
sondern das, was durch sie erklärt wird. In diesem Sinne ist die Rede
Gegenstand der einzelsprachlichen Forschung, die Einzelsprache
aber Gegenstand der genealogisch-historischen Forschung. Ein grobes Beispiel mag dies verdeutlichen. Auf die Frage, warum ein Spanier zum Tisch *mesa* sagt, könnte man antworten: "Weil man es im
Spanischen so sagt" oder "Weil dies das Wort für den Tisch in der
Einzelsprache Spanisch ist." Die Rede wird hier dadurch erklärt,
daß man die Einzelsprache beschreibt. Fragt man dagegen, warum
das Spanische gerade das Wort *mesa* für den Tisch hat und kein anderes, so fragt man nach der Einzelsprache selbst und nach ihrer Erklärung. Die Antwort wäre, daß das Spanische eine Fortsetzung des
Lateinischen oder einer bestimmten Phase dieser Sprache sei und
daß lautliche Veränderungen eingetreten seien, die aus lat. *mensa*
span. *mesa* gemacht hätten. Die Einzelsprache erklärt sich also aus
ihrer Geschichte.

Der dritten Disziplin, der allgemeinen Sprachwissenschaft, wird die Aufgabe zugewiesen, das Sprachvermögen zu erklären, d.h. auf etwas anderes zurückzuführen. Gabelentz macht allerdings nicht ganz klar, worauf genau das Sprachvermögen zurückgeführt werden muß, wenn er schreibt:

> Diese Wissenschaft hat das menschliche Sprachvermögen selbst zum Gegenstande. Sie will dies Vermögen begreifen, nicht nur in Rücksicht auf die geistleiblichen Kräfte und Anlagen, aus denen es sich zusammensetzt, sondern auch, soweit dies erreichbar ist, dem ganzen Umfange seiner Entfaltungen. [Gabelentz 1972, 302]

Der Ausdruck "geistleibliche Kräfte" kann als Hinweis darauf aufgefaßt werden, daß das Sprachvermögen durch Rückführung auf allgemeine Fähigkeiten des Menschen zu erklären ist.

Wir wollen hier nicht weiter diskutieren, wie Einzelsprache und Sprachvermögen zu erklären sind. Wir fragen nur, ob es angemessen ist, die Rede allein durch die Einzelsprache zu erklären. Mit anderen Worten: Wir fragen, ob der Umfang der Kompetenz, der sich in der Rede manifestiert, der Einzelsprache als solcher entspricht.

Gabelentz meint dies tatsächlich so. Er sagt immer wieder, daß die einzelsprachliche Forschung eine deskriptive Wissenschaft sei, die durch Beschreibung der Einzelsprache die Rede wenigstens insoweit vollständig erkläre, als sie einem sozialen Wissen entspreche. Darüber hinaus gebe es nur individuelle Wahl und individuelle Kombination innerhalb der von der Einzelsprache zur Verfügung gestellten Mittel. Die folgenden Zitate mögen Gabelentz' Auffassung belegen:

> Der Gegenstand der einzelsprachlichen Forschung ist die Sprache als Rede: die soll aus dem nationalen Sprachvermögen erklärt werden, nachdem dieses, inductiv, aus ihr ermittelt worden ist. Sie hat nicht den Ursprung dieses Vermögens zu erklären, - das ist Sache der allgemeinen Sprachwissenschaft - auch nicht dessen zeitliche Wandelungen zu verfolgen, - das gehört der Sprachgeschichte an, - sondern sie soll dies Vermögen, wie es jeweilig ist, entdecken, beschreiben und bis in die letzten seiner Windungen hinein verfolgen. [Gabelentz 1972, 76]
> Der Gegenstand der einzelsprachlichen Forschung, die Erscheinung, die sie erklären will, ist ... die Sprache als Äusserung, das heisst die R e d e. Wie kommt in der zu bearbeitenden Einzelsprache die Rede zustande, und warum gestaltet sie sich gerade so? Eine Äusserung erklären heisst, die ihr zu grunde liegenden Kräfte nachweisen. ... Diese Kraft, [der die Rede entströmt] ..., ist eben die Einzelsprache. Sie rich-

tig beschreiben, heisst ihre Äusserungen erklären. Mehr soll und will
die einzelsprachliche Forschung als solche nicht. ... Wir lernen und leh-
ren die Rede aufbauen aus ihren Stoffen und nach ihren Gesetzen, nachdem wir diese Stoffe und Gesetze inductiv, aus der Rede, ermittelt
haben. Dies ist die Grenze, die wir erreichen müssen, die wir aber nicht
überschreiten können, ohne in ein anderes Forschungsgebiet überzutre-
ten. [Gabelentz 1972, 59]

Die Einzelsprache ist ein Vermögen, das aus seinen Äusserungen begriffen, in diesen nachgewiesen werden will. Diese Aufgabe setzt sich
die einzelsprachliche Forschung, und sie darf innerhalb ihres Kreises jenes Vermögen als ein sich im Wesentlichen gleichbleibendes behandeln. ...

Dieses Vermögen also soll der Einzelsprachforscher erkennen, beschreiben und aus ihm heraus soll er die Äusserungen der Einzelsprache
erklären. [Gabelentz 1972, 139]

Aus diesen Ausführungen geht immer klarer hervor, daß die einzelsprachliche Forschung durch Beschreibung der Einzelsprache die
Rede erklärt, d.h. daß die Rede Realisierung der Einzelsprache ist.
Der Sprecher ist in der Rede, wie wir bereits gesehen haben, nur insofern frei, als er zwischen verschiedenen Möglichkeiten der Einzelsprache wählen kann, wenn es solche gibt. Die sprachliche Kompetenz wird somit als Einzelsprache aufgefaßt: Sie entspricht dem
Deutschen, Französischen, Spanischen usw.

Gabelentz geht jedoch noch einen Schritt weiter, und nach ihm die
Sprachwissenschaft im 20. Jh. Er versteht die Einzelsprache, wie
man mit einem späteren Terminus sagt, als *synchronisch*, d.h. als etwas Gleichzeitiges:

Die einzelsprachliche Forschung erklärt die Sprachäusserungen aus
dem jeweiligen Sprachvermögen und thut sich genug, wenn sie dieses
Vermögen, wie es derzeit in der Seele des Volkes ist oder war, in seinem
inneren Zusammenhange systematisch begreift. [Gabelentz 1972, 140]

Jetzt dürfte der Ausspruch, d a s s   d i e   g a n z e   S p r a c h e
i n   j e d e m   A u g e n b l i c k e   l e b t, weder überflüssig noch
misszuverstehen sein. Was nicht mehr in der Sprache lebt, gehört nicht
mehr zu ihr, so wenig wie der ausgefallene Zahn oder das amputirte
Bein noch zum Menschen gehört. Dies besagt der Satz in negativer
Richtung. In positiver behauptet er aber, dass jede lebende Sprache in
jedem Augenblicke etwas Ganzes ist, und dass nur das im Augenblicke
Lebende in ihr wirkt. [Gabelentz 1972, 8]

Nicht Ei, Raupe und Puppe erklären den Flug des Schmetterlings,
sondern der Körper des Schmetterlings selbst. Nicht die früheren Pha-

> sen einer Sprache erklären die lebendige Rede, sondern die jeweilig im
> Geiste des Volkes lebende Sprache selber, mit anderen Worten der
> S p r a c h g e i s t. [Gabelentz 1972, 9]

Die jeweiligen Normen und Regeln der Einzelsprache könnten zwar
sehr lange gelten, es sei aber wichtig, daß man sie jeweils synchronisch betrachtet, d.h. in ihrem Zusammenhang mit all den übrigen
gleichzeitigen Regeln und Normen. Die Einzelsprache als Erklärung
der Rede ist also ein Sprachzustand. Sie umfaßt das, was zu einer bestimmten Zeit in der "Seele" oder im "Geist" des Volkes lebt.

   Das Verhältnis von Rede und Einzelsprache (Sprachzustand) bzw.
der sie erklärenden Disziplinen kann in folgendem Schema zusammengefaßt werden:

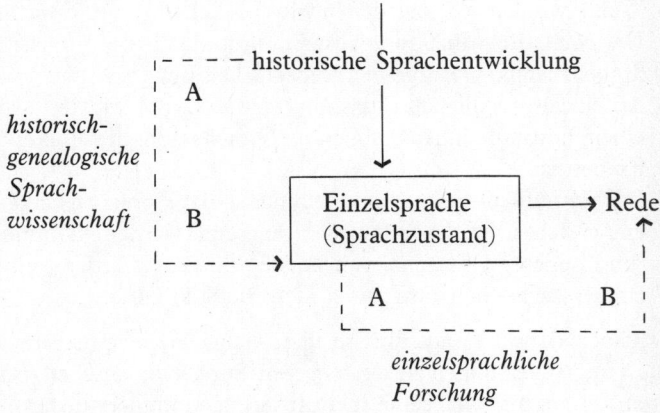

A = Materie (Inhalt) der Disziplin
B = "Gegenstand" der Disziplin, d.h. das, was sie zu erklären hat [vgl.
     1972, "Gabelentz", 11]

Noch in einem weiteren Punkt nimmt Gabelentz spätere Auffassungen vorweg: Er betrachtet die Einzelsprache nicht nur als gleichzeitig, sondern auch als "gleichsprachlich" [Gabelentz 1972, 61], d.h.
als zu ein und demselben Sprachsystem gehörig. Die einzelsprachliche Forschung dürfe z.B. nicht die räumliche Differenzierung der
Sprache berücksichtigen, sondern habe eine einheitliche Sprache zu
beschreiben. Er schreibt:

> Zieht sie [die einzelsprachliche Forschung] die Vorgeschichte, die Dia-
> lekte und die stammverwandten Sprachen zu Rathe, so tritt sie auf das
> genealogisch-historische Gebiet über. [Gabelentz 1972, 60]

Ein Sprachzustand wird also aufgefaßt als einheitlicher Sprachzustand, als Sprachsystem.

Gabelentz nimmt also, wie wir gesehen haben, bei der Bestimmung des Verhältnisses von Rede und Einzelsprache mehrere Identifizierungen vor:

1) Die erste Identifizierung besteht darin, daß sprachliche Kompetenz und Einzelsprache gleichgesetzt werden. Die Rede, d.h. alles Sprechen, ist für ihn nämlich nichts anderes als die
   Realisierung einer Einzelsprache; es besteht nur die Freiheit der
   Wahl zwischen verschiedenen Möglichkeiten dieser Sprache.
2) Die zweite Identifizierung besteht darin, daß Einzelsprache und
   Sprachzustand gleichgesetzt werden. Die Einzelsprache wird in
   der einzelsprachlichen Forschung nur als das betrachtet, was zu
   einem bestimmten Augenblick im Sprachgefühl des Volkes vorhanden ist.
3) Die dritte Identifizierung besteht darin, daß Sprachzustand und
   einheitliches Sprachsystem gleichgesetzt werden. Räumliche
   (und andere) Differenzierungen der Sprache werden von der
   einzelsprachlichen Forschung nicht berücksichtigt.

Wir haben darum so ausführlich über Gabelentz gesprochen, weil
seine Unterscheidungen in der neueren Sprachwissenschaft beibehalten werden und weil seine Identifizierungen immer wieder mehr
oder weniger eindeutig formuliert werden. Allerdings nimmt man
dabei höchst selten auf ihn Bezug.

1.3.   Zur Identifizierung von Kompetenz, Einzelsprache, Sprach-
         zustand und Sprachsystem

1.3.1. Fragestellung

In unserer historischen Übersicht haben wir gesehen, daß das mit
der Rede identifizierte Sprechen als Manifestation der Kompetenz
angesehen wird, daß die Kompetenz als Kenntnis einer Einzelspra-

che betrachtet wird und daß die Einzelsprache als gleichzeitiges und einheitliches Sprachsystem verstanden wird:

Sprechen ("Rede")

↑ (manifestiert sich im)

Kompetenz = Einzelsprache = Sprachzustand = *ein* Sprachsystem

Um den Umfang der Kompetenz zu bestimmen, werden wir uns folgendes fragen müssen:

1) Stimmt es, daß die Rede (das Sprechen) bloß Realisierung der Einzelsprache ist, d.h. daß die Beschreibung der Einzelsprache das Sprechen restlos erklärt bis auf das, was rein okkasionell und individuell ist? Mit anderen Worten: Fällt die Kompetenz einfach mit der Einzelsprache zusammen?

2) Stimmt es, daß die Einzelsprache, die sich in der Rede manifestiert, genau e i n e m Sprachzustand entspricht, wenn dieser Sprachzustand als einheitliches System aufgefaßt wird?

3) Stimmt es, daß die sprachliche Kompetenz als Einzelsprache und Sprachzustand genau e i n e m einheitlichen Sprachsystem entspricht?

Die Antwort auf alle drei Fragen wird "Nein" sein.

An anderer Stelle haben wir zwischen System, Norm und Rede unterschieden und in diesem Zusammenhang behauptet, die Rede sei die Realisierung der Einzelsprache [Vgl. 1952/1975: "System, Norm und Rede", 1970: "System, Norm und 'Rede'" sowie unten Kap. 5.2]. Dabei handelt es sich jedoch um eine Unterscheidung von Ebenen der Sprachtechnik, die überhaupt nicht den Umfang und die Grenzen dieser Ebenen betrifft. Mit "Rede" meine ich dort nicht das ganze Sprechen, sondern nur das Sprechen, insofern es Realisierung einer jeweils einheitlichen Einzelsprache ist. Es handelt sich um die Rede, die einer bestimmten Norm, und die Norm, die einem bestimmten Sprachsystem entspricht. Das ganze Sprechen zu erklären ist viel komplizierter als die Rede in diesem Sinne zu erklären, indem man sie auf die jeweilige Einzelsprache zurückführt.

1.3.2. Die historische Sprache als Gefüge von Sprachsystemen

Wir verstehen unter einer "historischen Sprache" eine Sprache, die als historisches Kulturprodukt vorhanden ist und von ihren eigenen Sprechern und denen anderer Sprachen als S p r a c h e anerkannt wird. Wir erkennen eine historische Sprache vor allem daran, daß sie einen eigenen Namen hat, durch ein adjectivum proprium bezeichnet wird, z.B. die *deutsche, französische, italienische Sprache*. Eine historische Sprache beruht nicht auf konventioneller Abgrenzung. Wir können die Sprache einer Familie, einer Stadt, einer Gruppe von Schriftstellern konventionell abgrenzen, nicht aber historische Sprachen wie das Deutsche oder das Französische, die historisch mit bestimmten Grenzen schon gegeben sind (auch wenn wir fragen können, ob die Grenzen diese oder jene sind, ob z.B. eine Mundart x zu einer Sprache y gehört).

Eine historische Sprache ist nie ein einziges Sprachsystem, sondern ein Gefüge von - teilweise - verschiedenen Sprachsystemen. Es bestehen Unterschiede in phonetischer, grammatischer und lexikalischer Hinsicht. Die teilweise divergierenden, aber historisch zusammenhängenden Sprachsysteme innerhalb einer historischen Sprache unterscheiden sich grundsätzlich in dreierlei Hinsicht [vgl. 1980: "Historische Sprache" sowie 1981/1988: *Lecciones*, Kap. 11]:[1]

1) Sie unterscheiden sich im Raum, d.h. sie bilden verschiedene Dialekte. Wir bezeichnen die Verschiedenheit im Raum als *diatopisch*; die Einheitlichkeit in räumlicher Hinsicht nennen wir dagegen *syntopisch*.

2) Sie unterscheiden sich soziokulturell, d.h. sie konstituieren verschiedene soziokulturelle Sprachschichten und Sprachniveaus. Wir nennen diese Art der Verschiedenheit *diastratisch* (von lat. *stratum* 'Schicht') und die entsprechende Einheitlichkeit *synstratisch*.

3) Sie unterscheiden sich in expressiver Hinsicht, d.h. hinsichtlich verschiedener Situationen des Sprechens und der darauf bezogenen Sprachstile. Diese Art der Verschiedenheit heißt *diaphasisch*, die entsprechende Einheitlichkeit *synphasisch*.

---

1 Die Termini *diatopisch* und *diastratisch* sind aus Flydal 1951 übernommen.

In dieser Hinsicht ist die historische Sprache eine Art Konnexion, ein Gefüge von Mundarten, von Sprachniveaus und von Sprachstilen [vgl. auch unten Kap. 2.4.]. Wir gehen syntopisch vor, wenn wir die Sprache in einem bestimmten Raum betrachten, z.B. das Schwäbische als besondere Form des Deutschen. Wir gehen synstratisch vor, wenn wir ein bestimmtes Sprachniveau untersuchen, z.B. die Sprache der Gebildeten. Unsere Untersuchung ist synphasisch, wenn sie sich auf einen bestimmten Sprachstil richtet, z.B. die Sprache in der Familie. Wir erfassen noch nicht ein einheitliches Sprachsystem, wenn wir nur syntopisch, synstratisch oder synphasisch vorgehen. Die gleiche Mundart kann nämlich ihrerseits diatopische und diaphasische Verschiedenheiten aufweisen. Ein bestimmtes Sprachniveau, z.B. das der Gebildeten, kann andererseits mundartliche und stilistische Differenzierungen aufweisen. Ein bestimmter Sprachstil, z.B. die Sprache in der Familie, wird wiederum räumlich und soziokulturell differenziert sein.

Die historischen Sprachen sind im Normalfall diatopisch, diastratisch und diaphasisch differenziert. Eine Sprache, die keine Verschiedenheit im Raum oder in der soziokulturellen Schichtung aufweist, ist schon eine reduzierte Sprache, weil sie nur die Sprache einer kleinen und sehr homogenen Gemeinschaft sein kann. Eine Sprache, die nur e i n e n Sprachstil aufweist, ist keine lebendige Sprache mehr. Es ist nämlich grundsätzlich unmöglich, daß man in allen Typen von Situationen nur e i n e n Sprachstil gebraucht. Sprachen, die auf e i n e n Sprachstil oder wenige zusammenhängende Sprachstile reduziert sind, sind tote Sprachen. Sie können nicht mehr die erste Sprache einer Sprachgemeinschaft sein, sondern werden nur noch in Sprachgemeinschaften, die eine andere Sprache als erste Sprache haben, für bestimmte Zwecke verwendet. Eine solche Sprache war das Lateinische seit dem Mittelalter in den westeuropäischen Sprachgemeinschaften, wenn auch für ein sehr breites Register.

1.3.3. Die funktionelle Sprache als einheitliches Sprachsystem

Eine "funktionelle Sprache" ist eine Sprache, die in jeder Hinsicht einheitlich, d.h. zugleich syntopisch, synstratisch und synphasisch ist. Mit anderen Worten: Sie ist eine vollkommen bestimmte Mund-

art auf einem vollkommen bestimmten Sprachniveau in einem vollkommen bestimmten Sprachstil. Wir nennen die Sprache, die die
drei Typen der Einheitlichkeit aufweist, darum funktionell, weil sie
die Sprache ist, die jeweils unmittelbar im Sprechen funktioniert
[vgl. 1981/1988: *Lecciones*, Kap. 11].

Eine historische Sprache im ganzen wird niemals als solche gesprochen. Niemand kann das Deutsche als historische Sprache sprechen,
d.h. niemand kann z.B. zugleich bairisch, schwäbisch und aleman-
nisch sprechen. Wenn jemand spricht, so spricht er eine bestimmte
Mundart auf einem bestimmten Niveau in einem bestimmten
Sprachstil. Man kann nicht zugleich am gleichen Punkt der Rede
mehrere verschiedene Sprachniveaus realisieren, und man spricht
immer einen besonderen Sprachstil und nicht zugleich verschiedene.
Die historische Sprache wird im Sprechen nicht unmittelbar realisiert, sondern nur über die funktionellen Sprachen, aus denen sie zu-
sammengesetzt ist.

An jedem Punkt des Sprechens kann man also nur e i n e bestimmte funktionelle Sprache realisieren. Man kann aber sehr wohl
im Sprechen mehrere funktionelle Sprachen realisieren, und zwar an
verschiedenen Punkten derselben Rede oder desselben Textes. Man
kann z.B. in einem hochdeutschen Text an einem bestimmten Punkt
etwas Schwäbisches verwenden, um eine bestimmte Textfunktion
auszudrücken. Ein Text entspricht nicht notwendigerweise einer bestimmten funktionellen Sprache, auch wenn in der Praxis die meisten Texte mehr oder weniger einheitlich sind. So wird man in einem
deutschen wissenschaftlichen Text kaum etwas Mundartliches finden; man kann ein bestimmtes Sprachniveau erwarten und man
kann damit rechnen, daß er im traditionellen Wissenschaftsstil und
nicht etwa in einem familiären Sprachstil abgefaßt ist. Es gibt aber
auch Texte, die an verschiedenen Punkten verschiedene funktionelle
Sprachen verwenden. In einer Erzählung z.B. kann der Verfasser eine andere funktionelle Sprache verwenden als seine Gestalten. Mit
Einheitlichkeit in Texten darf man nicht im voraus rechnen; sie ist
allenfalls, je nach Textsorte mehr oder weniger, statistisch gesichert.

Selbst Standardsprachen, d.h. exemplarische oder vorbildliche
Sprachen wie das Hochdeutsche oder das Standard-Französische
von Paris, sind keine unmittelbaren Beispiele für funktionelle Spra-

chen. Solche Sprachen weisen zwar nur wenige diatopische und diastratische Unterschiede auf. Sie sind aber sehr wohl diaphasisch differenziert, weil sie in verschiedenen Typen von Situationen gesprochen werden.

Die funktionelle Sprache ist hinsichtlich ihrer Abgrenzung ein Idealobjekt. Dies heißt jedoch nicht, daß die verschiedenen funktionellen Sprachen den Sprechern nicht bekannt wären: in diesem Fall würde gerade die Variation innerhalb eines Textes nicht mehr funktionieren. Wir erkennen sehr wohl, ob ein Ausdruck einer Mundart entspricht; wir weisen Ausdrücke einem bestimmten Sprachniveau zu, wenn wir sie z.B. als vulgär, oder einem bestimmten Sprachstil, wenn wir sie z.B. als familiär identifizieren. Solche Identifizierungen spielen bei der unmittelbaren Interpretation stets eine Rolle. Natürlich kann sich der Hörer oder Leser dabei irren oder täuschen und dadurch zu falschen Identifizierungen kommen. Dies spielt jedoch keine Rolle gegenüber der Tatsache, daß solche Unterschiede von den Sprechern selbst intuitiv identifiziert und nicht selten ausdrücklich benannt werden. Solche Benennungen sind nicht notwendig die Fachausdrücke der Linguistik, entsprechen aber doch weitgehend einer linguistischen Identifizierung (z.B. wenn man einen Ausdruck als "veraltet" oder "nicht mehr üblich" bezeichnet).

1.3.4. Das einheitliche Sprachsystem als Gegenstand der Grammatik

Wir erkennen nun, worauf die Identifizierung von Kompetenz, Einzelsprache, Sprachzustand und Sprachsystem tatsächlich beruht: Sie beruht auf Reduktion, und zwar auf der Reduktion des ganzen Sprechenkönnens auf e i n e Einzelsprache und der Reduktion der komplexen Einzelsprache auf e i n e einheitliche funktionelle Sprache.

Diese Reduktionen sind in methodischer Hinsicht außerordentlich wichtig: Sie ermöglichen erst eine kohärente Fragestellung bei der Beschreibung von Sprachsystemen in grammatischer, lautlicher und lexikalischer Hinsicht. Es ist nämlich nicht möglich, verschiedene Sprachsysteme zugleich kohärent zu beschreiben. Die Grammatik hat immer schon etwas Einheitliches beschreiben wollen. Hier liegt auch der Ursprung der Normativität, und zwar sowohl der objektiven, sozial anerkannten Normativität als auch der subjektiven

Normativität, die darin besteht, daß jemand eine bestimmte Art
oder Form der Sprache vorschlägt.

Die Reduktionen sind also für die Fragestellung der Grammatik
im umfassenderen Sinne, d.h. für die Beschreibung von Sprachsystemen, sehr wohl berechtigt. Sie bilden die Grundlage für die
"grammatische" Auffassung der modernen Linguistik, wie sie bei
Saussure und Chomsky formuliert ist. Saussure hat in dieser Hinsicht weitgehend die europäische Sprachwissenschaft geprägt, und
Chomsky hat in der nordamerikanischen Linguistik die gleiche Unterscheidung explizit getroffen. Man muß aber fragen, ob das Sprechen nur einer Kompetenz in diesem Sinne entspricht, d.h. einer
einzelsprachlichen Kompetenz, die einem bestimmten Sprachzustand und in diesem einer bestimmten funktionellen Sprache entspricht [vgl. 1982: "Structuralisme"].

1.4. Die Auffassung Ferdinand de Saussures

Wir haben bei Gabelentz die Identifizierungen kennengelernt, die
für die systematische Sprachbeschreibung, d.h. für die Grundlegung
der Grammatik im weiteren Sinne notwendig sind. Wir haben allerdings auch gesehen, daß diese Identifizierungen Reduktionen sind,
weil die Einzelsprache nur einen Teil der sprachlichen Kompetenz
ausmacht und weil das Sprachsystem, die funktionelle Sprache,
nicht mit einem Sprachzustand oder gar einer ganzen Einzelsprache
gleichgesetzt werden kann.

Gabelentz war noch der Auffassung, daß durch die Beschreibung
der Einzelsprache die Rede erklärt werden soll, d.h. - in seiner Terminologie - daß die Rede Gegenstand der einzelsprachlichen Forschung ist. Daß dies in der späteren Linguistik aufgegeben wird, ist
zugleich ein Vorzug und ein Nachteil. Der Vorzug besteht in der im-
pliziten Einsicht, daß die einzelsprachliche Beschreibung die Rede
bzw. das Sprechen nicht restlos erklären könne, sondern daß man
dazu noch eine andere Linguistik brauche, nämlich eine Linguistik
der *parole* oder der Performanz. Von Nachteil ist es jedoch, wenn
man glaubt, daß alles Regelhafte zur Kompetenz - aufgefaßt als Einzelsprache und Sprachsystem - gehöre und daß die Besonderheiten

der Rede nur individuelle und okkasionelle Abweichungen gegenüber dem Regelhaften seien.

Wenn wir nun die Auffassung Saussures über den Umfang der
sprachlichen Kompetenz untersuchen, so werden wir genau die Reduktionen finden, die wir bereits bei Gabelentz kennengelernt
haben.

1.4.1. Der Vorrang der *langue*

Im *Cours de linguistique générale* charakterisiert Saussure die *langue*
folgendermaßen:

> ... man muß sich von Anfang an auf das Ge-
> biet der Sprache [langue] begeben und sie als
> die Norm aller anderen Äußerungen der
> menschlichen Rede [langage] gelten lassen. ... Was
> aber ist die Sprache? Für uns fließt sie keineswegs mit der menschlichen
> Rede zusammen; sie ist nur ein bestimmter, allerdings wesentlicher Teil
> davon. Sie ist zu gleicher Zeit ein soziales Produkt der Fähigkeit zu
> menschlicher Rede und ein Ineinandergreifen notwendiger Konventio-
> nen, welche die soziale Körperschaft getroffen hat, um die Ausübung
> [exécution] dieser Fähigkeit durch die Individuen zu ermöglichen.
> [Saussure 1916/1967, 11]

Die *langue* ist also der wesentliche Teil des *langage*, und sie ist der
Teil, der einer Gemeinschaft von Sprechern gemeinsam ist. Die *parole* wird als *exécution*, d.h. als Ausführung der *langue* bestimmt. Der
spätere Begriff der Performanz ist also schon bei Saussure vorge-
prägt. An anderer Stelle spricht Saussure von der *parole* als dem *coté
exécutif*, dem Ausführungsaspekt:

> ... die ausübende Seite [coté exécutif] bleibt außer Spiel, denn die Aus-
> übung geschieht niemals durch die Masse; sie ist immer individuell und
> das Individuum beherrscht sie; wir werden sie das Sprechen (pa-
> role) nennen. ...
> Indem man die Sprache vom Sprechen scheidet, scheidet man zu-
> gleich: 1. das Soziale vom Individuellen; 2. das Wesentliche vom Akzes-
> sorischen und mehr oder weniger Zufälligen. ...
> Das Sprechen ist im Gegensatz dazu [zur Sprache] ein individueller
> Akt des Willens und der Intelligenz, bei welchem zu unterscheiden
> sind: 1. die Kombination, durch welche die sprechende Person den *code*
> der Sprache in der Absicht, ihr persönliches Denken auszudrücken, zur

Anwendung bringt; 2. der psycho-physische Mechanismus, der ihr ge-
stattet, diese Kombinationen zu äußern. [Saussure 1916/1967, 16-17)

Das Regelhafte ist für Saussure allein in der *langue* zu finden; die *parole* in ihren beiden Aspekten sei dagegen rein individuell, neben-
sächlich oder mehr oder weniger zufällig. Die Freiheit des Sprechers
bestehe darin, die Fakten der *langue* in einem Akt des Willens und
der Intelligenz individuell zu kombinieren. Wie weit diese Freiheit
geht, sagt Saussure allerdings nicht ausdrücklich. Im Gegensatz zur
späteren, syntaktisch orientierten Linguistik ist er aber der Auffassung, daß auch der Satz eine individuelle Kombination sei und somit
zur *parole* und nicht zur *langue* gehöre [vgl. Saussure 1916/1967, 126
und 148f.] Wie mehrfach bemerkt worden ist, liegt hier eine Inkongruenz vor. Allerdings meint Saussure höchstwahrscheinlich nicht
den Satz als einzelsprachlich geregelte Struktur, sondern den jeweiligen tatsächlich geäußerten Satz, d.h. den Text oder den Teil eines
Textes [vgl. 1952/1975: "System, Norm und Rede", 72-75]. Von
diesem Satz kann man sehr wohl sagen, daß er individuell und okkasionell ist, obwohl es auch für die Sätze als Texte Konventionen und
Normen gibt, wie wir noch sehen werden.

   Die Fakten der *langue* und die Fakten der *parole* sind nach Saussures Auffassung so verschieden, daß man zu ihrer Beschreibung zwei
Linguistiken braucht: eine "linguistique de la langue" und eine
"lingustique de la parole", d.h. eine Linguistik der Einzelsprache
und eine des Sprechens. Was nun genau die Aufgabe einer Linguistik des Sprechens sein sollte, sagt Saussure nicht. Aus den kurzen
Charakterisierungen im *Cours* geht aber hervor, daß er als ihren Gegenstand nur die Normen der Ausführung ansieht und daß er ihr
sehr geringe Bedeutung beimißt:

> Die Erforschung der menschlichen Rede begreift demnach zwei Teile
> in sich: der eine, wesentliche, hat als Objekt die Sprache, die ihrer We-
> senheit nach sozial und unabhängig vom Individuum ist; diese Untersu-
> chung ist ausschließlich psychisch; der andere Teil, der erst in zweiter
> Linie in Betracht kommt, hat zum Objekt den individuellen Teil der
> menschlichen Rede, nämlich das Sprechen einschließlich der Lautge-
> bung; er ist psychophysisch. ...[Saussure 1916/1967, 22].
>   Streng genommen, kann man jeder dieser beiden Disziplinen den Na-
> men "Sprachwissenschaft" belassen, also auch von einer Sprachwissen-
> schaft des Sprechens reden. Aber man darf diese nicht mit der Sprach-

wissenschaft schlechthin zusammenwerfen, deren einziges Objekt die Sprache ist. [Saussure 1916/1967, 23-24]

Aus den Formulierungen Saussures (bzw. seiner Schüler) geht klar hervor, daß hier die erste Identifizierung, d.h. die Identifizierung von Kompetenz und Einzelsprache, vorliegt: Alles Regelhafte und Soziale ist *langue*; das Kollektive oder Soziale ist das Modell, das im Sprechen realisiert wird. Mit anderen Worten: Alles geregelte Sprechenkönnen ist *langue*. In der *parole* gibt es dagegen nichts Kollektives und damit auch nichts Soziales im Sinne Saussures. Das Sprechen ist individuell; es ist abhängig vom Willen und vom Verstand des Individuums.

1.4.2. Synchronie und Diachronie

Die zweite Identifizierung, die Identifizierung von Einzelsprache und Sprachzustand, finden wir in Saussures berühmter Unterscheidung von Synchronie und Diachronie. Wie viele Termini in der Linguistik und in anderen Wissenschaften bedeuten *Synchronie* und *Diachronie* zweierlei, je nachdem ob sie auf den Gegenstand des Studiums oder auf das Studium selbst bezogen werden. Bezüglich des Gegenstandes des Studiums wird zwischen Sprachzustand und Sprachentwicklung bzw. Sprachwandel unterschieden. Bezüglich des Studiums selbst ist zwischen der Beschreibung des Sprachzustandes und der Beschreibung des Sprachwandels zu unterscheiden.

Das Synchronische im Gegenstand ist das, was sich in der Rede manifestiert, was tatsächlich funktioniert. Es entspricht der Perspektive der Sprecher einer Sprache:

> Als erstes fällt einem beim Studium der Sprachtatsachen auf, daß für den Sprechenden das Sichforterben derselben in der Zeit nicht vorhanden ist: für ihn besteht nur ein Zustand. So muß auch der Sprachforscher, der diesen Zustand verstehen will, die Entstehung ganz beiseite setzen und die Diachronie ignorieren. Er kann in das Bewußtsein der Sprechenden nur eindringen, indem er von der Vergangenheit absieht. [Saussure 1916/1967, 96]

Der synchronische Standpunkt macht es erforderlich, von geringfügigen Veränderungen zu abstrahieren:

> Die reine Definition des Zustandes ist gegeben durch völligen Mangel an Veränderungen, und da trotzdem die Sprache sich umgestaltet, wenn

> auch vielleicht nur ganz wenig, so bedeutet die Untersuchung eines
> Sprachzustands praktisch ein Absehen von geringfügigen Veränderun-
> gen ... [Saussure 1916/1967, 121]

Der Sprachzustand ist somit für Saussure nicht der tatsächliche
Sprachzustand als Moment der Sprachentwicklung, sondern eine
absolut statische Projektion, bei der sich überhaupt nichts in Bewegung befindet. Es muß von Veränderungen abstrahiert werden, die
sich vielleicht gerade vollziehen könnten.

1.4.3. Idiosynchronie

Auch die dritte Identifizierung findet man bei Saussure: Man habe
bei der Abgrenzung der *langue* nicht nur Schwierigkeiten bei der Abgrenzung in der Zeit - hier muß man immer eine Zeitspanne berücksichtigen, weil schon die Betrachtung in der Zeit erfolgt -, sondern
auch bei der Abgrenzung im Raum:

> Die synchronische Untersuchung hat als Gegenstand nicht alles, was
> überhaupt gleichzeitig ist, sondern nur die Gesamtheit von Tatsachen,
> die jede einzelne Sprache ausmachen; die Abgrenzung wird nötigenfalls
> bis zu Dialekten und Unterdialekten gehen. Im Grunde ist der Aus-
> druck S y n c h r o n i e nicht scharf genug; er müßte durch den aller-
> dings etwas langen I d i o s y n c h r o n i e ersetzt werden. [Saussure
> 1916/1967, 107]

Andere Formen der möglichen Variation, d.h. die Variation in den
sozio-kulturellen Schichten und in den Sprachstilen, berücksichtigt
Saussure nicht. Was er aber zur Abgrenzung im Raum sagt, gilt offensichtlich auch für die anderen Formen der innersprachlichen Varietät. Wenn Saussure von den Fakten spricht, die jeder einzelnen
Sprache entsprechen (*correspondant à chaque langue*), so meint er
nicht mehr bloß den Sprachzustand, sondern das Sprachsystem, die
funktionelle Sprache, wofür er einen eigenen Begriff, nämlich *idio-
synchronique*, einführt. Saussure verzichtet zwar auf den Terminus,
weil er zu lang sei, versteht aber *synchronique* in diesem Sinne, d.h.
als "gleichzeitig in der gleichen Sprache". Dies entspricht genau
dem, was Gabelentz mit dem doppelten Ausdruck "gleichzeitig und
gleichsprachlich" [Gabelentz 1972, 61] meinte [vgl. 1.2.4.].

Für Saussure muß der Gegenstand der Linguistik einheitlich sein.
Die *langue* ist für ihn nicht nur synchronisch, sondern auch synto-

pisch. Implizit wird wohl auch mitberücksichtigt, daß sie synstratisch und synphasisch zu sein habe. Die Kompetenz, die sich in der
Rede manifestiert, ist somit die funktionelle Sprache.

Die Frage, ob es verschiedene Formen der Kompetenz geben könne, wird von Saussure nicht gestellt. Er fragt sich nicht, ob gewisse
Aspekte des Geregelten und Normierten für das Sprechen im allgemeinen in allen Sprachen gelten, und er fragt auch nicht, ob es gewisse Normen für die Strukturierung der individuellen Rede (des
Textes) gibt. Letzteres gehört für ihn zur *parole*, d.h. zum Ungere-
gelten und frei zu Gestaltenden. Eine Betrachtungsweise, die allgemeine, auf alle Einzelsprachen zutreffende Tatsachen feststellen soll,
lehnt Saussure ausdrücklich ab. Er bezeichnet sie als ''panchro-
nisch'', d.h. weder synchronisch noch diachronisch oder zugleich
synchronisch und diachronisch, und läßt sie allenfalls für sehr allgemeine Prinzipien zu, aber nicht für konkrete sprachliche Fakten.
Man könne zwar sagen, wie eine Sprache im allgemeinen strukturiert sein müsse, für greifbare und konkrete Verhältnisse in den
Sprachen gebe es aber keine panchronische Betrachtungsweise [vgl.
Saussure 1916/1967, 113-114 sowie 1958/1974: *Synchr., Diachr. und
Gesch.*, 207-208]. Das Interesse gilt in erster Linie der Trennung der
langue von der *parole*, damit die deskriptive Linguistik als Beschreibung der Einzelsprache auf festem Boden stehen kann.

1.5.   Vorschläge für eine Lingustik der *parole*

1.5.1. Die Schüler Saussures: A. Sechehaye und Ch. Bally

Die Forschung nach Saussure hat versucht, die strikte Trennung
von *langue* und *parole* zu überwinden. Albert Sechehaye, Mitherausgeber des *Cours* und Schüler Saussures, hat zu diesem Zweck den
Begriff der *parole organisée* eingeführt. Sie steht als einzelsprachlich
gestaltete Rede der *parole non organisée* gegenüber, d.h. einer *parole*,
die noch nicht die Formen einer bestimmten Sprache angenommen
hat, die also noch unbestimmt wäre und dem vorsprachlichen Denken entspräche. Nach dieser Auffassung ist die *parole organisée* die
parole, die durch eine bestimmte Einzelsprache gestaltet ist: das Pro-

blem, ob es noch andere Formen der Kompetenz gibt, wird nicht gestellt [Sechehaye 1940].

Charles Bally, der andere Mitherausgeber des "Cours", findet eine Überbrückung des Abstandes zwischen der *langue* und der *parole*
in der Stilistik der Einzelsprache. Diese Stilistik beschäftigt sich mit
dem, was zwar schon sozialisiert ist, aber in der Sprache als fakultativ noch zur freien Wahl steht. Sie hat solche Fakten zum Gegenstand, die vor kurzem noch ganz der *parole*, dem Sprechen, angehört
haben und denen die Aspekte des Sprechens, nämlich Affekt und
Wille, sozusagen noch anhaften. Es handelt sich also um Möglichkeiten des Willens- und Gefühlsausdrucks. Wenn man es so sieht,
gehören die Fakten, die den unmittelbaren Gegenstand der Stilistik
der Einzelsprache darstellen, schon zur *langue*: sie sind schon sozialisiert; sie sind aber, wie Bally [vgl. Bally 1926] meint, noch nicht "in-
tellektualisiert".

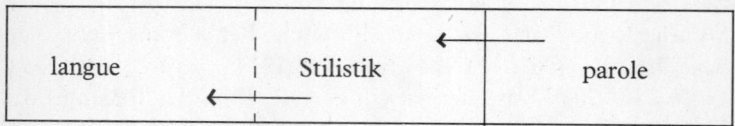

Wir geben ein Beispiel Ballys [vgl. Bally 1937]: Das lat. Wort *caput*
sei zunächst die völlig intellektualisierte, von affektiven Momenten
freie Bezeichnung für den Kopf gewesen. Später sei in der *parole* die
Metapher *testa* 'Topf' zur Bezeichnung des Kopfes aufgekommen.
Durch die Sozialisierung von *testa* als mögliche affektive Variante
von *caput* sei zwar ein Faktum der *langue* entstanden. Während einer
mehr oder weniger langen Zeit habe aber das Wort noch die Züge
seines Gebrauchs in der *parole* aufgewiesen, und zwar als affektive,
etwa ironische Variante von *caput*. Durch fortschreitende Intellek-
tualisierung, wie sie im Französischen und anderen romanischen
Sprachen stattgefunden hat, sei nun *testa*, frz. *tête*, zur objektiven,
stilistisch nicht mehr belasteten Bezeichnung geworden. In der *parole* habe man nun wiederum neue metaphorische Bezeichnungen geschaffen, z.B. *la poire* 'Birne', *la bobine* 'Spindel, Spule' oder - nun
schon zum zweiten Mal - *la marmite* 'Topf'. Auch diese Metaphern

seien schon sozialisiert und damit schon *langue*, sie dienten aber als fakultative Varianten zum Ausdruck des Affektischen.

Auch Bally kommt nicht dazu, neben der einzelsprachlichen Kompetenz eine andere Form der Kompetenz, etwa eine allgemeinere Kompetenz oder eine Kompetenz zur Textstrukturierung, festzustellen.

1.5.2. Spätere Vorschläge: V. Skalička und A. Pagliaro

Noch vor dem Entstehen der generativen Transformationsgrammatik schlagen verschiedene Autoren innerhalb des Saussureschen Modells oder mit Bezug darauf eine besondere Linguistik der Rede vor. Hier ist vor allem der tschechische Linguist V. Skalička zu nennen, der in einer Abhandlung von 1948 zwar die Notwendigkeit einer Linguistik der Rede behauptet, aber zu keinen konkreten Vorschlägen über ihren Aufbau kommt [Skalička 1948]. Seine Ausführungen sind leider nicht immer ganz folgerichtig. Einerseits betrachtet er die Stilistik der idealistischen Schule, d.h. die von K. Vossler und mehr noch die von L. Spitzer, als Linguistik der Rede. Er möchte nur, daß sie über die Stilistik literarischer Texte hinaus erweitert werde. Andererseits betrachtet er gewisse Fakten, die gerade zur Rede gehören, z.B. "etwas mitteilen" und "antworten", als allgemeine Fakten der Sprache, die somit nicht zur Linguistik der Rede, sondern zur allgemeinen Sprachtheorie gehören würden.

Sehr viel interessanter ist der Vorschlag von A. Pagliaro aus dem Jahr 1955, der anhand einer Reihe von Beispielen die Aufgabe einer Linguistik der Rede exemplifiziert [Pagliaro 1955]. Für Pagliaro ist - um es kurz und grob zu sagen - die Einzelsprache, die *langue*, das historisch objektive Moment der Sprache. Sie ist das, was der Sprecher selbst nicht nur als ihm individuell angehörend betrachtet, sondern als Sprache einer historischen Gemeinschaft. Der Gegenstand einer Linguistik der Rede ist dagegen das subjektive Moment oder die subjektive Instanz der Sprache: es ist der Gebrauch, den der individuelle Sprecher in einer bestimmten Situation von der Funktionalität seiner Sprache macht. Die Linguistik der Rede untersucht also, wie die Einzelsprache individuell realisiert wird.

Nach dieser Auffassung haben zwar die Linguistik der *langue* und die der *parole* den gleichen Gegenstand, nämlich die Einzelsprache.

Der Linguistik der Rede gehe es jedoch nicht um die Möglichkeiten der Einzelsprache selbst, sondern um die Besonderheiten der Verwendung der dem Individuum zur Verfügung gestellten Möglichkeiten der Einzelsprache. Mit anderen Worten: das Ziel der Linguistik der Rede sei die Textinterpretation, verstanden als Interpretation der objektiven gemeinschaftlichen Möglichkeiten der Sprache, wie sie zum Ausdruck eines individuellen Denkens und einer individuellen affektiven Situation verwendet würden. Pagliaro nimmt also an, daß die viel umfassenderen Möglichkeiten der Einzelsprache für einen bestimmten Ausdruckszweck in einer bestimmten Weise konzentriert würden.

In vier Studien derselben Abhandlung zeigt Pagliaro, wie bestimmte Schriftsteller die Einzelsprache gebraucht und wie sie bestimmte Möglichkeiten der Sprache zum Ausdruck eines kohärenten Sinns in einem Text verwendet haben. Er weist aber ausdrücklich darauf hin, daß der Linguist gerade auch bei der Interpretation von Texten, d.h. in der Linguistik der Rede, sein Interesse auf das objektive Moment, die Einzelsprache, konzentriert. Das Interesse des Linguisten gelte eigentlich der Einzelsprache: er wolle sehen, wie die Einzelsprache als das Objektive zum Ausdruck des Subjektiven gezwungen werde und wie umgekehrt das Subjektive sich wieder historisch objektiviere. Letzteres trete dann ein, wenn eine bestimmte Verwendung die Möglichkeiten der Sprache in einer bestimmten Weise abgrenze, und wenn gerade diese Abgrenzung von anderen Sprechern übernommen werden könne, so daß eine Veränderung in der Sprache entstehe.

Auch für den Sprachwissenschaftler, der sich mit der *parole* beschäftigt, ist nicht die *parole* als solche wichtig, sondern der Übergang von der Einzelsprache zur *parole* und umgekehrt von der *parole* zur Einzelsprache. Sein eigentliches Objekt bleibt doch das historisch Objektive, die Einzelsprache.

Betrachten wir ein Beispiel: Wenn der dadaistische Dichter Hans Arp sagt

> Sein langer Würfelstrumpf zerreißt
> zweimal entzwei dreimal entdrei
> [*Gesammelte Gedichte*, Bd. 1, Zürich 1963, 81],

so verwendet er eine bestimmte Möglichkeit des Deutschen. Er hat dadurch aber auch etwas Neues geschaffen, und zwar nach einem offenen, im Deutschen schon existierenden Modell, nämlich nach *entzwei*, wie es auch im Text erscheint. Der Linguist interessiert sich hier nun gerade für die Rechtfertigung von *entdrei* durch die objektive Instanz, d.h. für die Tatsache, daß hier eine offene Möglichkeit des Deutschen vorliegt, die der Dichter für sein Schaffen nutzen konnte. Würde nun *entdrei* von anderen Sprechern übernommen, dann gelte das Interesse des Linguisten gerade dieser Übernahme, d.h. der historischen Objektivierung dessen, was zwar neu, aber aufgrund einer schon gegebenen Möglichkeit geschaffen worden ist. Mit anderen Worten: Der Linguist interessiert sich in diesem Fall dafür, wie eine Neubildung zur objektivierten, d.h. schon realisierten Sprache der Gemeinschaft wird. Die Problematik, der die Linguistik der Rede nachgeht, ist in dieser Hinsicht eine etymologische Problematik: Sie fragt, wie das Neue durch die individuelle Verwendung der Einzelsprache entsteht, und zwar durch Realisierung von offenen Möglichkeiten der Einzelsprache oder durch ihre abweichende, situationell bedingte Realisierung. Das Problem besteht somit darin, wie die Rede zur Einzelsprache wird.

Die von Pagliaro vorgeschlagene Linguistik der Rede ist als Textinterpretation, als Linguistik des Textes höchst interessant. Dies hängt mit Pagliaros besonderem Genie in interpretatorischer Hinsicht zusammen; Pagliaros Textlinguistik ist meines Erachtens in dieser Hinsicht die beste, die bis heute vorgeschlagen wurde. Die Linguistik der Rede ist aber selbst in der Intention Pagliaros nur eine sekundäre Linguistik, d.h. eine Linguistik, die von der der Einzelsprachen abhängig bleibt.

Wir werden sehen, daß dies auch die Position N. Chomskys ist. Sie ist es zwar nicht für die Fakten, die Pagliaro untersucht, um die Entstehung der Sprache aus der Rede zu erfassen; sie ist es aber für die *parole* im allgemeinen. Chomsky läßt zwar eine Linguistik der Performanz oder der *parole* zu und weist auf bestimmte Probleme hin, für die sie zuständig wäre, hält diese Linguistik aber in totaler Abhängigkeit von der der Kompetenz.

1.6.   Die Auffassung Noam Chomskys

1.6.1. Die Kompetenz des ideellen Sprecher-Hörers als primärer Gegenstand der "linguistischen Theorie"

Noam Chomsky hat in verschiedenen Büchern und Aufsätzen die Begriffe "Kompetenz" und "Performanz" behandelt. Die maßgebenden Stellen finden sich aber in seinem Buch "Aspects of the theory of syntax" aus dem Jahr 1965. Wir haben aus den Ausführungen anderer Autoren bereits deduziert, daß die *langue* bzw. die Kompetenz mit dem Objekt der Grammatik gleichgesetzt wird. Was bei diesen Autoren implizit gegeben war, sagt nun Chomsky explizit:

> Die linguistische Theorie beschäftigt sich an erster Stelle mit einem ideellen Sprecher/Hörer in einer völlig homogenen Sprachgemeinschaft, der ihre Sprache vollkommen kennt und der von solchen in grammatischer Hinsicht unwichtigen Bedingungen wie Beschränkungen des Gedächtnisses, Zerstreutheit, Verschiebungen der Aufmerksamkeit und des Interesses und Fehlern (zufälligen oder charakteristischen) unberührt bleibt, wenn er sein sprachliches Wissen bei der tatsächlichen Ausführung anwendet. Es scheint mir, daß dies die Auffassung der Begründer der modernen allgemeinen Sprachwissenschaft gewesen ist, und ich sehe keinen zwingenden Grund, dies zu verändern. [Übersetzt aus Chomsky 1965, 3-4]

Wir wollen hier noch nicht diskutieren, ob man von Theorie oder Beschreibung sprechen sollte. Hervorzuheben ist jedoch, daß es Chomsky um die Sprachkenntnis eines ideellen Sprechers und Hörers in einer vollkommen homogenen Sprachgemeinschaft geht. Diese Auffassung entspricht im wesentlichen dem, was wir mit der "funktionellen Sprache" gemeint und auch bei anderen Autoren identifiziert haben. Wenn Chomsky von den Begründern der modernen Linguistik spricht, so bezieht er sich wahrscheinlich auf Saussure selbst, den er weiter unten im gleichen Zusammenhang ausdrücklich erwähnt. Er sagt ausdrücklich, daß seine Unterscheidung von Kompetenz und Performanz der Unterscheidung Saussures zwischen *langue* und *parole* ähnlich ist. Die Grenzen der Ähnlichkeit liegen für ihn nicht im Umfang der Kompetenz, sondern in ihrer Natur oder Beschaffenheit. Er sagt, man müsse die Auffassung Saussures von der Sprache als eines systematischen Inventars von Elementen ("items") ablehnen und zur (wie er meint) Humboldtschen Auffassung zurückkehren, daß die Sprachkompetenz ein System von Erzeugungsprozessen sei [vgl. Chomsky 1965, 4].

Chomsky bezieht sich aber auch auf die nordamerikanische Linguistik, ja auf die ganze angelsächsische moderne oder strukturelle Linguistik. In der Tat ist die Begrenzung auf das einheitliche Sprachsystem als Objekt der Beschreibung überall im Strukturalismus festzustellen. Sie erscheint aber auch ausdrücklich bei einer Reihe von Autoren, wie wir im folgenden sehen werden.

1.6.2. Zur Ausbildung des Begriffs "ideeller Sprecher-Hörer"

Bei L. Bloomfield erscheint das einheitliche Sprachsystem nur als feststellbare Tatsache und als etwas nur annähernd Genaues. Als unmittelbares Objekt der Untersuchung habe man zwar nur die Rede (*speech*), man dürfe aber erwarten, daß die Fakten in der Rede von Individuen, die zu einer bestimmten Zeit zur gleichen Sprachgemeinschaft gehören, mehr oder weniger oder durchschnittlich einander gleich seien. Es gelte nun, diese Gleichheiten in den Reaktionen zu ermitteln [vgl. Bloomfield 1926 und Bloomfield 1935, 158].

Bernhard Bloch, in gewisser Hinsicht Schüler Bloomfields und sicher sein Anhänger, sieht, daß die Gleichheit der Reaktionen in einer Sprachgemeinschaft auch zu einer bestimmten Zeit kaum festzustellen ist. Er schlägt darum vor, den Gegenstand der Beschreibung auf die Sprache eines einzigen Individuums zu begrenzen. Zu diesem Zweck führt er den Begriff "Idiolekt" ein: die Mundart eines bestimmten Sprechers zu einer bestimmten Zeit:

> The totality of the possible utterances of one speaker at one time in using a language to interact with one other speaker is an *idiolect*. [Bloch 1948, 7]

Eine historische Sprache wird somit zu einer unbegrenzten Anzahl von Idiolekten. Nach dieser Auffassung wäre die strenge strukturelle Beschreibung einer Sprache nichts anderes als die Beschreibung eines Beispiels für diese Sprache, die durch die Angabe von Unterschieden zwischen verschiedenen Idiolekten ergänzt wird.

Der Begriff "Idiolekt" entspricht dem Begriff "lingua individuale" (Sprache eines Individuums), der zuerst von dem italienischen Linguisten Giovanni Nencioni eingeführt und von verschiedenen

italienischen Linguisten übernommen worden ist [Nencioni 1946].
Da es uns hier um die Vereinheitlichung des Gegenstands der Grammatik und um die Identifizierung dieses Gegenstands mit der Kompetenz geht, wollen wir den Begriff der Individualsprache hier nicht
ausführlich diskutieren. Es sei nur so viel gesagt, daß es sich um einen fehlerhaften und widersprüchlichen Begriff handelt. Es gibt keine Individualsprache, d.h. keine Sprache, die nicht mit einem
anderen gesprochen wird. Auch wenn die Sprachgemeinschaft auf
einen einzigen Sprecher reduziert wird, wie wir es im Falle des Kor-
nischen unter den keltischen und im Falle des Dalmatischen unter
den romanischen Sprachen erleben mußten, ist die Sprache nicht individuell. Ein solcher Sprecher spricht die Sprache mit sich selbst,
wie er sie mit einem anderen sprechen würde. Er spricht so, als ob
es mindestens zwei Individuen geben würde. Eine Sprache ist immer
auch Sprache "von anderen". Jede Sprache setzt ein "wir", nicht
ein "ich" voraus.
    Der Begriff "Individualsprache" ist nicht nur widersprüchlich,
sondern auch nutzlos für das, was er erklären möchte. Auch beim
Individuum kann man die Einheitlichkeit nicht empirisch feststellen. Jedes Individuum kennt im Normalfall in einem gewissen Ausmaß verschiedene Mundarten und verschiedene Sprachniveaus, und
es kann sie - mindestens zum Teil - in seiner Rede realisieren; darüber hinaus beherrscht es - per definitionem - verschiedene Sprachstile.
    Wie dem auch sei: Der Begriff "Idiolekt" bei Bloch bzw. "lingua
individuale" bei den italienischen Linguisten stellt den Versuch dar,
die Einheitlichkeit des Sprachsystems in der Rede eines Individuums anzusiedeln und sie dadurch empirisch faßbar zu machen.
    Ein anderer Autor, der ausdrücklich bemerkt, daß der Gegenstand
einer strukturellen Beschreibung - in diesem Fall der Beschreibung
eines phonologischen Systems - nicht eine historische Sprache zu einer bestimmten Zeit, sondern ein bestimmter Dialekt in einem bestimmten Sprachstil ist, ist Daniel Jones. In seinem 1950 erschienenen Buch *The Phoneme* bestimmt er die phonologisch zu beschreibende "Sprache" als die Rede eines einzelnen Individuums, das in
einem bestimmten und einheitlichen Stil spricht:

A "language" is to be taken to mean the speech of one individual pronouncing in a definite and consistent style. [Jones 1950, 9]

Unmittelbarer Gegenstand der Beschreibung ist hier die Art des Redens bei einem Sprecher, der einen bestimmten Dialekt in einem bestimmten Stil spricht. Man könnte meinen, daß hier noch der Begriff "Sprachniveau" fehlt. Dies ist jedoch meiner Ansicht nach nicht der Fall. Die Unterscheidung zwischen Dialekten im Raum und Sprachniveaus in den sozio-kulturellen Schichten ist - in ihrer expliziten Form - eine Unterscheidung neueren Datums, die sich erst mit der Entwicklung der Soziolinguistik durchgesetzt hat. In den Anfängen der neueren Soziolinguistik bezeichnete man auch die Sprachniveaus als Dialekte. Für die Sprachniveaus hat der russische Germanist Žirmunskij den Begriff "sozialer Dialekt" eingeführt, und zwar in einer Abhandlung aus dem Jahr 1936, die das Deutsche zum Gegenstand hat und die Beziehungen zwischen der Nationalsprache und den "sozialen Dialekten" untersucht [Žirmunskij 1936].

Weiter noch als B. Bloch und D. Jones geht Zellig S. Harris, der unmittelbare Lehrer Chomskys. In seinem 1951 erschienenen Buch *Methods in structural linguistics*, das in den neueren Auflagen den Titel *Structural linguistics* trägt, kommt er zu dem Ergebnis, daß es nicht darum geht, einen Idiolekt als Individualsprache zu beschreiben, sondern um die Beschreibung eines einzigen Sprachsystems zu einer bestimmten Zeit:

The universe of discourse for a descriptive linguistic investigation is a single language or dialect. [Harris 1951, 9]

Unter dem Ausdruck "eine einzige Sprache oder Mundart" versteht er, wie er gleich danach erklärt, die Rede (*speech*) einer einzelnen Person oder einer Gemeinschaft von Personen mit identischer Mundart zu einer bestimmten Zeit. Anders gesagt: eine bestimmte Mundart - das ist für Harris ein einfaches und kohärentes System.

Harris bemerkt aber gleich, daß man auch bei ein und demselben Individuum Fakten feststellen wird, die verschiedenen Dialekten angehören. In diesem Fall hat man, wie er sagt, zwei Möglichkeiten: Entweder beschreibt man das Kohärente wie das Nicht-Kohärente als Tatsachen und erhält so zwar weitgehend ein einheitliches System, daneben aber auch manchmal Fakten aus anderen Systemen, oder man beschreibt nur das kohärente System und schreibt die übrigen Fakten, die nicht damit zusammenhängen, anderen Systemen und damit auch anderen Beschreibungen zu. Das Kriterium ist somit die innere Kohärenz des Objekts der Beschreibung. Harris selbst wählt die zweite Möglichkeit, die Beschreibung einer bestimmten Mundart, d.h. eines kohärenten Systems. "Mundart" (*dialect*) ist hier sowohl räumlich wie auch sozio-kulturell gemeint; der Ausdruck umfaßt sowohl den Dialekt in unserem Sinn als auch das Sprachniveau.

Die Sprachstile glaubt Harris innerhalb eines kohärenten Systems beschreiben zu können, und zwar als geregelte Variation. So stünden die beiden Äußerungen

  be seein' ya
  be seeing you

in stilistischem Kontrast, obwohl sie im übrigen identisch seien [Harris 1951, 11]. Dort, wo das eine erscheine, könne das andere nicht auftreten, und umgekehrt. Man könne darum für die Formen der beiden Äußerungen verschiedene Distributionen annehmen und sagen: In einer bestimmten Situation ist die eine Form festzustellen, in einer anderen Situation die andere. Er verfolgt diesen Ansatz jedoch nicht weiter: Obwohl man die stilistischen Unterschiede innerhalb eines Systems beschreiben könne, sei es ratsam, von ihnen abzusehen und auch hier einheitlich vorzugehen. Für die Ausklammerung der Sprachstile führt er einfach den praktischen Grund an, daß man zur Erfassung der stilistischen Unterschiede noch viele Untersuchungen im Detail brauchen würde.

Das Fazit bei Harris lautet also, daß der Gegenstand der linguistischen Untersuchung ein einheitliches System bei einem einzigen Sprecher ist. Chomsky hat vollkommen recht, wenn er sagt, daß dies die übliche Auffassung in der modernen Linguistik ist. Mit Harris sind wir schon fast beim ideellen Sprecher/Hörer Chomskys angelangt, der nur ein homogenes System spricht und vollkommen kennt.

1.6.3. Die Performanz als bloße Ausführung der Kompetenz

Chomsky nennt die beim ideellen Sprecher/Hörer feststellbare Kenntnis eines homogenen Systems "Kompetenz", und ihre tatsächliche Realisierung nennt er ausdrücklich "Performanz":

> We thus make a fundamental distinction between *competence* (the speaker-hearer's knowledge of his language) and *performance* (the actual use of language in concrete situations). [Chomsky 1965, 4]

Man hätte also auf der einen Seite die Kompetenz, die in sich vollkommen homogen ist und nur durch Idealisierung - oder, wie Saussure sagte, durch Abstraktion - zu erreichen ist, und auf der anderen Seite die Realisierung in der Performanz, bei der grammatisch belanglose Bedingungen wie Begrenzung des Gedächtnisses, Zerstreutheit usw. festzustellen seien. Die Abweichungen, die in der Performanz, d.h. bei der Ausführung, auftreten, sind im Grunde genommen Begrenzungen: man würde einiges nicht realisieren, obwohl es grundsätzlich grammatisch korrekt wäre, und zwar wegen der psychophysischen und vor allem wegen der psychischen Begrenzungen der Realisierung selbst, z.B. durch die Begrenztheit des Gedächtnisses. Die Beispiele, die Chomsky in diesem Zusammenhang anführt, beziehen sich vor allem auf die Einbettung oder Einschachtelung von Sätzen in andere Sätze; wir kommen darauf zurück.

Was sagt nun Chomsky zum Umfang der Kompetenz? Alles, was Regel und Norm sei für Erzeugungsprozesse in der Rede, sei Kompetenz. Die Rede sei dagegen, wie schon ihr Name sagt, nur Ausführung (*performance*), und zwar Ausführung mit verschiedenen Einschränkungen, die mit den Bedingungen des Sprechens zusammenhängen.

Mit anderen Worten: In der Rede, im Sprechen würde man nur eventuelle Abweichungen gegenüber der Kompetenz feststellen, nämlich unvollständige, unzulängliche oder gar falsche Realisierungen. Man müsse aus den an sich chaotischen Fakten der Performanz eben das entsprechende, der Performanz zugrunde liegende System von Regeln deduzieren. Auch das Kind würde bei der Erlernung der Sprache auf diese Weise vorgehen, indem es aus den unvollkommenen, oft voneinander abweichenden Fakten der Rede das System von Regeln deduziere.

Kann es nun, wenn dem so ist, auch eine Linguistik der Rede geben, eine Theorie der Performanz? Ja, meint Chomsky, allerdings - genau so wie bei Saussure - nur an zweiter Stelle und nur vom Gesichtspunkt der Kompetenz aus. Es gehe darum, festzustellen, warum und in welchen Fällen die Kompetenz nicht so ausgeführt werde, wie sie ist, sondern mit bestimmten Einschränkungen, und es gehe darum, die Typen von Einschränkungen in der Performanz zu ermitteln.

1.6.4. Chomskys Theorie der Performanz

Chomsky führt für das, was der Kompetenz entspricht, den Begriff der "Korrektheit" (*grammaticalness*) ein. Für die Performanz gelte dagegen ein anderer Begriff, nämlich der der "Annehmbarkeit" (*acceptability*) [vgl. Chomsky 1965, 11]. Das Sprechen, die Realisierung der Kompetenz, kann somit annehmbar oder nicht annehmbar sein, und zwar im Grunde unabhängig davon, ob die Realisierung auch korrekt oder nicht korrekt ist. Man könnte also die Annehmbarkeit und Nicht-Annehmbarkeit von Konstruktionen feststellen, die korrekt sind, und ebenso auch von Konstruktionen, die nicht korrekt sind.

Chomsky meint, daß es vor der generativen Grammatik eine Untersuchung und Theorie der Performanz überhaupt nicht gegeben habe, wenn man von der Phonetik absieht, und daß eine solche Theorie nur im Rahmen der generativen Grammatik und vom Gesichtspunkt der Kompetenz aus entwickelt werden könne. Mit seiner Anspielung auf die Phonetik, die auch schon früher einiges zur Performanz gesagt habe, bezieht sich Chomsky insbesondere auf Untersuchungen zur Wahrnehmung der Laute und zu Realisierungsschwierigkeiten von gewissen Lautverbindungen in bestimmten Sprachen.[1] In anderer Hinsicht habe man die Performanz noch nicht untersucht.

---

1   Um ein Beispiel anzuführen: Es scheint zumindest so zu sein, daß Sätze wie

   Give the c a t to me

   Give the c a p to me

In der eigentlichen Grammatik bestehe die Aufgabe einer Performanzuntersuchung darin, die annehmbaren und die nicht annehmbaren Konstruktionen festzustellen, den Grad der Annehmbarkeit bzw. Nicht-Annehmbarkeit zu ermitteln und deren Motivierung zu erkennen. An erster Stelle denkt Chomsky allerdings an die Motivierung der Nicht-Annehmbarkeit. Unter den Konstruktionen, die er in dieser Hinsicht unterscheidet, erwähnt er Konstruktionen mit vielen Verzweigungen der gleichen Art, z.B. Reihen von Relativsätzen [Chomsky 1965, 10] nach Art der folgenden:

> Der Mann, der den Studenten sah, der die Straße überquerte, ist mein Freund.
> Das ist der Hund, der die Katze getötet hat, die die Ratte gefangen hatte, die die Maus getötet hatte, die den Käse gestohlen hatte.

Diese Konstruktionen sind für Chomsky zwar korrekt, aber nicht annehmbar. Allerdings sei der Grad der Nicht-Annehmbarkeit nur gering. Sie seien nicht schwer zu verstehen, verhältnismäßig leicht wahrzunehmen, aber sie würden, vor allem der zweite Satz, unnatürlich klingen. Dies zeige sich an ihren phonetischen Merkmalen, genauer an den intonatorischen Blöcken, in die man sie einteile. Im Deutschen hat man den Eindruck, daß der Satz nach dem ersten oder zweiten Relativsatz zu Ende ist, obwohl noch weitere Blöcke folgen. In Sprachen wie dem Englischen oder den romanischen Sprachen, die normalerweise zwischen Bezugssubstantiv und Relativsatz nicht trennen, wird bei einer größeren Zahl von Relativsätzen in der Aussprache getrennt:

> Questo è il cane $\underline{/}$ che ha ammazzato il gatto $\underline{/}$ che aveva preso il topo.
> vs.
> Il gatto $\underline{\ }$ che ha ammazzato il topo.

Bei einem anderen Typ von Konstruktionen stellt Chomsky einen sehr viel höheren Grad der Nicht-Annehmbarkeit fest: bei den soge-

---

bei normaler Aussprache in der Wahrnehmung nicht unterschieden werden. Wahrscheinlich erfolgt in der Artikulation eine Art Assimilation, so daß die beiden Sätze für das Ohr gleich sind. Wenn man trotzdem versteht, daß es um *cat* oder um *cap* geht, so nur deshalb, weil man es schon aus dem umfassenderen Kontext oder aus der Situation weiß.

nannten Einbettungen, die bereits bei Gabelentz als "Einklammerung" oder "Einschachtelung" von Sätzen erscheinen, und ganz besonders bei der Einbettung von Sätzen in andere Sätze der gleichen
Art, z.B. bei der Einbettung von Relativsätzen in Relativsätze [vgl.
Chomsky 1965, 11]. Wir geben dafür einige deutsche Beispiele. Das
erste stammt aus Christian Morgensterns Vorwort zu *Alle Galgenlie-
der* (1905):

> Es darf daher getrost, was auch von allen, deren Sinne, weil sie unter
> Sternen, die wie der Dichter sagt: 'zu dörren statt zu leuchten' geschaf-
> fen sind, vertrocknet sind, behauptet wird, enthauptet werden, daß ...

Der Hauptsatz beginnt mit *Es darf daher getrost*; die zum verbalen
Prädikat des Hauptsatzes gehörigen Verbformen *enthauptet werden* erscheinen aber erst irgendwo sehr viel später. Die Konstruktion
ist - auch abgesehen davon, daß ein Wortspiel mit *behaupten* und *ent-
haupten* getrieben wird - nicht mehr verständlich, weil man es hier
nach Chomskys Auffassung aus nicht weiter zu präzisierenden Gründen mit Begrenzungen des Gedächtnisses zu tun habe: Man würde
die Relationen vergessen, wenn man von einem Satz zum anderen
übergeht. Der Anfang *Es darf daher getrost* sei nicht mehr im Ge-
dächtnis präsent, wenn man zu *enthauptet werden* gekommen sei, und
man erkenne darum nicht, daß *enthauptet werden* eine Fortsetzung
von *Es darf daher getrost* darstelle.
   In dem folgenden - künstlich konstruierten - Beispiel sind mehrere
Relativsätze ineinander verschachtelt:

> Die, die die, die die, die die Brücken, die für den Verkehr unentbehr-
> lich sind, bauen, unterstützen, belästigen, werden bestraft.

Der Satz meint: Es werden die bestraft, die die belästigen, die die
Erbauer von Brücken unterstützen, welche für den Verkehr unent-
behrlich sind. Man muß Zahlen oder andere graphische Mittel verwenden, wenn man genau angeben will, was sich jeweils worauf
bezieht:

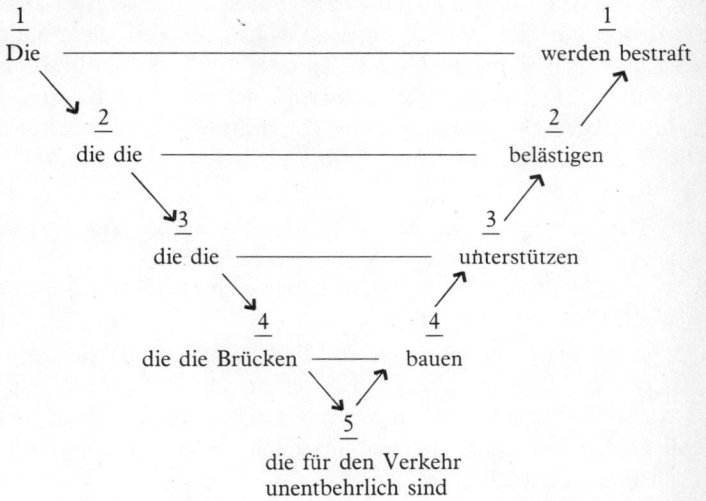

Der Satz wäre auch dann nicht verständlicher, wenn wir anstelle einer Reihe von sieben *die* jeweils *diejenigen, die* oder *diejenigen, welche* hätten. Die Schwierigkeit bliebe ungefähr die gleiche.

Unser Beispiel ist nicht nur ein Beispiel für ''selbsteingebettete Konstruktionen'', die Chomsky aus den genannten Gründen für in hohem Grade nicht-annehmbar hält. Es ist auch - wie Gabelentz meint - Beispiel für eine stilistische Krankheit des Deutschen, nämlich für die Einklammerung oder Einschachtelung. Gabelentz bemerkt ausdrücklich, daß solche Ausdrücke grammatisch korrekt seien. Wenn man sie ablehne als ''garstigste, schwerfälligste Gebilde'' [Gabelentz 1972, 455], dann tue man das nur aus stilistischen Gründen. Er meint allerdings, Hegel habe gerade solche Sätze verwendet, was unseres Erachtens nicht stimmt. Doch darauf kommt es hier nicht an. Wichtig ist die Idee, daß solche Konstruktionen grammatisch korrekt sind, wenn auch als tatsächliche Realisierungen stilistisch unannehmbar. Gabelentz schreibt:

> Mag der Stilist Hegel's ungestalte zwiebelförmige Satzgebilde verspotten und verdammen: der Grammatiker muss sie gelten lassen. [Gabelentz 1972, 469]

Wir haben hier schon genau die Idee, die wir auch bei Chomsky feststellen: es gibt grammatisch korrekte Konstruktionen, die in anderer
Hinsicht nicht annehmbar sind. Mit dem Ausdruck "zwiebelförmi-
ge Satzgebilde" bezieht sich Gabelentz auf dieselben Konstruktionen wie Chomsky, nämlich auf solche mit mehreren Einbettungen.
Gabelentz selbst führt folgendes Beispiel an:

    1   2   3   4   4   3
    Der die das dem Fiscus allein zustehende Recht auf Silberbergbau

                      2   1
    betreffende Einzelfragen bearbeitenden Commission steht es zu u.s.w.
    [Gabelentz 1972, 455]

Es geht hier um die Kommission, die Einzelfragen bearbeitet, welche das Recht auf Silberbergbau betreffen, das dem Fiskus allein zu-
steht. Mit einiger Mühe kann man einen solchen Satz zwar verstehen. Er ist aber nicht - wie im Normalfall - unmittelbar und fast automatisch verständlich.

Wir haben diese Beispiele angeführt, um zu zeigen, in welcher
Richtung nach Chomskys Auffassung die Untersuchung der Performanz erfolgen sollte. Chomsky geht es vor allem um die Feststellung
von gewissen Normen der Annehmbarkeit oder der Nicht-Annehmbarkeit, vor allem der Nicht-Annehmbarkeit des grundsätzlich
grammatisch Korrekten. Man muß also zuerst wissen, was grammatisch korrekt ist, d.h. man muß die Regeln der Kompetenz kennen.
Erst vom Gesichtspunkt der Kompetenz aus kann man die Normen
der Performanz feststellen. Allerdings verwendet Chomsky in diesem Kontext den Begriff "Norm" nicht. Im Gegenteil, er sagt ausdrücklich, daß es zwar möglich sei, Regeln zu formulieren, um nicht
korrekte Konstruktionen auszuschließen, daß es aber unmöglich sei,
Regeln zur Ausschließung nicht annehmbarer Konstruktionen auf-
zustellen [vgl. Chomsky 1965, 11-12].

In einem anderen Kontext spricht Chomsky aber doch von Regeln
der Performanz (*rules of performance*) [vgl. Chomsky 1965, 126-27].
Er behandelt dort Fakten der Wortfolge, von denen er annimmt,
daß sie in der Kompetenz nicht geregelt sind. In verschiedenen
Sprachen habe man z.B. die Reihenfolge Subjekt - Verb oder Subjekt - Objekt als bevorzugte Reihenfolge. Dies gelte auch für Sprachen, die eine Flexion hätten und in denen folglich die Funktionen

der Satzglieder ohne weiteres aufgrund der Form erkennbar seien, z.B. das Lateinische und das Deutsche. So würde man im Deutschen eine Reihenfolge von analogen oder ähnlichen Formen, z.B. Akkusativ und Nominativ im Femininum, so interpretieren, daß die erste Konstruktion, die Nominativ oder Akkusativ sein kann, ein Nominativ ist, die zweite hingegen ein Akkusativ. Bei dem Ausdruck

Die Mutter sieht die Tochter [Chomsky 1965, 126]

würde man nicht annehmen, daß die Tochter die Mutter sieht, sondern das umgekehrte. Die Reihenfolge Subjekt - Objekt sei also die normale; eine andere Reihenfolge hätte dagegen eine stilistische Funktion. Nach dieser Auffassung gibt es nun doch gewisse Normen der Performanz. Es ist dabei gleichgültig, ob das Beispiel gut gewählt ist oder nicht. In Wirklichkeit ist die Reihenfolge der Satzglieder keineswegs einfach fakultativ, sondern weitgehend grammatisch geregelt.

Die hier vorgestellte Auffassung Chomskys, daß es gerade innerhalb des Fakultativen Normen der Performanz gebe, entspricht ungefähr der Interpretation von *langue* und *parole*, die wir bei Ch. Bally kennengelernt haben [vgl. oben 1.5.1. sowie Bally 1926]. Sie besagt, daß das Grammatische genau und streng geregelt ist, daß es aber dort, wo das Grammatische fakultativ ist, zusätzliche stilistische Normen oder Normen der Performanz geben würde. Man hätte eine Wahl, und man würde diese Wahl nach bestimmten Kriterien treffen. Wir werden bald sehen, wie dies zu interpretieren ist.

1.6.5. Regeln der Kompetenz und Normen der Performanz - eine begriffliche Klärung

Chomsky betrachtet - wie wir gesehen haben - die Performanz unter dem Gesichtspunkt der Kompetenz, und zwar entweder als zufällige individuelle Abweichung oder als Einschränkung des der Kompetenz nach Möglichen aus verschiedenen Gründen, z.B. wegen der Begrenztheit des Gedächtnisses. Während er für die Kompetenz den Begriff "korrekt", d.h. "dem System der Einzelsprache entsprechend" verwendet, führt er für die Performanz den Begriff "annehmbar" ein, den er anhand von Normen wie "nicht allzuviele

Einbettungen" oder "nicht allzuviele Einbettungen in Sätze der gleichen Art" erklärt.

Wir fragen uns nun, ob diese Normen tatsächlich Normen der Performanz sind. Es geht uns darum, ob der Sprecher nicht auch ein Wissen hat in bezug auf die Realisierung dessen, was dem Sprachsystem nach möglich ist. Diese Normen der Realisierung können nicht mit der gleichen Absolutheit formuliert werden wie die Normen der Kompetenz; es sind oft nur statistische Normen, etwa wenn man sagt, daß Ausdrücke mit einer einzigen oder mit zwei Einbettungen noch üblicherweise und in größerer Zahl vorkommen, Ausdrücke mit drei und mehr Einbettungen aber nicht mehr.

Im Deutschen kann man z.B. feststellen, daß Relativsätze, die erst nach dem Hauptsatz erscheinen, häufiger und vor allem umfangreicher sind als Relativsätze, die mitten in den Hauptsatz eingebettet werden. Natürlich findet man auch umfangreiche Relativsätze mitten im Hauptsatz; sie werden aber selten gebraucht und gelten offenbar als weniger annehmbar.

In anderen Fällen hat man Normen für die Stellung bestimmter Satzglieder. So ist es z.B. im Deutschen normal, daß bei Verben mit trennbarem Präfix das Präfix am Ende des Hauptsatzes erscheint. Daneben gibt es aber auch die Möglichkeit, daß auf das Präfix noch andere Satzglieder folgen. In den beiden folgenden Beispielen kann man sowohl das eine wie das andere sagen:

(1) Da *fing* sie zu weinen *an*
    Da *fing* sie *an* zu weinen

(2) Da *fing* sie mit der Arbeit *an*
    Da *fing* sie *an* mit der Arbeit

Im ersten Beispiel ist es aber üblicher, den Infinitiv mit *zu* nachzustellen, und zwar auch dann, wenn er nicht weiter determiniert ist. Im zweiten Beispiel ist es dagegen das normale, daß das Präfix erst nach dem Präpositionalgefüge *mit der Arbeit* am Satzende steht. Wir haben im Deutschen also die - statistische - Norm, Präpositionalgefüge zwischen das konjugierte Verb und das Präfix einzuklammern, Infinitive mit *zu* aber auszuklammern. Dies ist nur ein Einzelbeispiel. Die Regeln und Normen der deutschen Wortstellung sind viel umfassender und komplexer.

Sind die angeführten Normen nun tatsächlich Normen der Performanz oder gehören sie auch zur Kompetenz? Wir sehen hier eine Zweideutigkeit des Verhältnisses, das durch den Genitiv in

Regeln bzw. Normen der Kompetenz
Regeln bzw. Normen der Performanz

ausgedrückt wird. Zum einen kann der Genitiv das bezeichnen, was durch die Regeln bzw. Normen geregelt wird. Wenn man aber fragt, was tatsächlich geregelt wird, so muß man sagen: Sowohl die Regeln der Kompetenz als auch die angeführten Normen, die Chomsky als Normen der Kompetenz ansieht, regeln eigentlich immer nur die Performanz. Auch die Korrektheit ist nichts anderes als eine Relation zwischen dem Realisierten und dem zu Realisierenden, d.h. dem sprachlichen Wissen. Diese Relation ist eine Entsprechung. Sie ist dann gegeben, wenn das Sprechen dem Sprachsystem tatsächlich entspricht, wenn also das, was gesagt wird, demjenigen entspricht, was im Deutschen enthalten ist. Nicht die Kompetenz selbst ist korrekt, sondern eben die Realisierung dieser Kompetenz. Wir sagen zwar "korrekt im Deutschen". Das bedeutet aber immer: "korrekt (richtig) im Deutsch-Sprechen gegenüber der deutschen Sprache". "Korrektheit" ist also die tatsächliche Entsprechung zwischen dem Sprechen und der Sprache. Wenn wir also fragen, worauf die Normen angewandt werden und was durch sie bewertet wird, dann sind sowohl die Regeln der Korrektheit als auch die Normen der Annehmbarkeit Normen oder Kriterien, die die Performanz, das Sprechen, betreffen. Es ist gerade das Sprechen, das als "korrekt" oder als "annehmbar" oder als beides bezeichnet wird.

Die Genitive *der Kompetenz* und *der Performanz* können aber auch anders interpretiert werden. Wir können nämlich auch fragen, wo die Regeln der Kompetenz und die der Performanz angesiedelt sind, d.h. ob sie in der Ausführung zu finden sind oder im sprachlichen Wissen, das der Ausführung entspricht. Wenn wir so fragen, kann die Antwort nur lauten: Sowohl die Regeln als auch die Normen gehören zur Kompetenz, zum sprachlichen Wissen, das ein intuitives Wissen ist. Der Sprecher weiß, daß dies oder jenes im Deutschen möglich ist. Sonst würde er das Gesagte nicht als Deutsch erkennen, wenn es unannehmbar ist. Er weiß aber auch, daß etwas im Deutschen nicht üblich ist, etwa bei unserem Beispiel von Morgenstern. Was Morgenstern geschrieben hat, ist sicherlich Deutsch, es ist im Deutschen möglich und in diesem Sinne korrekt. Es ist aber nicht üblich im Deutschen und darum in gewissen Kontexten und außerhalb von Kontexten nicht annehmbar.

Mit anderen Worten: Entgegen einer sehr verbreiteten Meinung hat Chomsky hier keineswegs Regeln der Kompetenz - der Kompetenz schlechthin - einerseits und Normen der Performanz - der Performanz schlechthin - andererseits unterschieden, sondern zwei Ebenen der Kompetenz, die beide in der Performanz realisiert werden:

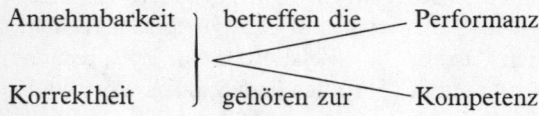

Annehmbarkeit) betreffen die ⎯ Performanz

Korrektheit   ) gehören zur ⎯ Kompetenz

Die Fakten, die Chomsky hier als Kriterien zur Beurteilung der Rede dienen, gehören zur Kompetenz, zum sprachlichen Wissen. Das heißt: Die Annehmbarkeit ist nichts anderes als eine Ebene oder Stufe der Korrektheit.

1.6.6. Die Ebenen der einzelsprachlichen Kompetenz: System und Norm

Die Unterscheidung zwischen "Korrektheit" und "Annehmbarkeit" entspricht im Grunde einer Unterscheidung, die man zwar unter verschiedenen Formen auch bei anderen Autoren bisweilen findet, die aber insbesondere von uns selbst ausführlich dargelegt und begründet worden ist, nämlich der Unterscheidung zwischen dem System der Sprache und der Norm der Sprache:

S y s t e m ist das, was in einer Sprache möglich ist aufgrund der Unterscheidungen, die diese Sprache macht, und aufgrund der Verfahren, die sie zum Ausdruck der entsprechenden Unterscheidungen hat. System ist also das, was aufgrund der Regeln einer Sprache möglich ist.

N o r m ist hingegen das, was tatsächlich realisiert wird und realisiert worden ist. Die Norm ist eine Einschränkung des Systems, weil gerade nicht alle Möglichkeiten des Systems realisiert werden.

Das System enthält also das Mögliche, d.h. sowohl das Realisierte als auch das noch nicht Realisierte; die Norm enthält das tatsächlich Realisierte [vgl. 1952/1975: "System, Norm und Rede", 1970: "System, Norm und 'Rede'" sowie unten Kap. 5.2.]

Für die Unterscheidung zwischen System und Norm kann man Beispiele aus allen Gebieten der Sprache finden. Wir betrachten zunächst ein Beispiel aus der Phonetik des Deutschen. Im phonischen System des Deutschen gibt es die Einheit /v/, die etwas anderes ist als /f/ oder /b/. Das heißt: *Wein* ist im Deutschen ein anderes Zeichen als *fein* oder als *Bein*. Mit anderen Worten: Die Einheit /v/ ist etwas Distinktives im Deutschen. Sie kann materielle Zeichen unterscheiden, die - wie *Wein, Bein, fein* - jeweils etwas anderes bedeuten. Die Einheit /v/ wird aber je nach den Gegenden unterschiedlich realisiert, und zwar entweder als [v], d.h. - wie man in der Phonetik sagt - als "labiodentaler" Laut, oder als [β], d.h. als "bilabialer" Laut. Die Unterscheidung zwischen /v/, /f/ und /b/ ist etwas Funktionelles bzw. Distinktives und gehört zum Sprachsystem. Die Unterscheidung zwischen [v] und [β] betrifft nur die tatsächliche Realisierung und gehört somit zur Sprachnorm. Es ist aber nicht so, daß diese Realisierung willkürlich oder gleichgültig wäre, sondern es ist vielmehr so, daß entweder das eine oder das andere in den verschiedenen Regionen gesagt wird:

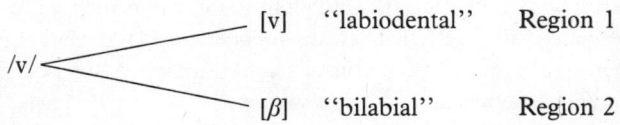

$$/v/ \;\overset{\textstyle\diagup}{\underset{\textstyle\diagdown}{}}\; \begin{array}{lll} [v] & \text{"labiodental"} & \text{Region 1}\\[2mm] [\beta] & \text{"bilabial"} & \text{Region 2} \end{array}$$

FUNKTIONELLES   REALISIERUNGSNORM
SYSTEM

Ob man nun [v] oder [β] sagt, ist also auch normiert. Es handelt sich um eine Realisierungsnorm des Funktionellen oder einfach um ein Faktum der Sprachnorm, und dieses Faktum gehört natürlich auch zum intuitiven Wissen der Sprecher.

Betrachten wir noch ein Beispiel aus der Semantik: Die Komposita mit *Haupt-* im Deutschen entsprechen ungefähr dem französischen Determinans *principal* oder dem italienischen *principale*, 'hauptsächlich'. Sie dienen dazu, das Wichtigere, Hauptsächliche gegenüber dem Sekundären zu bezeichnen, z.B. *Haupteingang*, *Hauptsache, Hauptteil* usw. Ich weiß z.B. nicht, ob das Kompositum *Haupttisch* schon existiert; ich kann es aber bilden, um einen wichtigen Tisch in einer bestimmten Situation zu bezeichnen. Im Falle von *Hauptstadt* scheint es aber so zu sein, daß *Haupt-* nicht mehr 'wichtig oder wichtiger in irgendeiner Hinsicht' bedeutet, sondern 'wichtig oder wichtiger in einer bestimmten Hinsicht, und zwar als Zentrum der Staatsverwaltung'. Hauptstadt mit der Bedeutung 'hauptsächliche Stadt', die im Deutschen immer noch möglich ist, gehört zum Sprachsystem. *Hauptstadt* als 'capitale' bzw. 'Zentrum der Staatsverwaltung' gehört hingegen zur Sprachnorm. Wir haben hier eine Selektion innerhalb der Möglichkeiten des Systems. Aber man könnte immer noch auch das System als solches realisieren. In gewissen Kontexten könnte man z.B. sagen, daß Hamburg, Frankfurt oder München die Hauptstadt der Bundesrepublik sei, d.h. die wichtigste Stadt. Wenn man aber sagt, daß Bonn die Hauptstadt ist, dann meint man das, was in der Sprachnorm geregelt worden ist.

Die Normen, die Chomsky aufgestellt hat, sind keineswegs anderer Art. Sie betreffen nur andere Fakten, nämlich die Satzkonstruktion, insbesondere die Syntax des komplexen Satzes. Es sind genauso Fakten der Sprachnorm. Dies heißt jedoch: Wenn die Sprachnorm eben a u c h Sprache ist und nicht Rede, wenn auch sie soziale oder gemeinschaftliche Norm ist, dann haben wir dadurch kaum etwas über die Performanz erfahren. Es sind nur zwei Arten oder Stufen der Kompetenz unterschieden worden.

Chomsky bleibt ganz im Rahmen der einzelsprachlichen Kompetenz. Er unterscheidet nicht zwischen verschiedenen Arten der Kompetenz, die man im Sprechen zeigen kann, etwa zwischen einer allgemeinsprachlichen, einer einzelsprachlichen und einer textuellen Kompetenz. Die Performanz wird nicht als solche betrachtet, sondern nur als Abweichung oder Einschränkung der Kompetenz.

Was schließlich den Begriff "annehmbar" betrifft, so ist es richtig und gut, daß man neben dem Begriff der "Korrektheit", der tatsächlichen und reinen Entsprechung gegenüber dem Sprachsystem, noch einen anderen Begriff hat. Man kann sich aber fragen, ob dieser Begriff tatsächlich dort anwendbar ist, wo er anzuwenden wäre, nämlich im Bereich des Sprechens. Wir haben gesehen, daß dieser Begriff eigentlich die Sprachnorm betrifft, d.h. das Übliche und gemeinschaftlich Realisierte, aber nicht die einzelnen Redeakte bzw. die einzelnen Texte. Als Texte können sogar starke Abweichungen von der Norm, wie wir sie als Beispiele angeführt haben, durchaus annehmbar sein, z.B. in der Textsorte "Beispiel". Man kann auch nicht sagen, daß Morgensterns wilde Konstruktionen unannehmbar seien. Sie werden nämlich als intentionell erkannt, und zwar als übertriebene und ironische Nachahmung. Für den Zweck, den er erreichen wollte, waren seine Konstruktionen das Gegebene und vollkommen Annehmbare. Man wird nicht sagen, Morgenstern hätte das so nicht schreiben sollen, sondern man wird sich wünschen, eine solche Konstruktion bilden zu können, wenn man eine bestimmte Schreibweise nachahmen will. Es ist richtig, daß man für den einzelnen Redeakt andere Kriterien hat als das Kriterium der einzelsprachlichen Korrektheit. Der Begriff "Annehmbarkeit" müßte dann aber gerade diese anderen Kriterien betreffen und nicht die von Chomsky angeführten, die eigentlich immer noch Kriterien der Kompetenz sind. Wir sind also auch bei Chomsky noch nicht zu einer tatsächlichen Untersuchung der Rede, des Sprechens, gekommen und auch noch nicht zu einer Identifizierung der Formen des sprachlichen Wissens, das dem Sprechen zugrunde liegt.

2. Der Umfang der sprachlichen Kompetenz

2.1. Eine radikale Änderung des Gesichtspunkts

2.1.1. Das Sprechen als Maßstab für alle Manifestationen der Sprache

Die moderne Linguistik betrachtet das Sprechen, wie wir gesehen haben, fast ausschließlich als Realisierung der Einzelsprache. Sie untersucht das Sprechen bzw. die Rede allenfalls vom Gesichtspunkt der Einzelsprache her, und zwar als Abweichung vom Sprachsystem oder als Einschränkung des Sprachsystems. Das Sprechen ist nicht eigentlich Gegenstand der Untersuchung, sondern wird nur insofern berücksichtigt, als es von der Einzelsprache abweicht oder ihre Möglichkeiten einschränkt. Dieser Gesichtspunkt führt, wie wir weiter gesehen haben, gar nicht zu einer Untersuchung des Sprechens, sondern nur zur Erfassung einer unteren Stufe der Kompetenz, die wir als Sprachnorm bezeichnet haben. Da sowohl Saussure als auch Chomsky gerade diesen Gesichtspunkt in den Mittelpunkt stellen und die *parole* bzw. die Performanz nur als einen etwaigen sekundären Gegenstand der Sprachwissenschaft betrachten, kommen sie nicht zu einer Linguistik des Sprechens. Saussure wollte auch gar keine Linguistik des Sprechens begründen, sondern - wie er ausdrücklich sagt - die traditionelle Linguistik der Einzelsprachen kohärent machen, d.h. deren kohärente Beschreibung ermöglichen. Die Linguistik ist schon immer eine Linguistik der Einzelsprachen (der *langues*) gewesen, und sie bleibt es auch bei Saussure, wenn er sagt:

> Man muß sich von Anfang an auf das Gebiet der Sprache [langue] begeben und sie als die Norm aller andern Äußerungen [manifestations] der menschlichen Rede [langage] gelten lassen. [Saussure 1916/1967, 11]

Auch Chomsky hält sich, wie wir gezeigt haben, in dem von Saussure abgesteckten Rahmen.

Von der Linguistik der Performanz behauptet Chomsky, sie sei - außerhalb der Phonetik - eigentlich erst auf der Grundlage der gene-

rativen Grammatik möglich geworden. Dies stimmt historisch einfach nicht, und zwar nicht wegen der Versuche Skaličkas und Pagliaros, eine Linguistik der *parole* zu rechtfertigen, sondern deswegen nicht, weil noch vor Chomskys erstem Buch eine Arbeit erschienen war, die gerade eine Linguistik der Rede bzw. des Sprechens als
solche mit einem klar umrissenen Gegenstand vorschlug. Es handelt
sich - wir müssen es ohne falsche Bescheidenheit sagen - um unsere
Arbeit "Determinación y entorno" ("Determinierung und Umfeld"), die - leider auf spanisch - im "Romanistischen Jahrbuch"
von 1955/56 erschienen ist. Das Entscheidende in dieser Arbeit, d.h.
das, was uns heute noch wichtig erscheint, ist nicht so sehr die Identifizierung und Exemplifizierung von Fakten und Typen von Fakten, die man in einer Linguistik des Sprechens zu untersuchen hätte,
sondern vielmehr die radikale Änderung des Gesichtspunkts in der
Linguistik.

Wir sagten damals - und wir können es heute ohne Einschränkung
wiederholen -, es sei falsch, das Sprechen vom Gesichtspunkt der
Einzelsprache aus zu untersuchen; man müsse vielmehr vom Sprechen ausgehen:

> Das Sprechen ist nicht von der Sprache her zu erklären, sondern umge-
> kehrt die Sprache nur vom Sprechen. Das deswegen, weil Sprache kon-
> kret nur Sprechen, Tätigkeit ist und weil das Sprechen weiter als die
> Sprache reicht. Denn während die Sprache ganz im Sprechen steckt,
> geht das Sprechen nicht ganz in der Sprache auf. Daher muß unserer
> Meinung nach Saussures bekannte Forderung umgekehrt werden: statt
> auf den Boden der Sprache 'muß man sich von Anfang an auf den des
> Sprechens stellen und dieses zur Norm aller anderen sprachlichen Din-
> ge nehmen' (einschließlich der Sprache). [1955/1975: "Determinierung
> und Umfeld", 258]

Geht man nun konsequent vom Gesichtspunkt des Sprechens aus, so
lassen sich zu unserem ersten Problembereich, der den Umfang der
sprachlichen Kompetenz betrifft, die folgenden Thesen aufstellen:

1. Die übliche Einteilung in *langue* und *parole*, "Sprache" und
   "Rede", "Sprache" und "Sprechen" ist weder objektiv zu begründen noch den Sprechern beim Sprechen oder bei der Bewertung von Gesprochenem intuitiv bekannt.

2. Die Unterscheidung zwischen "Kompetenz" und "Performanz" (als "Durchführung" der Kompetenz) darf nicht, wie es Chomsky gemacht hat, mit der Unterscheidung zwischen der *langue* (als Einzelsprache) und der *parole* gleichgesetzt werden.

3. Eine objektiv begründete Theorie der sprachlichen Kompetenz hat von zwei allgemeinen Feststellungen bzw. Überlegungen auszugehen, nämlich zum einen davon, daß die Sprache (1) eine allgemein-menschliche Tätigkeit ist, die von Individuen (2) als Vertretern von gemeinschaftlichen Traditionen des Sprechenkönnens (3) individuell ausgeübt wird, und zum andern davon, daß eine Tätigkeit, und somit auch die Tätigkeit des Sprechens, (a) als Tätigkeit, (b) als das der Tätigkeit zugrundeliegende Wissen und (c) als das Produkt der Tätigkeit betrachtet werden kann. Aus diesen Feststellungen ergeben sich zwei Dreierreihen von Gesichtspunkten, die sich kreuzen und neun Formen der Sprache abgrenzen, wie aus dem folgenden vorläufigen und weiter unten noch zu präzisierenden Schema zu entnehmen ist:

	Tätigkeit	Wissen	Produkt
Allgemein-menschliche Tätigkeit			
Gemeinschaftliche Traditionen			
Individuelle Ausübung			

Es wird zu zeigen sein, daß diese Formen sowohl objektiv begründbar als auch den Sprechern intuitiv bekannt sind. Die beiden ersten Punkte werden in den zwei folgenden Abschnitten erörtert. Der dritte Punkt, unsere eigene Theorie des Sprechens und der sprachlichen Kompetenz, wird uns das ganze Kapitel hindurch beschäftigen.

Wir haben unsere allgemeine Theorie des Sprechens schon in einigen anderen Schriften unter verschiedenen Aspekten dargestellt.[1] Allen diesen Schriften ist der Gesichtspunkt gemeinsam, daß das Sprechen - auch abgesehen von seiner außersprachlichen und seiner psychophysischen Determinierung - viel mehr ist als die bloße Realisierung einer Einzelsprache. Wenn man dies nicht versteht, versteht man weder die Einzelsprache in ihrer Reinheit noch das Sprechen.

2.1.2. Die Unzulänglichkeit der Einteilung in *langue* und *parole*

Die verschiedenen Varianten der Einteilung in *langue* und *parole* sind unzulänglich. Am besten bekannt ist die Einteilung von F. de Saussure, bei dem die Summe von *langue* und *parole* der ganzen Sprache (*langage*) entsprechen soll; die wichtigste Interpretation der Einteilung Saussures ist vielleicht die des englischen Linguisten A. Gardiner, die zwar als Entsprechung zur Einteilung Saussures intendiert war, tatsächlich aber einen neuen Gesichtspunkt anwendet.

Saussures Einteilung hat den Nachteil, daß sie asymmetrisch ist. Die *parole* entspricht der ganzen Tätigkeit des Sprechens, die *langue* entspricht aber nur dem gemeinschaftlichen Sprechenkönnen, z.B. nur dem Französischen oder dem Deutschen oder dem Italienischen und nicht auch den anderen Aspekten des Sprechenkönnens, die man nicht einer bestimmten Einzelsprache zuordnen kann, sondern die für das Sprechen in jeder Sprache gelten oder die für bestimmte Texte oder Textsorten unabhängig von dieser oder jener Sprachgemeinschaft gelten:

---

1   Den Ausgangspunkt bildet die bereits erwähnte Abhandlung "Determinación y entorno" [1955/1975: "Determinierung und Umfeld"]. Die Ebenen des sprachlichen Wissens werden in dem noch unveröffentlichten Buch *El problema de la corección idiomática* vorgestellt; eine deutsche Teilübersetzung erscheint demnächst [1988: "Sprachliches Wissen"]. Die Theorie des Sprechens wird auch behandelt in den letzten Kapiteln unserer zuerst auf italienisch und spanisch erschienenen Vorlesungen zur allgemeinen Sprachwissenschaft; die deutsche Übersetzung ist im Druck [1981/1988: *Lecciones*]. Wichtig für unser Thema sind auch die Abhandlung "Logique du langage et logique de la grammaire" [1976/1987: "Logik der Sprache"] und die Vorträge "Die Lage in der Linguistik" [1973: Lage] und "Linguistic Competence. What is it Really?" [1985: "Competence"].

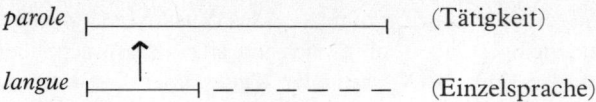

Die einzelsprachunabhängigen Formen des Sprechenkönnens bleiben unberücksichtigt oder werden der *parole* zugeschrieben; die *langue* umfaßt nur die Einzelsprache als solche. In dieser Hinsicht ist die Einteilung asymmetrisch: die *parole* umfaßt viel mehr als die *langue*. Für die *langue* umfaßt sie zwar nur die Tätigkeit, die Realisierung, für die übrigen Formen des Sprechenkönnens umfaßt sie aber sowohl die Tätigkeit als auch das entsprechende Sprechenkönnen oder Wissen. Von der *parole* her ist die Einteilung ebenfalls asymmetrisch. Denn bei der *parole* wird nicht eine *parole*, die einer bestimmten *langue* entspricht, abgegrenzt. Die *parole* ist die Rede oder das Sprechen im allgemeinen; anders als beim Wissen wird nicht auch eine französische *parole* von einer deutschen, italienischen usw. abgegrenzt.

Die Einteilung von Gardiner ist vollkommen symmetrisch. Für Gardiner ist *speech* alles, was Tätigkeit ist, und *language* alles, was *knowledge* oder *science* ist, d.h. was sich im Sprechen als Wissen (Sprechenkönnen) manifestiert.

> S p e e c h is … a universally exerted activity. … In describing this activity, we shall discover that it consists in the application of a universally possessed science, namely the science which we call l a n g u a g e … Language is a collective term, and embraces in its compass all those items of knowledge which enable a speaker to make effective use of word-signs. [Gardiner 1932, 62 und 88]

Die Symmetrie im Umfang von *speech* und *language* kann also folgendermaßen dargestellt werden:

speech |————————————————| (activity)
language |————————————————| (knowledge,
                                science)

Im Hinblick auf die Symmetrie ist die Unterscheidung Gardiners sicher richtiger als die von Saussure. Sie hat aber den Nachteil, daß sie weder innerhalb der Tätigkeit noch innerhalb des Wissens irgendeine Abgrenzung vornimmt. Alles Wissen ist *language*, und zwar unabhängig davon, ob es sich um allgemeinsprachliches Wissen, einzelsprachliches Wissen oder Wissen über die Gestaltung von Texten handelt. Gardiner sagt ausdrücklich, daß *language* ein Kollektivbegriff ist und alle Formen des Wissens umfaßt, die man beim Sprechen anwendet. Gegenüber Saussure fehlt also hier gerade die Abgrenzung dessen, was nicht *language* schlechthin ist; das, was man *langue, a language, eine Sprache* nennt, bleibt unabgegrenzt.

Aus diesen Gründen entsprechen die Einteilungen Saussures und Gardiners also noch nicht den objektiv zu begründenden Einteilungen und Abgrenzungen.

2.1.3. Die Einzelsprache zwischen Kompetenz und Performanz

Die Unterscheidung von Kompetenz und Performanz, d.h. von sprachlichem Wissen und Realisierung dieses Wissens im Sprechen, entspricht in zweierlei Hinsicht nicht dem wirklichen Gegensatz von *langue* und *parole*, "Einzelsprache" und "Rede". Wir beziehen uns mit dieser Feststellung nicht auf bisherige Interpretationen der Unterscheidung, sondern auf eine objektiv zu begründende Einteilung.

Zum einen ist die Einzelsprache nicht nur als Kompetenz, als Wissen festzustellen, sondern auch in der Tätigkeit des Sprechens selbst. Im Sprechen hat die Einzelsprache keine "substantivische" Existenz, sondern eine "adverbiale": Sie ist keine Sache für sich, sondern Modalität einer Tätigkeit. Diese Tätigkeit ist das Sprechen, und adverbiale Ausdrücke wie *deutsch, französisch* (z.B. in *Er spricht deutsch, französisch*) geben an, wie man spricht.

In dieser Hinsicht war die Auffassung der Griechen und Römer - die Auffassung, die die Griechen und Römer von der Einzelsprache hatten, wie sie im Griechischen und Lateinischen zum Ausdruck kommt - richtiger, weil sie viel genauer dem tatsächlichen Existenzmodus der Sprachen entsprach. Die Alten bezeichneten nämlich die Sprachen primär nicht durch Substantive mit einem identifizierenden Adjektiv, wie z.B. *die deutsche Sprache, die französische Sprache*, sondern unmittelbar durch Verben, die schon *sprechen* bedeuteten und außerdem eine Modalität des Sprechens enthielten, oder durch Adverbien, die das Verb für *sprechen* näher bestimmten. Im Griechischen hatte man z.B. die Verben:

ἀττικίζειν   'attisch sprechen'
βαρβαρίζειν 'wie die Barbaren sprechen'
ἑλληνίζειν   'griechisch sprechen'

Diese Verben determinierten das Sprechen in historischer Hinsicht, fügten ihm eine besondere historische Modalität hinzu. Noch klarer sind die Verhältnisse im Lateinischen, wo in den Ausdrücken, die sich auf die Sprachen beziehen, bereits eine Analyse stattfindet, indem das Sprechen getrennt erscheint und die jeweilige Einzelsprache als Adverb zum Sprechen hinzugefügt wird. Man vgl.:

Latine loqui 'lateinisch sprechen'
Graece loqui 'griechisch sprechen'

Die Adverbien *Graece* und *Latine* erscheinen als Modalitäten der Tätigkeit, die durch das Verb *loqui* bezeichnet wird.

Diese Auffassung, wie sie im Griechischen und Lateinischen zum Ausdruck kommt, ist noch sehr lange die primäre Auffassung geblieben. Lohmann vertritt die These, daß die Substantivierung der Sprachen (ihre "Reifizierung" oder "Verdinglichung", d.h. die Tatsache, daß man die Sprachen zu Sachen macht) zwar schon in der Antike bei der wissenschaftlichen Betrachtung stattgefunden habe, im allgemeinen Bewußtsein aber erst viel später durch Ausdrücke wie *lingua Latina* verallgemeinert worden sei [Lohmann 1952]. Er meint, diese Auffassung sei erst zur Zeit Luthers wirklich allgemein geworden. Wir wollen es hier dahingestellt sein lassen, zu welcher Zeit die substantivische Auffassung der Einzelsprache verallgemeinert worden ist, und wir wollen auch nicht bestreiten, daß es eine wissenschaftlich vertretbare Notwendigkeit ist, die Sprachen als solche jeweils zu objektivieren, damit man sie genauer untersuchen kann.

Unabhängig davon behaupten wir aber, daß eben diese Auffassung der Alten eher den wirklichen Verhältnissen entspricht und daß wir eben diese realen Verhältnisse nicht vergessen dürfen, insbesondere dann nicht, wenn wir einer theoretischen Fragestellung nachgehen. Gerade hier geht es um eine theoretische Fragestellung, und deshalb müssen wir vom Primären der Sprache, d.h. vom Sprechen, ausgehen und die Kompetenz jeweils im Sprechen identifizieren.

Zum anderen umfaßt die Kompetenz viel mehr als nur die *langue* als Einzelsprache. Sie entspricht eher Gardiners Kollektivbegriff *language*, d.h. allen Formen des sprachlichen Wissens. Es ist nicht zulässig, die Kompetenz mit einer bestimmten Einzelsprache gleichzusetzen oder umgekehrt die Einzelsprache als universelles Wissen zu betrachten, d.h. z.B. das Englische oder das Deutsche mit dem Sprechenkönnen im allgemeinen zu identifizieren. Wir müssen vielmehr verschiedene Formen der Kompetenz annehmen, von denen die Einzelsprache nur eine - wenn auch sehr wichtige - ist.

Wir brauchen hier noch nicht darauf einzugehen, daß das Verhältnis von Kompetenz und Performanz nicht bloß ein Verhältnis von Wissen und mechanischer Anwendung eines Wissens ist, sondern daß die Sprecher im Sprechen kreativ sind und über die Kompetenz, die sie anwenden, hinausgehen und neue Kompetenz schaffen. Diese Problematik bezieht sich nämlich nicht auf den Umfang, sondern auf die Natur der sprachlichen Kompetenz.

2.2.   Allgemeine Theorie des Sprechens

2.2.0. Vorbemerkung

Will man tatsächlich eine Linguistik des Sprechens begründen, so muß man - wie gesagt - die Fragestellung radikal ändern und nicht von der Einzelsprache ausgehen, sondern von der Tätigkeit des Sprechens. Legt man diese neue Fragestellung zugrunde, so ist die ganze Linguistik eine Linguistik des Sprechens. Denn auch die Einzelsprachen können, wie wir gesehen haben, als Aspekt oder Modalität des Sprechens betrachtet werden.

Wir entwickeln im folgenden ein allgemeines Schema der Schichten und Ebenen, die man im Sprechen und der ihm entsprechenden sprachlichen Kompetenz unterscheiden kann. Zur besseren Orientierung sei die noch vorzustellende und zu begründende Einteilung der Sprachkompetenz hier schon in einer Graphik vorweggenommen:

Allgemeine Ausdrucksfähigkeit

Fähigkeit zu sprachbegleitenden Tätigkeiten
(Mimik, Gestik usw.)

Sprachkompetenz in ihrer Gesamtheit

Physisch-psychische Sprachkompetenz

Kulturelle Sprachkompetenz

Allgemein-sprachliche Kompetenz
(elokutionelles Wissen)

Einzelsprachliche Kompetenz
(idiomatisches Wissen)

Text- oder Diskurs-Kompetenz
(expressives Wissen)

Bei unserem Schema handelt es sich nicht um ein Modell im strengen Sinne, sondern um das Ergebnis einer theoretischen Untersuchung. Wir wollen es zunächst im Überblick charakterisieren und es erst danach im einzelnen begründen und exemplifizieren. Zunächst seien die Schichten des Sprechens skizziert, die wir hier nur der Vollständigkeit halber einbeziehen, die wir aber nicht weiter verfolgen wollen, nämlich die Schicht der sowohl sprachlichen als auch nicht-sprachlichen Ausdruckstätigkeit und die biologische Schicht des psychophysisch bedingten Sprechens. Unser eigentliches Interesse gilt aber der kulturellen Schicht des Sprechens, d.h. dem Sprechen als kultureller Tätigkeit und dem tradierten Wissen, das dieser Tätigkeit zugrunde liegt.

2.2.1. Sprechen und sprachbegleitende Tätigkeiten

Auch ältere Autoren haben bereits gesehen, daß sich das Sprechen nicht in der Realisierung einer Einzelsprache erschöpft. So wollte L. Hjelmslev zwar wie Saussure die Einzelsprache in ihrer Reinheit absondern; er hat aber bemerkt, daß das Sprechen etwas viel Komplizierteres ist als die Einzelsprache. Er bezieht sich dabei insbesondere auf Handlungen, die das Sprechen begleiten, d.h. auf die außersprachlichen Handlungsmittel, die im Sprechen zusammen mit dem Sprechen im engeren Sinne wirksam werden. Wie er sagt, spricht man nicht nur mit der Einzelsprache, sondern mit dem ganzen Körper, d.h. mit der Modulation der Stimme, mit Gebärden, mit Mimik usw. [Hjelmslev 1974].

Die außersprachlichen Ausdrucksformen sind nur zum Teil im einzelnen untersucht worden. Es gibt zwar schon ausgezeichnete Arbeiten über Gestik und Gebärden, und es gibt auch funktionell ausgerichtete Arbeiten. Meines Wissens gibt es aber bisher nur eine wichtigere Arbeit, die das Problem der außersprachlichen Mittel in der Rede in allgemeiner Form stellt. Es ist die auf holländisch erschienene Arbeit "Extralinguale elementen in de spraak" ("Außersprachliche Elemente in der Rede"[1]) von H.C.J. Duijker aus dem Jahre 1946 [Duijker 1946]. Duijker untersucht insbesondere die Interdependenz zwischen Intonation und Mimik. Er stellt aber auch allgemein das Problem des Außersprachlichen und des Beitrags des Nichtsprachlichen zum sprachlichen Ausdruck.

Die außersprachlichen Tätigkeiten begleiten und ergänzen das Sprechen; bisweilen können sie es sogar ersetzen. Es gibt natürlich auch eine Kompetenz, die der Verwendung der nichtsprachlichen Ausdrucksmittel entspricht; denn man weiß, wie man Gebärden im allgemeinen und wie man Gebärden in einer bestimmten Gemeinschaft vollzieht.

Die Verwendung nicht-sprachlicher Ausdrucksinstrumente kann auch die rein sprachliche Kompetenz beeinflussen. Im Deutschen kann man sich im Sprechen auf das Schriftbild beziehen, so z.B. wenn man sagt:

---

1   Im Holländischen bedeutet *spraak* nicht 'Sprache', sondern 'Rede'; für *Sprache* steht *taal*.

Sie - groß geschrieben - ...

Man kann auf diese Weise also einen Unterschied machen, der sonst im Sprechen nicht gemacht wird. Auch im Französischen kann man sich auf die Schrift beziehen, um Zweideutigkeiten aufzulösen, vor allem bei gleichlautenden Eigennamen. So sagt man z.B.

[bryno, o, te] oder [bryno, ə , a, y],

um die Eigennamen *Brunot* und *Bruneau* zu unterscheiden, und man versteht, daß sich diese zusätzlichen Angaben auf das beziehen, was in der Schrift, aber nicht im Sprechen, die beiden Namen differenziert.

In vielen Sprachen gibt es Ausdrücke, die nur in Verbindung mit bestimmten Gebärden verständlich sind oder die in Verbindung mit bestimmten Gebärden entstanden sind. Der englische Ausdruck

like this

wird in Verbindung mit einer Gebärde gebraucht, die die Dimensionen des Bezeichneten angibt, und dieser Ausdruck ist schon sprachliche Tradition geworden. Im Deutschen würde man *wie das* nicht verstehen; man gebraucht dafür *so* in Verbindung mit einer Zeigegebärde:

mit *so* einem Bart

Das Italienische verwendet hier *così*:

con una barba così ['mit so einem Bart']
aveva gli occhi così ['Er hat solche Augen']
aveva un naso così ['mit so einer Nase']
aveva gli orecchi (le orecchie) così ['Er hat solche Ohren']

Così kann jetzt aber auch unter Umständen ohne Gebärden gebraucht werden; man versteht in diesem Fall, daß beispielsweise der Bart ziemlich lang ist. Im Spanischen wird der Ausdruck *asi* fast regelmäßig mit begleitenden Gebärden verwendet:

con una barba asi de larga ['mit einem so langen Bart']

Es gibt also diese Tätigkeiten, die das Sprechen nicht nur begleiten, sondern die das Sprechen und die ihm entsprechende Kompetenz auch beeinflussen können. Gewisse Ausdrücke sind in Relation zu

nicht-sprachlichen Ausdrucksinstrumenten entstanden, und bestimmte Ausdrucksweisen setzen die gleichzeitige Verwendung dieser außersprachlichen Instrumente voraus. Auch beim Schreiben
gibt es außersprachliche Ausdrucksmittel, z.B. die Bilder und
Zeichnungen, die in einen Text eingefügt werden, oder die verschiedenen Möglichkeiten der graphischen Textanordnung und Textge-
staltung. Außerdem kann man die Schrift ikastisch verwenden, so
daß sie zugleich Zeichnung des gemeinten Gegenstandes ist [vgl.
1980: Textlinguistik, 84-85].

Wir wollen die außersprachlichen Ausdrucksmittel und die Kompetenz, die ihre Verwendung betrifft, hier nicht weiter verfolgen,
sondern uns auf die Aspekte der Kompetenz konzentrieren, die im
Sprechen als solchem zum Ausdruck kommen.

2.2.2. Die biologische Schicht des Sprechens

Auch wenn wir von den außersprachlichen Tätigkeiten absehen und
uns nur auf das Sprechen als solches beschränken, können wir darin
eine Reihe von Schichten und Ebenen unterscheiden. Das Sprechen
ist zuerst eine psychophysische Tätigkeit, d.h. eine Tätigkeit, die
neurophysiologisch bedingt ist. Wir wollen diese Schicht, die im
Sprechen, d.h. bei der Erzeugung und Verwendung sprachlicher
Zeichen, feststellbar ist, die "biologische Schicht" nennen.

Der biologischen Schicht entspricht das physiologisch und psy-
chisch bedingte Sprechenkönnen. Es besteht in der Beherrschung
des physisch-psychischen Mechanismus des Sprechens. Dazu gehört
nicht nur die Fähigkeit, die Sprechwerkzeuge zu gebrauchen. Beim
Sprecher schließt das Sprechenkönnen die Fähigkeit ein, überhaupt
artikulierte Lautzeichen zu bilden und mit ihnen inhaltliche Unterscheidungen auszudrücken (Welche Unterscheidungen ausgedrückt
werden, ist aber kulturell bedingt). Beim Hörer geht es um die Fähigkeit, Lautzeichen wahrzunehmen und das Wahrgenommene als
Verweis auf einen gestalteten Inhalt zu interpretieren. Bei den kleinen Kindern ist diese Schicht noch nicht vollständig ausgebildet,
und es kann auch sein, daß Erwachsene sie nicht in vollem Umfang
besitzen, z.B. im Falle von Artikulationsfehlern wie Lispeln oder anderen Abweichungen vom Normalen, oder daß sie sie ganz oder teil-

weise verloren haben wie bei den verschiedenen Formen der Aphasie [vgl. auch 1988: "Sprachliches Wissen", Abschn. 3.1.].

Auf die biologische Schicht bezieht man sich, wenn man von Kindern oder Aphatikern sagt, daß sie "nicht sprechen können". Man meint nicht, daß sie nicht *deutsch* oder *französisch* oder über dieses oder jenes sprechen können, sondern man meint, daß sie den psychisch-physischen Mechanismus des Sprechens nicht beherrschen. Die Sprecher bewerten das Sprechen in dieser Hinsicht danach, ob es dem durchschnittlich zu Erwartenden entspricht, d.h. ob es "normal" ist. Wie bei den anderen Schichten geschieht die Bewertung durch "Nullwerte", d.h. durch die reine Entsprechung gegenüber dem zu Erwartenden. Erst die Minuswerte fallen auf, weil sie nicht einmal das minimal zu Erwartende erreichen. Dies ist z.B. dann der Fall, wenn Sprachstörungen wie Dyslalie, Dysphasie, Agraphie u.a. auftreten.

Die biologisch bedingten Mechanismen des Sprechens sind nicht unmittelbar Gegenstand der Linguistik als Kulturwissenschaft. Sie sind Gegenstand von Formen der Physiologie, der Psychologie und der Medizin einschließlich der Psychiatrie. Bei der weiteren Untersuchung sehen wir darum auch von der biologisch bedingten Kompetenz ab und gehen einfach vom normalen Sprechen aus. Wir behandeln auch nicht die Frage, inwieweit die kulturelle Fähigkeit, d.h. die Fähigkeit zu lernen und Wissen zu erwerben, ihrerseits biologisch bedingt ist.

2.2.3. Die kulturelle Schicht des Sprechens

Das Sprechen ist nicht nur eine psychophysische Tätigkeit, sondern vor allem auch eine kulturelle Tätigkeit, d.h. eine Tätigkeit, die Kultur schafft. Das Sprechen schafft nämlich etwas, was jeweils gelernt und zu einer Tradition werden kann. Die beiden Schichten, die biologische und die kulturelle Schicht, sind konstitutiv für das Sprechen. Denn als kulturelle Tätigkeit muß sich das Sprechen materiell manifestieren; sonst kann es nicht in der Welt stehen, von anderen Subjekten übernommen werden.

Bei allen Kulturgegenständen sind diese zwei Schichten zu unterscheiden, da Kulturgegenstände im Bewußtsein der Menschen existieren und zugleich in der Welt materialiter realisiert sind. Im Be-

wußtsein des einzelnen existieren sie als Intention und Interpretation. Materiell müssen sie sich manifestieren, weil der Übergang von
einem Bewußtsein zu einem anderen nur durch das Materielle möglich ist. Kulturgegenstände werden z.B. materiell realisiert als Li-
nien und Farben, als Ton, als Bewegung des Körpers oder - im Falle
der Sprache - als biologisch bedingte Sprechtätigkeit. In dieser Hinsicht unterscheiden sich die Kulturgegenstände von den Naturge-
genständen, die nur in der "Welt" gegeben sind, und von den
mathematischen Gegenständen, die als solche nur im Bewußtsein als
reine Formen existieren.

Die kulturelle Form des Sprechens, d.h. seine eigentliche und be-
stimmende Form, ist so zu charakterisieren:

> Das Sprechen ist eine universelle allgemein-menschliche Tätig-
> keit, die jeweils von individuellen Sprechern als Vertretern von
> Sprachgemeinschaften mit gemeinschaftlichen Traditionen des
> Sprechenkönnens individuell in bestimmten Situationen reali-
> siert wird.

Unsere Definition hebt hervor, daß sich in der kulturellen Schicht
des Sprechens wiederum drei Ebenen unterscheiden lassen:

1. Das Sprechen weist allgemein-menschliche, universelle Aspekte
   auf; es ist "Sprechen im allgemeinen". Alle erwachsenen und
   normalen Menschen sprechen. Selbst das Schweigen steht in unmittelbarer Relation zum Sprechen; denn *schweigen* heißt 'aufhören zu sprechen', '(noch) nicht sprechen'. Manche Sprachen,
   z.B. das Lateinische, unterscheiden sogar zwischen dem Still-
   sein der Sachen, das kein Aufhören zu sprechen ist (lat. *silere*),
   und dem Schweigen der Menschen, das eben ein Aufhören zu
   sprechen oder ein Nicht-Sprechen ist (lat. *tacere*).
2. Jedes Sprechen ist Sprechen in einer bestimmten Einzelsprache.
   Man spricht nämlich immer in einer bestimmten historischen
   Tradition. Das gilt auch für das Sprechen in erfundenen oder
   konstruierten Sprachen. Wer eine Kunstsprache erfindet,
   schafft eben eine neue Tradition des Sprechens.
3. Das Sprechen ist immer individuell, und zwar in zweierlei Hinsicht: Zum einen wird es immer von einem Individuum vollzo-
   gen; es ist keine chorale Tätigkeit. Jeder spricht für sich, und

auch im Dialog wird wechselweise die Rolle des Sprechers und Hörers übernommen. Zum anderen ist es in der Weise individuell, daß es jeweils in einer bestimmten einmaligen Situation stattfindet. Zur Bezeichnung dieser individuellen Tätigkeit in einer bestimmten Situation schlage ich - nach dem franz. *discours* - den Terminus "Diskurs" vor. Im Deutschen sagt man für diese Ebene auch "Text"; dabei muß man aber daran denken, daß es hier zuerst um die Tätigkeit selbst geht und nicht um ihr Produkt.

Wer sich an Humboldt erinnert, wird sicher die Bezüge feststellen können, die zwischen unseren Schichten und seiner Unterscheidung zwischen der Sprache als der Totalität des Sprechens, e i n e r Sprache und dem jedesmaligen Sprechen bestehen.

Die Sprechtätigkeit weist nicht nur drei verschiedene Schichten auf; sie kann auch - wie jede kulturelle Tätigkeit überhaupt - unter drei verschiedenen Gesichtspunkten betrachtet werden:

1. Als die Tätigkeit selbst, als Sprechen und Verstehen. Diese Tätigkeit erschöpft sich nicht in der mechanischen Realisierung oder Anwendung eines schon existierenden Wissens, sondern ist ἐνέργεια im eigentlichen Sinne, d.h. eine kreative Tätigkeit, die sich eines vorhandenen Wissens bedient, um etwas Neues zu sagen, und die neues sprachliches Wissen schaffen kann.
2. Als das Wissen, das der Tätigkeit zugrundeliegt, d.h. als Kompetenz oder - mit dem aristotelischen Terminus - als δύναμις.
3. Als das Produkt, das durch die Tätigkeit geschaffen wird, d.h. als Werk oder ἔργον. So ist das Produkt des individuellen Sprechens, d.h. des Diskurses, der Text, der in der Erinnerung bewahrt, der aufgezeichnet oder der aufgeschrieben werden kann.

Wir haben bereits erwähnt, daß diese Unterscheidungen auf Aristoteles zurückgehen und in Humboldts Unterscheidung von Tätigkeit und Werk teilweise berücksichtigt worden sind [vgl. oben 1.2.3.]. Es sei betont, daß es sich um Unterschiede des Gesichtspunkts handelt, unter denen dieselbe reale Sprechtätigkeit betrachtet wird, nicht um verschiedene reale Gegenstände.

Verbindet man nun die Unterscheidung der Schichten oder Ebenen mit der Unterscheidung der Gesichtspunkte so erhält man folgendes Schema:

	Tätigkeit $\dot{\varepsilon}\nu\dot{\varepsilon}\rho\gamma\varepsilon\iota\alpha$	Wissen (Kompetenz) $\delta\dot{\upsilon}\nu\alpha\mu\iota\varsigma$	Produkt (Werk) $\ddot{\varepsilon}\rho\gamma o\nu$
Universelle Ebene: Sprechen im allgemeinen			
Historische Ebene: Einzelsprache			
Individuelle Ebene: Diskurs (Text)			

Mißt man nun die üblichen Einteilungen an den Unterscheidungen, die wir hier getroffen haben, so läßt sich stets eine Verwechslung zwischen Gesichtspunkt und Ebene feststellen. Die *langue*, die Kompetenz oder die mit der *langue* gleichgesetzte Kompetenz wird unter dem Aspekt des Wissens betrachtet, und zwar allein auf der einzelsprachlichen Ebene. Die *parole* wird dagegen unter dem Gesichtspunkt der Tätigkeit auf allen drei Ebenen betrachtet. Vermeidet man die genannte Verwechslung, so muß man feststellen, daß die Unterscheidung von *langue* und *parole* auf Kriterien beruht, die sich kreuzen: die *langue* entspricht der historischen Ebene der Einzelsprache, und die *parole* entspricht dem Gesichtspunkt der Tätigkeit:

	Tätigkeit	Wissen	Produkt
Sprechen im allg.	pa-		
Einzelsprache		langue	
Diskurs/Text	role		

Entsprechendes gilt auch für die Unterscheidung von Kompetenz und Performanz, insofern die Kompetenz mit der einzelsprachlichen Kompetenz identifiziert wird.

Vermeidet man die Verwechslung von Gesichtspunkt und Ebene und die daraus entstehende Asymmetrie zwischen *langue* und *parole*, von der wir gesprochen haben, so muß man die Ebene der Einzelsprache auch in der Tätigkeit selbst feststellen. Dies entspricht dem, was alle Sprecher intuitiv wissen. Ihr Wissen erscheint in Äußerungen wie ''Jemand spricht deutsch'', ''Jemand spricht französisch'' oder in negativen Bewertungen wie ''Das ist kein richtiges Deutsch, Französisch''. Sie betrachten also das Sprechen auch als das In-Erscheinung-Treten einer bestimmten Sprache.

Die Sprecher kennen intuitiv die Sprache auch als ein Wissen, z.B. wenn sie sagen, daß jemand Deutsch kann, und sie erkennen in gewisser Hinsicht die Sprache auch als Produkt, so z.B. wenn sie sagen, die deutsche Sprache sei kompliziert und habe eine schwierige Grammatik. Ob diese Behauptung der Sprecher richtig ist, kann hier offen bleiben; es kommt nur darauf an, daß die Sprecher die Einzelsprache als objektive Größe betrachten.

Andererseits erkennen die Sprecher auch die beiden übrigen Ebenen der Sprechtätigkeit. Sie beziehen sich auf die allgemeine Ebene, wenn sie sagen, daß die Tiere keine Sprache haben; sie meinen damit nicht irgendeine Einzelsprache, sondern die Fähigkeit zur Sprache überhaupt. Auf diese Ebene bezieht man sich auch, wenn man feststellt, daß ein Kind noch nicht sprechen kann. Die Sprecher erfassen die individuelle Ebene, wenn sie z.B. den Gesprächspartner an seinem Sprechen identifizieren oder wenn sie seine jeweilige Intention erkennen. Die verschiedenen Schichten der Sprechtätigkeit sind also den naiven Sprechern bekannt und werden von ihnen intuitiv unterschieden.

Wir können nun das Problem formulieren, das wir hier diskutieren wollen. Es gilt, der Asymmetrie zu entgehen, die zwischen dem Aspekt der Tätigkeit und dem Aspekt des Wissens besteht. Für den Aspekt der Tätigkeit, die *parole*, sind alle drei Schichten anerkannt. Für den Aspekt des Wissens ist dagegen nur die mit der *langue* gleichgesetzte Kompetenz allgemein akzeptiert. Wir wollen nun zeigen, daß dem Sprechen im allgemeinen und dem Diskurs ebenfalls ein Wissen gegenübersteht. Dies wird das Ziel der folgenden Überlegungen sein. Zunächst aber seien die jetzt neu postulierten Schichten des sprachlichen Wissens in uhser Schema eingefügt:

	Tätigkeit	Wissen	Produkt
Sprechen im allg.	Per-	///////////	
Einzelsprache	for-	"Kompetenz"	
Diskurs/Text	manz	///////////	

Abschließend wollen wir noch eine Terminologie einführen, mit der wir auf die Felder unseres Schemas Bezug nehmen können. Unter dem Gesichtspunkt der Tätigkeit bezeichnen wir die universelle Schicht als "Sprechen im allgemeinen", die historische Schicht, wie sie als Modalität des Sprechens im Sprechen selbst erscheint (z.B. *Latine loqui, deutsch sprechen*), als die "konkrete Einzelsprache", und die individuelle Schicht, die als Redeakt oder als zusammenhängende Reihe von Redeakten erscheint, als "Diskurs".

Den drei Schichten oder Ebenen der Sprechtätigkeit stehen nun drei Ebenen des sprachlichen Wissens gegenüber:

1. Das Wissen, das dem Sprechen im allgemeinen, d.h. dem Sprechen in jeder Sprache entspricht, bezeichnen wir als "elokutionelles Wissen" oder als "allgemeinsprachliche Kompetenz".
2. Das Wissen, das dem Sprechen in einer bestimmten Sprache entspricht und das in dieser Hinsicht ein historisches Wissen ist, bezeichnen wir als "idiomatisches Wissen" oder als "einzelsprachliche Kompetenz".
3. Das Wissen, das dem individuellen Sprechen entspricht und das sich darauf bezieht, wie man Texte in bestimmten Situationen konstruiert, bezeichnen wir als "expressives Wissen" oder als "Textkompetenz".

Auch unter dem Gesichtspunkt des Produkts oder Werks lassen sich die drei Ebenen terminologisch unterscheiden. Das Produkt des Sprechens im allgemeinen ist die empirisch unendliche "Totalität aller Äußerungen". Das Produkt des konkreten einzelsprachlichen

Sprechens ist die "abstrakte Einzelsprache", d.h. das, was im Sprechen als gleichbleibend erkannt und zum Gegenstand der linguistischen Beschreibung gemacht wird.[1] Das Produkt des individuellen Sprechens ist der "Text", wie er aufgezeichnet oder niedergeschrieben werden kann. Das folgende Schema stellt die Terminologie im Überblick dar:

EBENE	GESICHTSPUNKT		
	Tätigkeit *ἐνέργεια*	Wissen *δύναμις*	Produkt *ἔργον*
Universelle Ebene	Sprechen im allgemeinen	elokutionelles Wissen	Totalität der Äußerungen
Historische Ebene	konkrete Einzelsprache	idiomatisches Wissen	(abstrakte Einzelsprache)
Individuelle Ebene	Diskurs	expressives Wissen	Text

Nachdem wir nun den allgemeinen theoretischen Rahmen abgesteckt haben, in dem sich unsere Untersuchung bewegt, wollen wir die postulierten Schichten in Umrissen charakterisieren. Wir gehen dabei von der Tätigkeit aus und fragen nach dem Wissen, das ihr zugrunde liegt. Zuletzt stellen wir allgemeine Eigenschaften der Schichten zusammenfassend dar.

---

1 Als Produkt tritt die Einzelsprache nie in konkreter Form auf. Alles, was auf dieser Ebene "produziert" (geschaffen) wird, verbleibt entweder im Zustand des nur einmal Gesagten oder es findet Eingang ins traditionelle Wissen, wenn es übernommen und bewahrt wird. Die Einzelsprache ist darum niemals *ἔργον*, denn *ἔργον*, Produkt, kann nur die "abstrakte", d.h. die aus dem Sprechen abgeleitete und in einer Grammatik und in einem Wörterbuch objektivierte Sprache sein [vgl. 1981/1988: *Lecciones*, Kap. 10/2.2.]

2.2.4. Die allgemein-sprachliche Ebene

Die allgemein-sprachliche Ebene entspricht der Bestimmung des Sprechens als einer allgemein-menschlichen Tätigkeit. In dem Terminus "Sprechen im allgemeinen" wird der Unterschied zwischen Sprechen und Sprache noch nicht gemacht; er erfaßt noch nicht die Einzelsprachlichkeit des Sprechens. Deshalb wäre es ebenso möglich, von "Sprache im allgemeinen" zu sprechen. Beim Sprechen im allgemeinen geht es um das Übereinzelsprachliche, d.h. um das, was zu jedem Sprechen - gleichgültig in welcher Sprache - gehört.

Alles Sprechen steht in der Geschichte. Nicht nur die Einzelsprachen und die Texte sind historisch. Vielleicht kann man sogar Aspekte einer Geschichte des Sprechens im allgemeinen feststellen, d.h. des sprachlichen Verhaltens überhaupt. Das Sprechen ist - wenn auch nur zum Teil und nicht an den gleichen Punkten - anders geworden durch den möglichen Bezug auf die parallele Schrift. Aus der Geschichte wissen wir beispielsweise, daß sich ein bestimmtes sprachliches Verhalten, das Leseverhalten, geändert hat. In der Antike gab es, wie es scheint, das stille, lautlose Lesen überhaupt noch nicht. Augustinus bezieht sich mit Erstaunen auf St. Ambrosius in Mailand, den er *tacite legere* gesehen hat: Es war noch das normale, nicht still, sondern laut zu lesen.

Wir stellen auch als naive Sprecher diese allgemein-sprachliche Schicht des Sprechens fest. Wir können einiges als allgemein-sprachlich erkennen, auch wenn wir die Einzelsprache, in der gesprochen wird, überhaupt nicht verstehen. So verstehen wir z.B., ob der Sprecher ein Mann oder eine Frau ist. Wir können aber auch anhand verschiedener Aspekte der Intonation feststellen, in welchem seelischen Zustand sich der Sprecher befindet. Natürlich können wir uns dabei irren. Die Fremdsprache als solche kann beispielsweise zu gewissen Schlüssen über den Seelenzustand des Sprechers führen. Die Tatsache, daß die Interpretation falsch sein kann, hebt aber nicht die Tatsache auf, daß man interpretiert hat. Viele Italiener haben z.B. den Eindruck, daß die Deutschen immer aufgeregt, vielleicht sogar wütend sprechen. Sie irren sich natürlich, denn auch die Deutschen sind nicht immer aufgeregt. Eine solche Interpretation tritt aber auf, wenn das Sprechen allgemein interpretiert wird.

Noch sehr viel mehr können wir solche allgemein-sprachlichen Interpretationen vornehmen, wenn wir die Sprache verstehen, d.h. wenn wir nicht nur den Stoff, sondern auch den Inhalt des Sprechens erfassen. Als Sprecher können wir z.B. feststellen, daß jemand klar oder unklar, mit Besonnenheit oder - fast immer die anderen - wie ein Verrückter spricht. Diese Urteile der Sprecher entsprechen nicht einer bestimmten Sprache, denn in jeder Sprache kann man klar oder unklar, besonnen oder verrückt sprechen.

Keine Sprache ist klar als Sprache. Ich habe schon mehrmals gesagt, daß die berühmte Bestimmung des Französischen als klare Sprache, wie sie in dem Satz

Ce qui n'est pas clair n'est pas français
(Das, was nicht klar ist, ist nicht französisch)

zum Ausdruck kommt, nichts weiter ist als ein peinliches Mißverständnis. Klar ist nicht die Sprache als solche, sondern das Sprechen, und zwar in jeder Sprache. Man kann zwar auch in diesem Fall sagen, daß kein Irrtum bloß ein Irrtum ist. Es gibt eine Tradition des Französisch-Sprechens, die sich durch überdurchschnittliche Klarheit auszeichnet. Wenn Franzosen - aufs ganze gesehen oder in bestimmten Registern - sich klarer ausdrücken als andere Völker, so tun sie das wegen einer Tradition des Sprechens in dieser Gemeinschaft, aber nicht wegen Eigenschaften der französischen Sprache [vgl. auch Weinrich 1961].

Es gibt Urteile über das Sprechen, die sich auf diese allgemeinsprachliche Schicht beziehen. Wir verfügen auch in der alltäglichen Sprache über Termini, mit denen wir solche Urteile formulieren. Diese Urteile beziehen sich darauf, ob das Sprechen den üblichen normalen Erwartungen jeweils entspricht. Ein Sprechen, das auf dieser Ebene nichts Negatives oder Mangelhaftes aufweist, d.h. das den zu erwartenden Normen entspricht, wird als klar, kohärent, kongruent beurteilt: es erreicht den Nullwert der bloßen Entsprechung. Wir wählen als Fachausdruck für die Gesamtheit dieser Urteile, die sich auf das Sprechen in jeder Sprache beziehen, den Terminus "kongruent".

Die Urteile, die sich auf das Sprechen in jeder Sprache beziehen, sind autonom oder unabhängig von den Urteilen, die sich auf die

Einzelsprache und auf den Text beziehen. So wird man beispielsweise den Ausdruck:

> Das linke Horn des Einhorns ist schwarz

als "absurd" beurteilen, d.h. als in hohem Maße nicht kongruent.
Man wird sagen, der Ausdruck sei nicht kongruent mit den Sachen,
weil ein Einhorn - so wie wir uns dieses Tier traditionell vorstellen
- nur e i n Horn hat, und er sei nicht kongruent mit gewissen Denk-
prinzipien, weil *das linke Horn* voraussetzt, daß das Tier mehr als ein
Horn hat. Man kann den Ausdruck aber nicht als Beispiel für einzelsprachliche Inkorrektheit nehmen. Denn wenn ich gerade das Inkongruente sagen will, dann muß ich es im Deutschen so sagen. Es
gibt eine einzelsprachlich korrekte Weise, auch das Absurde zu
sagen.

Kongruenzurteile sind nicht nur von Urteilen über die Einzelsprache unabhängig, sondern auch von Urteilen über Texte. Der
Ausdruck

> Zwei und zwei ist fünf

ist sicher inkongruent. Wenn ich aber die Inkongruenz eines anderen wiederhole, dann ist gerade die Inkongruenz das angemessene.
Wenn Peter z.B. glaubt, daß zwei und zwei fünf ist, und wenn ich
das einem anderen mitteilen will, dann muß ich es genau so sagen:

> Zwei und zwei ist fünf. Das glaubt Peter.   oder
> Peter glaubt, daß zwei und zwei fünf ist.

Ich muß also die Inkongruenz zitieren oder inhaltlich wiedergeben,
wenn ich angemessen reden will.

Die Autonomie der Kongruenzurteile ist ein Anzeichen dafür, daß
es ein identifizierbares sprachliches Wissen gibt, das der allgemein-
sprachlichen Schicht des Sprechens entspricht. Wir haben dieses
Wissen als "elokutionelles Wissen" bezeichnet. Der Terminus *elo-
kutionell* ist konventionell, d.h. er versucht, einer Tradition zu entsprechen. Er will den alten Begriff der *elocutio* wiederaufnehmen,
der zur antiken Rhetorik gehört und dort für die allgemeine Art des
Sprechens steht. Auch *Wissen* wird hier als Fachausdruck verwendet. Wir haben diesen Terminus gewählt, weil er der Terminologie
unserer Arbeiten in verschiedenen romanischen Sprachen ent-

spricht. So haben wir schon um 1955 den Begriff *saber lingüístico* ('sprachliches Wissen') eingeführt [vgl. 1985: "Competence" und 1988: "Sprachliches Wissen"], der sich in erster Linie auf das bezieht, was später *Sprachkompetenz* genannt werden sollte.[1]

Der allgemein-sprachlichen Schicht entspricht darüber hinaus eine besondere Ebene des sprachlichen Inhalts. In jedem Akt des Sprechens können drei Ebenen des Inhalts unterschieden werden, nämlich "Bezeichnung" (oder Referenz), "Bedeutung" und "Sinn". Ein Sprechakt bezieht sich nämlich auf eine "Wirklichkeit", einen außersprachlichen Sachverhalt; er stellt diesen Bezug aber her mittels bestimmter Kategorien einer Einzelsprache, und er hat in jedem Fall eine bestimmte Diskursfunktion.

Die B e z e i c h n u n g, die auf der allgemein-sprachlichen Ebene anzusiedeln ist, ist die Beziehung zu außersprachlichen Gegenständen oder zur außersprachlichen "Wirklichkeit", seien es nun die Sachverhalte selbst oder die entsprechenden Gedankeninhalte.

Die B e d e u t u n g, die der einzelsprachlichen Ebene entspricht, ist der sprachlich gegebene Inhalt in einer Einzelsprache, d.h. die besondere Gestaltung der Bezeichnung in einer bestimmten Sprache.

Der S i n n, der auf der Ebene des Diskurses übermittelt wird, ist das mit dem Sagen "Gemeinte", d.h. der besondere sprachliche Inhalt, der mittels der Bezeichnung und der Bedeutung ausgedrückt wird, der aber in einem individuellen Diskurs über beide hinausgeht und den Einstellungen, Absichten oder Annahmen des Sprechers entspricht.

Die "Bezeichnung", um die es uns hier geht, ist nicht an eine bestimmte Sprache oder an einen bestimmten Ausdruck in dieser Spra-

---

1 Im Deutschen entspricht der Terminus *Wissen* allerdings nicht ganz der alltäglichen Verwendung des Wortes, weil man hier für ein Wissen, das der Art nach bestimmt ist, nicht *wissen*, sondern *können* verwendet: Man *weiß* nicht eine Sprache, sondern man *kann* eine Sprache. Das Wort *können* ist aber nicht so allgemein, daß man es überall gebrauchen könnte, und es ist auch nicht eindeutig genug. Man müßte *Sprechenkönnen* sagen und erhielte Termini wie *allgemein-sprachliches Sprechenkönnen*, die allzu kompliziert wären.

che gebunden. So können beispielsweise die deutschen und japanischen Ausdrücke

> Die Kinder werden kommen
> Kodomo-wa kuru

in einer bestimmten Situation bezeichnungsgleich sein und in Übersetzungen wechselseitig füreinander eintreten. Ebenso bezeichnen die Ausdrücke

> Caesar vicit Pompeius - Pompeius a Caesare victus est
> A ist größer als B - B ist kleiner als A

grundsätzlich jeweils denselben Sachverhalt. Dies heißt jedoch nicht, wie wir im nächsten Abschnitt sehen werden, daß sie auch dieselbe Bedeutung hätten [vgl. 1985: "Competence"].

2.2.5. Die einzelsprachliche Ebene

Das Sprechen erfolgt immer aufgrund einer bestimmten historischen Technik des Sprechens, d.h. aufgrund einer bestimmten Einzelsprache, die einer historisch konstituierten Sprachgemeinschaft entspricht.

"Aufgrund einer bestimmten Einzelsprache" bedeutet nicht, daß ein Text nur einer einzigen Einzelsprache zu entsprechen hat. Wie oben [1.3.3.] angedeutet, entspricht zwar ein Text in jedem Punkt einer bestimmten Einzelsprache, aber mehrsprachige Texte sind ohne weiteres möglich, ja sogar sehr üblich, wenn wir die einheitliche Einzelsprache streng abgrenzen und auf die funktionelle Sprache reduzieren. Vollkommen homogene Texte in einer einzigen funktionellen Sprache sind dagegen verhältnismäßig selten. Auch innerhalb einer historischen Sprache kann man in verschiedenen Teilen des gleichen Textes verschiedene funktionelle Sprachen verwenden, z.B. Hoch- oder Gemeindeutsch und eine Mundart. Bei manchen Textsorten ist dies sogar sehr üblich, z.B. beim Erzählen von Witzen. Man erzählt im allgemeinen Deutsch, bringt aber oft die Pointe z.B. in der Kölner oder Berliner Mundart, weil sonst der Witz verloren geht.

Einzelsprachen sind entstanden als Sprachen von historischen Gemeinschaften, die als solche - auch im Bewußtsein der Sprecher -

existieren oder existiert haben. Die eigentümliche Historizität der Einzelsprachen besteht nämlich darin, daß sie Gemeinschaften konstituieren, die durch sie definiert werden. Dies gilt auch für aussterbende oder ausgestorbene Sprachen. Es ist kein Widerspruch, wenn das letzte Individuum, das eine aussterbende Sprache spricht, eine Sprachgemeinschaft vertritt, die anderen Sprachgemeinschaften gegenübergestellt werden kann. Auch eine verschollene Sprache ist die Sprache einer durch sie definierten Gemeinschaft, die einmal existiert hat und auf die wir uns beziehen können. Dies heißt aber nicht, daß nur die Einzelsprachen historisch wären[1]. Es gibt - wie erwähnt - auch Traditionen des Sprechens im allgemeinen, und es gibt vor allem auch Texttraditionen.

Im Sprechen erkennen wir auch als naive Sprecher die Sprache, die gesprochen wird, z.B. wenn wir sagen:

> Er spricht englisch.

Auch wenn wir die Sprache überhaupt nicht verstehen, erkennen wir sie als eine andere, als eine uns unbekannte Sprache. Wir können uns natürlich bei der Identifizierung täuschen. Die Tatsache, daß wir identifiziert haben, wird aber durch den Irrtum nicht aufgehoben.

Ein Sprechen, das einer einzelsprachlichen Tradition entspricht, das also von dieser Tradition nicht durch Mängel abweicht, nennt man üblicherweise "korrekt" oder "richtig". Das korrekte Spre-

---

1 Wir unterscheiden zwischen dem historischen Wesen und dem historischen Status. Ihrem Wesen nach sind nicht nur alle Sprachsysteme, sondern auch die Traditionen des Sprechens im allgemeinen und die Texttraditionen historisch. Ihrem Status nach sind es nur die historischen Sprachen wie Deutsch, Französisch, Englisch usw.: sie sind nicht konventionell abgegrenzt, sondern schon selbständig aufgrund ihrer Geschichte, und sie werden auch so von ihren Sprechern und denen anderer Sprachen aufgefaßt. So unterscheidet sich z.B. das Niederländische seinem historischen Wesen nach nicht von anderen niederdeutschen Dialekten. Seinem Status nach ist es aber eine historische Sprache, weil es aufgrund seiner Geschichte als historisch autonomes Gefüge von sprachlichen Traditionen aufgefaßt wird und nicht bloß, wie die übrigen niederdeutschen Dialekte, im Gefüge einer anderen historischen Sprache aufgeht [vgl. 1980: "Historische Sprache"].

chen fällt als solches nicht auf; es realisiert den Nullwert der bloßen Entsprechung.

Auch die Urteile über die Korrektheit des Sprechens sind autonom, d.h. unabhängig von der allgemein-sprachlichen und der individuellen Schicht. Man kann vollkommen kongruent und angemessen sprechen, auch wenn man nicht korrekt spricht, und umgekehrt kann man natürlich auch völlig korrekt sprechen, ohne dabei kongruent und angemessen zu sein.

Vor allem in der Germanistik hat man bisweilen angenommen, daß das als korrekt zu Erwartende einfach das gut Verständliche sei. Mindestens hat man geglaubt, die Verständlichkeit sei eine Vorstufe der Korrektheit. Entgegen dieser weit verbreiteten Meinung ist aber die bloße Verständlichkeit des Sprechens überhaupt kein Kriterium für die Korrektheit. Im Gegenteil, die Verständlichkeit gehört zur allgemeinen Ebene des Sprechens. Sie ist eine Voraussetzung dafür, daß man das Sprechen überhaupt als korrekt oder nicht korrekt beurteilen kann. Was ich nicht verstanden habe, kann ich auch nicht als korrekt oder nicht korrekt beurteilen. Dazu ein sehr einfaches Beispiel: Jemand glaubt, das deutsche Wort für *Baum* sei ein Femininum und habe die Form *die Bäume*. Wenn dieser nun sagt

Ich sehe die Bäume

dann ist das nicht korrekt, weil man im Deutschen für den Singular *den Baum* sagt. Ich muß aber verstanden haben, daß der Sprecher den Singular ausdrücken wollte; sonst kann ich nicht erkennen, daß eine Abweichung vorliegt. Wenn ich *die Bäume* als Plural verstehe, identifiziere ich den Ausdruck nicht als Sprachfehler.

Die Korrektheit ist auch unabhängig von der Angemessenheit. Äußerungen wie *Ich habe gehört, daß Ihr Alter es nicht mehr lange machen wird* sind durchaus korrekt, aber keinesfalls angemessen. Wenn man mit lyrischer Begeisterung vom Kartoffelanbau in Ostwestfalen spricht, so mag das durchaus korrekt sein; angemessen ist es aber wahrscheinlich nur unter ganz besonderen Umständen [vgl. 1988: "Sprachliches Wissen", Abschn. 3.3.4.].

Das typische Beispiel für die Nicht-Korrektheit, die von den Sprechern in vielen Sprachen als angemessen angesehen wird, ist die Art, wie man seine eigene Sprache mit Fremdsprachigen spricht, die die-

se Sprache nicht oder nicht gut kennen. Diese Art des Sprechens
kann wichtige Folgen für die Sprachgeschichte haben, insbesondere
bei der Entstehung der sog. "Kreolsprachen". Gegenüber Fremdsprachigen reduziert man seine eigene Sprache, obwohl man sie gut
kann, und sagt beispielsweise:

> Ja, du morgen in mein Haus kommen, wir Garten gehen, dort essen,
> dann blitzi blitzi fotografieren lassen.

Viele Sprecher halten das in dieser Situation für angemessen, weil sie
glauben, es sei für den Hörer leichter zu verstehen.

Ob das stimmt, ist eine ganz andere Frage. Für die Linguistik ist
aber die Einstellung der Sprecher entscheidend, weil diese ihr Sprechen bestimmt und nicht die mögliche objektive Beurteilung eines
Linguisten. Auch hier ist das allgemeine Prinzip anzuwenden, das
wir immer wieder formulieren: Die Sprache funktioniert für und
durch die Sprecher und nicht für und durch die Linguisten, und der
Linguist muß folglich von diesem Funktionieren der Sprache für
und durch die Sprecher ausgehen, auch wenn er später andere Gründe für das Verhalten der Sprecher finden kann als die, die die Sprecher selbst identifizieren oder zu identifizieren glauben. Denn bei
dieser Identifizierung sind die Sprecher schon nicht mehr bloß Sprecher. Wenn sie ausdrücklich sagen, warum sie so oder so sprechen,
d.h. wenn sie Gründe angeben, dann sind sie schon Linguisten. Als
Linguisten können sie sich auch irren, weil sie normalerweise als naive Sprecher schlechte Linguisten sind. Aber in ihrem naiven Verhalten als Sprecher, gerade ohne reflexive Begründung, sind jeweils sie
und nicht die Linguisten die maßgebenden.

Die Tatsache, daß die Urteile über Korrektheit autonom sind, bestätigt unsere These, daß das Wissen, das diesen Urteilen entspricht,
eine eigene Ebene des sprachlichen Wissens bildet. Wir haben dieses
Wissen als "idiomatisches Wissen" bezeichnet, d.h. als Wissen, wie
man eine bestimmte Sprache spricht. Der Terminus *idiomatisch* ist
entwickelt aus dem Wort *Idiom*, das für partikuläre historische Sprachen steht. Der Ausdruck *sprachlich* wäre unzureichend, weil *Sprache* zu viele andere Verwendungen hat.

Der einzelsprachlichen Schicht entspricht in inhaltlicher Hinsicht
die "Bedeutung", d.h. die besondere einzelsprachliche Gestaltung

der Bezeichnung. Wir haben bereits gesagt, daß deutsch *Die Kinder kommen* und japanisch *Kodomo-wa kuru* in bestimmten Situationen dasselbe bezeichnen können. Die jeweiligen einzelsprachlichen Bedeutungen sind aber völlig verschieden. *Kodomo* heißt nicht 'Kinder', sondern 'die Klasse *Kind*' ohne Unterscheidung von Singular und Plural, und *kodomo-wa* ist nicht das Subjekt des Satzes in unserem Sinn, sondern nur Thema, und es wird nicht als Agens betrachtet, sondern als Referenzpunkt, auf den sich das Gesagte bezieht. Die Zeitstufe ist das Präsens; es wird in der Norm futurisch interpretiert. Das Verb *kuru* schließlich ist unpersönlich wie alle Verben im Japanischen (*Es kommt* wie dt. *Es regnet*, etwa: 'Es gibt ein Kommen'). Die japanische Sprache als solche sagt also nicht 'Die Kinder (werden) kommen', sondern etwa folgendes:

> Im Hinblick auf eine unbestimmte Zahl von Mitgliedern der Klasse *Kind* gibt es ein Kommen (oder: wird es ein Kommen geben).

Die Bedeutung, d.h. die einzelsprachliche Gestaltung der Bezeichnung, ist also in den beiden Sprachen völlig unterschiedlich.

Bedeutungsunterschiede können aber auch zwischen bezeichnungsgleichen Ausdrücken derselben Sprache festgestellt werden. In den lateinischen Ausdrücken *Caesar Pompeium vicit*, *Pompeius a Caesare victus est*, *Victoria Caesaris* hat *Caesar* immer die Bezeichnungsfunktion ''Agens''; zum Ausdruck des Agens werden aber die jeweils verschiedenen einzelsprachlichen Funktionen ''Subjekt'', ''Agentivum'' und ''Genitiv'' verwendet.

Umgekehrt kann dieselbe einzelsprachliche Bedeutung für ganz verschiedene Bezeichnungen eintreten, Die Konstruktion *mit X* kann mittels der einheitlichen Bedeutung, die etwa durch 'und X ist dabei' wiederzugeben ist, das Instrument, das Material, den Begleiter oder den begleitenden Umstand bezeichnen; man vergleiche die folgenden Beispiele:

> mit dem Messer schneiden
> mit Mehl einen Kuchen backen
> mit einem Freund sprechen
> mit Freude etwas tun

Die Unterschiede in der Bezeichnung bleiben hier sprachlich unausgedrückt; sie werden aber von den Sprechern aus der Situation oder aufgrund der Kenntnis der Welt ergänzt.

Die Unterscheidung zwischen Bedeutung und Bezeichnung ist auf alle lexikalischen und grammatischen Funktionen anzuwenden. In der Grammatik muß man unterscheiden zwischen allgemeinsprachlichen Kategorien der Bezeichnung wie "Agens", "Objekt", "Instrument", "Vielheit" ("Pluralität") usw. und einzelsprachlichen Kategorien wie "Agentiv", "Objektiv", "Instrumental", "Plural" usw., die eine Einzelsprache besitzen oder auch nicht besitzen kann. So haben wir im weiter oben angeführten Beispiel gesehen, daß das Japanische die einzelsprachliche Kategorie "Plural" normalerweise nicht anwendet. Natürlich ist den Japanern die allgemein-sprachliche Kategorie "Pluralität" bekannt. Sie müssen sie aber dem Kontext oder der Weltkenntnis entnehmen oder - falls erforderlich - mit anderen einzelsprachlichen Bedeutungen ausdrücken [vgl. 1985: "Competence"].

2.2.6. Die individuelle Ebene

Die kulturelle Tätigkeit des Sprechens wird jeweils von individuellen Sprechern in einzelnen Situationen ausgeführt. Beide Arten des Individuellen werden auch von naiven Sprechern im Sprechen festgestellt und bewertet.

Wir können das Individuum, das spricht, sowohl materiell als auch inhaltlich erkennen. Ich höre eine Stimme und sage

Ja, das ist wohl Peter.

Oder es wird mir berichtet, was Peter gesagt hat, und ich sage:

Nein, Peter kann so etwas nicht gesagt haben, so wie ich ihn kenne.

Man erkennt auch, ob Peters Redeakte der Situation angemessen oder nicht angemessen sind. Wir beurteilen das Sprechen auf dieser Ebene, wenn wir z.B. sagen:

Ja, das war gut gesagt.
Das war aber falsch.
Ich hätte es anders gesagt.

Ich hätte nichts gesagt.
Du solltest ihm das und das so und so beibringen.

Bei solchen Äußerungen beziehen wir uns auf die individuelle Ebene, d.h. auf die Ebene der Redeakte oder Diskurse.

Auch die individuelle Ebene hat ihre Geschichte, weil Texte ihre historischen Traditionen haben. Das fängt schon damit an, ob es gewisse Texte in einer Gemeinschaft oder Tradition gibt oder nicht. Wir ziehen hier das allereinfachste Beispiel heran, das wir schon öfter erwähnt haben: In der deutschen Sprachgemeinschaft gibt es als Grußformel den kleinen Text

Guten Morgen.

Es gibt ihn aber nicht in der französischen, spanischen oder italienischen Sprachgemeinschaft. *Bon matin, Buena manana, Buon mattino* werden dort nicht als Grußformeln verwendet.

Die Ebene der Texte ist jedoch nicht in dem Sinn historisch wie die Ebene der Einzelsprachen. Die Sprachgemeinschaften gelten nämlich gerade wegen des Sprachlichen als Gemeinschaften, z.B. die deutsche oder die französische Sprachgemeinschaft. Es gibt zwar auch bei Texten oder Textsorten Gemeinschaften. Sie sind es aber nicht deshalb, weil sie bestimmte Texte oder Textsorten verwenden. Es ist gerade umgekehrt: Sie sind zuerst Gemeinschaften, und eben deshalb verwenden sie diese oder jene Texte. Es gibt beispielsweise Texte, die nur Priester verwenden. Die Priester bilden aber nicht deshalb eine Gemeinschaft, weil sie diese Texte verwenden, sondern sie verwenden die Texte, weil sie Priester sind. Allenfalls kann man Gemeinschaften dadurch erschließen, daß man die gemeinsame Verwendung bestimmter Texte als Indiz nimmt.

Auch die Ebene der Texte wird von den Sprechern bewertet. Man sagt z.B.

So spricht man nicht mit einer Dame.
So spricht man nicht mit den Kindern.

Die Bewertung bezieht sich darauf, ob ein Text in einem bestimmten Fall den Erwartungen als Text entspricht. Wir bezeichnen ein Sprechen, das diesen Erwartungen entspricht, als ''angemessen''. Der Terminus hat eine lange Tradition; in der Rhetorik des Aristoteles erscheint er als πρέπον und bezieht sich auf die Adäquatheit der Texte in bestimmten Situationen.

Die Urteile über die Angemessenheit sind ebenfalls autonom. Ein Test kann noch so kongruent und korrekt sein und trotzdem unangebracht in bestimmten Situationen. Umgekehrt kann ein Text angemessen sein, obwohl er inkongruent oder inkorrekt oder beides ist. So sind die Beispiele, die wir für die Inkongruenz und die Inkorrektheit gegeben haben, wohl gar nicht so sehr negativ aufgefallen. Als Beispiele für bestimmte sprachliche Erscheinungen sind sie in einem wissenschaftlichen Text nämlich durchaus angemessen.

Die Urteile, die auf den drei Ebenen des Sprechens gefällt werden, weisen eine allgemeine Eigenschaft auf: sie können von unten nach oben aufgehoben werden. Wenn etwas angemessen ist, dann ist es gleichgültig, ob es korrekt oder kongruent ist, und wenn etwas korrekt ist, dann ist es gleichgültig, ob es auch kongruent ist. Die Angemessenheit kann also die Inkorrektheit und die Inkongruenz aufheben, und die Korrektheit kann die Inkongruenz aufheben. Wir werden darauf noch ausführlicher zurückkommen.

Wie auf den beiden anderen Ebenen entspricht den Bewertungen der Sprecher ein bestimmtes sprachliches Wissen. Wir haben das Wissen, das sich darauf bezieht, wie man in bestimmten Situationen spricht, und das Urteile über die Angemessenheit ermöglicht, "expressives Wissen" genannt. Der Terminus *expressiv* verweist auf keine besondere Tradition; es war aber kein besserer zu finden. Der Ausdruck *diskursives Wissen* (d.h. 'Wissen, das die *discours* bzw. Diskurse betrifft') wäre nicht unmittelbar verständlich oder mißverständlich, und *textuelles Wissen* würde man eher als 'Wissen über Texte' verstehen und nicht als 'Wissen, das der Gestaltung von Texten zugrundeliegt'.

Auch die Schicht der individuellen Diskurse weist wie die beiden anderen Schichten ihren besonderen Inhalt auf, nämlich den "Sinn", der den Einstellungen, Absichten und Annahmen des Sprechers entspricht. Der Satz *Sokrates ist sterblich* z.B. hat im Deutschen nur eine einzige Bedeutung und kann in Übereinstimmung mit der deutschen Grammatik nur auf eine Weise analysiert werden. Gleichwohl kann sein Sinn sich verändern, je nachdem ob er in einem Syllogismus, in einem Gedicht oder in einer praktischen Alltagssituation vorkommt.

Umgekehrt haben ital. *Mi dispiace* und engl. *I am sorry*, ital. *Che peccato!* und engl. *What a pity!* verschiedene Bedeutungen; sie können aber denselben Sinn ausdrücken, wenn sie als selbständige Äußerung vorkommen. Franz. *Bon matin* bedeutet ungefähr dasselbe wie engl. *Good morning* oder deutsch *Guten Morgen*; es wird aber nicht verwendet, um gerade die Sinnfunktion auszudrücken, die dieser Ausdruck z.B. in *Good morning, Sir* hat.

Kategorien wie Imperativ, Interrogativ, Optativ sind Bedeutungskategorien, die eine Sprache aufweisen kann oder auch nicht und die verschiedene Sinnfunktionen ausdrücken können. Befehl, Frage und Wunsch sind dagegen (ebenso wie Widerlegung, Antwort, Erwiderung, Bitte und Einwand) Kategorien des Diskurses und des Sinns, die umgekehrt auf ganz verschiedene Weisen in einer gegebenen Sprache ausgedrückt werden können.

Wir haben nun die Ebenen, die wir aufgrund unserer theoretischen Überlegungen [vgl. oben 2.2.3.] postuliert haben, vorläufig charakterisiert. Es ist deutlich geworden, daß ihre Existenz durch die folgenden Merkmale gerechtfertigt werden kann:

1. durch verschiedene Typen von Urteilen über das Sprechen anderer, wie sie auch von naiven Sprechern vorgenommen werden, nämlich durch Urteile über die Kongruenz, die Korrektheit und die Angemessenheit,
2. durch die verschiedenen Arten des sprachlichen Inhalts, nämlich Bezeichnung, Bedeutung und Sinn,
3. durch entsprechende Schichten des sprachlichen Wissens, nämlich durch das elokutionelle, das idiomatische und das expressive Wissen.

Das folgende Schema faßt die behandelten Merkmale der Ebenen zusammen:

Ebene	Urteil	Inhalt	Wissen
Sprechen im allgemeinen	kongruent/ inkongruent	Bezeichnung (Referenz)	elokutionelles Wissen
Einzelsprache	korrekt/ inkorrekt	Bedeutung	idiomatisches Wissen
Diskurs	angemessen/ unangemessen	Sinn	expressives Wissen

In den nächsten Kapiteln wird es uns darum gehen, den theoretischen Rahmen, den wir hier abgesteckt haben, so weit mit Inhalt zu füllen, daß Umfang und Reichweite der verschiedenen Ebenen des sprachlichen Wissens im einzelnen erkennbar werden.

2.3. Die allgemein-sprachliche Kompetenz (Das elokutionelle Wissen)

2.3.0. Fragestellung

Wir wollen im folgenden zeigen, daß es eine allgemein-sprachliche Kompetenz gibt, d.h. eine Kompetenz, die nicht einzelsprachlich, sondern übereinzelsprachlich ist und die das Sprechen überhaupt betrifft. Zu diesem Zweck untersuchen wir drei verschiedene Typen von Beispielen, nämlich Beispiele wie

(1) Die fünf Erdteile sind vier: Europa, Asien und Afrika.
(2) Ich habe beim Frühstück fünf Phoneme gegessen.
(3) *Kaffeemühle* vs. *Windmühle*

Das erste Beispiel betrifft die Kenntnis der allgemeinsten Prinzipien des Denkens, das zweite die allgemeine Kenntnis der Sachen und das dritte schließlich die Interpretation dessen, was die Einzelsprache als solche noch offen läßt.

Weiter wollen wir zeigen, daß die allgemein-sprachliche Kompetenz autonom ist. Wir fragen uns, wie einzelsprachliches und allgemein-sprachliches Wissen unterschieden werden kann und arbeiten heraus, daß das allgemein-sprachliche Wissen nicht einfach ein Wissen ist, das bei der Gestaltung verschiedener oder gar aller Sprachen als gemeinsam festgestellt werden kann, sondern umgekehrt ein Wissen, das von allen Sprachen vorausgesetzt wird und das eventuell in den Sprachen und mit Absicht in den Texten aufgehoben werden kann. Die einzelsprachliche und textuelle Aufhebung der Kongruenz sollen an einer Reihe von Beispielen belegt werden. Schließlich werden wir eine Linguistik des Sprechens im allgemeinen fordern und Gegenstandsbereiche und Fragestellungen benennen, für die eine solche Linguistik erforderlich ist.

2.3.1. Die Kenntnis der Prinzipien des Denkens

Ein Sprechen, das mit den allgemeinsten Prinzipien des Denkens kongruent ist, fällt nicht weiter auf: es ist das normale und zu erwartende. Es gibt aber Abweichungen, die im Sprechen in jeder Sprache als Abweichungen gelten, und es gibt entsprechende Restriktionen, die gleicherweise für das Sprechen im allgemeinen gelten.

Wir finden dafür alte Beispiele, die zum Teil auch in der einzelsprachlichen Grammatik untersucht wurden, die mit ihr aber eigentlich kaum etwas zu tun haben. Tatsächlich handelt es sich nicht um Abweichungen vom Englischen oder vom Deutschen, sondern von den Normen des Sprechens in jeder Sprache. Das Beispiel

Die fünf Erdteile sind vier: Europa, Asien und Afrika.

fällt negativ auf. Es ist aber (mindestens in dem, worauf es ankommt) nicht inkorrekt im Deutschen - wir haben das Beispiel gerade aus einer anderen Sprache übersetzt, und man m u ß es so übersetzen -, sondern es ist negativ, weil es vom Prinzip der Kongruenz abweicht, und zwar vom Prinzip der Kongruenz der Zahl nach. In keiner Sprache kann fünf gleich vier oder vier gleich drei sein.

Inkongruent sind auch die folgenden Beispiele:

Die Apostel waren zwölf; Petrus war ein Apostel; folglich war Petrus zwölf.
Pierre ist Franzose; die Franzosen sind zahlreich; also ist Pierre zahlreich.

In keiner Sprache kann eins zwölf sein, und in keiner Sprache kann ein Mensch eine Zahl sein. Auch beim zweiten Syllogismus verstehen wir, daß dem nicht so sein kann. Die Schlußfolgerung ist widersprüchlich, weil wir sagen, daß etwas eins und zugleich mehr als eins, ja sogar zahlreich ist. Der Sinn solcher Äußerungen wäre in jeder Sprache gleich, wenn die Sprache überhaupt Adjektive oder Ausdrücke vom Typ *zahlreich* hat, d.h. Ausdrücke, die eine Vielheit einschließen. Von einer Vielheit kann man (mindestens auf der Ebene, auf der sie eine Vielheit ist) in keiner Sprache sagen, daß sie keine Vielheit sei.

Unser nächstes Beispiel betrifft Prinzipien, die bei der Interpretation einzelsprachlicher Ausdrücke vorausgesetzt werden. Es wurde behauptet, daß gewisse Verben, z.B. dt. *zählen* oder die Entsprechung in anderen Sprachen, nur in bezug auf mehrere Gegenstände gebraucht werden können. Darauf wurde erwidert, man könne diese Verben sehr wohl auch in bezug auf einen einzigen Gegenstand verwenden. So könne man z.B. im Spanischen durchaus sagen:

¿Contaste el cuchillo?

Ähnlich ist es auch in anderen romanischen Sprachen. Im Deutschen verwendet man in diesem Fall das Verb *mitzählen*, bei dem die Vielheit der Gegenstände, die gezählt werden, durch *mit* gegeben ist:

Hast du das Messer mitgezählt?

Im Spanischen verwendet man dagegen auch hier das allgemeine Verb *contar*. Gleichwohl ist der Einwand falsch, man könne *contar* auch in bezug auf einen einzigen Gegenstand verwenden. Er weist höchstens darauf hin, daß die Regel "*contar* kann nur mit einem Plural kombiniert werden" unvollständig oder schlecht formuliert ist, trifft aber nicht das, was mit der Regel eigentlich gemeint ist. Die Regel meint nicht, daß *contar* nur mit dem Plural konstruiert werden kann, sondern sie meint, daß *contar* sich auf eine Vielheit bezieht.

Der Bezug auf eine Vielheit ist auch in *¿Contaste el cuchillo?* notwendigerweise gegeben. Wenn wir so fragen, dann fragen wir eben, ob in einer bestimmten Reihe oder Vielheit von Gegenständen auch das Messer mitgezählt wurde. Wir verstehen oder interpretieren auch unmittelbar, daß nicht das Messer allein gezählt wurde, weil man eins nicht zählt, sondern daß an einem Punkt in einer Reihe oder Vielheit das Messer mitgezählt wurde. Wir wissen hier unabhängig von einer bestimmten Sprache, daß eins nicht zugleich mehr als eins sein kann und daß darum der Bezug auf mehr als eins notwendig gegeben ist. Anders ist es dagegen bei Verben wie *malen* und *finden*, wo dieser Bezug nicht mitgegeben ist und wo die Konstruktion mit einem Singular keineswegs zugleich auf eine Vielheit hinweist.

Betrachten wir ein weiteres Beispiel:

> A sagt: "Ja hören Sie mal, die Hälfte von dem, was Sie sagen, sind doch Dummheiten."
> B, dem das gesagt wird, wird wütend und sagt: "Unverschämter Kerl, das müssen Sie sofort zurücknehmen, sonst geschieht etwas."
> A nimmt das Gesagte zurück, indem er sagt: "Sie haben recht, die Hälfte von dem, was Sie sagen, sind keine Dummheiten."

Es ist sehr wahrscheinlich, daß B sich damit nicht zufrieden gibt. Er wird sehr wohl verstehen, daß A doch bei seiner Meinung geblieben ist. Denn bei jeder Behauptung, die sich auf einen quantifizierten Teil einer bestimmten Menge bezieht, ist implizit auch die entsprechende Negation für den anderen Teil der gleichen Menge mitgegeben, und umgekehrt. Negiere ich nun von einem Teil einer solchen Menge etwas, dann wird man verstehen, daß der übrige Teil eben die negierte Eigenschaft hat. Wenn ich z.B. sage:

> Von zehn Freunden ist nur einer gekommen,

dann gebe ich zugleich zu verstehen, daß die neun übrigen nicht gekommen sind. Und wenn ich sage:

> Von den zehn Freunden ist nur einer nicht gekommen,

dann heißt das zugleich, daß die neun übrigen gekommen sind. Wenn ich nun - wie in unserem Beispiel - behaupte, daß die Hälfte des Gesagten aus Dummheiten besteht, dann negiere ich für die andere Hälfte, daß es sich um Dummheiten handelt. Sage ich aber jetzt:

> Nein, die Hälfte von dem, was Sie sagen, sind keine Dummheiten,

dann negiere ich wiederum das, was ich schon implizit negiert habe, und behaupte dadurch wiederum, daß die andere Hälfte Dummheiten sind:

explizite Behauptung	implizite Negierung
Dummheiten	keine Dummheiten
implizite Behauptung	explizite Negierung

In unserem Beispiel sind Behauptung und Negierung im Grunde äquivalent, und zwar nicht in Abhängigkeit von einer bestimmten Sprache, sondern aufgrund eines allgemeinen Prinzips des Denkens.

Auch in dem folgenden Beispiel wird gegen ein allgemeines Prinzip des Denkens verstoßen:

> Dies wurde in der "Geschichte der spanischen Sprache" vertreten. Dieser Autor sagt folgendes: "..."

Man kann so etwas in keiner Sprache sagen, und zwar deswegen nicht, weil ein Buch nicht zugleich ein Autor ist. Es gibt eine allgemeine Norm des Sprechens, nach der man mit Ausdrücken wie *dieses X* oder mit Ausdrücken, die ihnen analog sind, nur eben X wiederaufnehmen kann und nicht Y, d.h. nichts anderes. (Man kann natürlich mit dem Präsupponierten weitergehen, z.B.: *Es ist ein schönes Buch. Der Autor ..., A. ist ein schönes Dorf. Die Kirche ...* usw. Dies ist aber keine "Wiederaufnahme"). Habe ich von einem Buch gesprochen, dann fahre ich fort: *Dieses Buch ...,* und habe ich von einem Verfasser gesprochen, dann kann ich *Dieser Verfasser ...* sagen. Es gilt also die Norm der Identität des Bezugs.

Die Inkongruenz des folgenden Beispiels hängt ebenfalls mit der Inkongruenz des Bezugs zusammen:

> Der Ort des Verbrechens war ein kleines Haus und geschah vor drei Monaten.

Was geht hier nicht? Man hat angefangen, vom Ort zu sprechen, und schließt dann mit *und* einen Satz an, der sich auf das Verbrechen bezieht und nicht auf den Ort. Ähnlich ist es bei dem nächsten Beispiel; es ist - wie die anderen - ein reales Beispiel und stammt aus einer uruguaischen Zeitung:

> Der junge Mann ist Lehrer in einem College, dessen Vater leitet.

So wie der Ausdruck hier lautet, würde man verstehen, daß das College einen Vater hat und daß dieser Vater etwas leitet, was dann nicht weiter gesagt wird. Es wird nicht klar, daß sich *dessen* auf den jungen Mann bezieht und daß der Vater eben diese Schule leitet. Es handelt sich hier um eine der sog. anakoluthischen Konstruktionen, die in eine bestimmte Richtung weisen und dann in eine andere Richtung fortgesetzt werden:

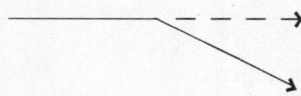

In solchen Konstruktionen sind die Zusammenhänge mangelhaft.

Man lehnt solche Ausdrücke nicht deshalb ab oder man findet sie nicht deshalb mangelhaft, weil eine bestimmte einzelsprachliche Regel sie ausschließt, sondern deshalb, weil allgemeine Normen des Denkens, die für jede Sprache gelten, solche Ausdrücke "ausschließen". Man muß hier *ausschließen* allerdings in Anführungszeichen setzen, weil sie nur in der Hinsicht ausgeschlossen sind, daß man sie zunächst negativ beurteilt und sie in gewisser Hinsicht für nicht zulässig hält.

Wie ist es aber nun, wenn solche Ausdrücke intentionell vorkommen, wenn man auf irgendeine Weise spürt, daß der Sprecher die Normen kennt und daß er mit Absicht von ihnen abweicht? Es kann durchaus sein, daß jemand *Pierre ist zahlreich* tatsächlich mit Absicht sagt oder daß jemand mit Absicht behauptet: *Die fünf Erdteile sind vier: Europa, Asien und Afrika.* Es ist klar, daß solche Ausdrücke nicht als Lügen eingestuft werden können. Im Gegenteil: Eine Lüge muß kohärent sein. Sie darf nicht solche Inkohärenzen aufweisen, die uns zeigen, daß das Gesagte nicht stimmen kann. Die Lüge muß im Gegenteil das Kohärente behaupten, d.h. das, was vom Gesichtspunkt des Denkens aus möglich ist. Sie darf auch nur behaupten, was von der Sache her möglich ist. Allerdings behauptet sie eben eine nicht eingetretene Möglichkeit. Eine solche intentionelle Abweichung könnte aber in jedem Falle ein Scherz sein.

Es könnte aber auch sein, daß der, der etwas Abweichendes sagt, etwas anderes meint. So könnte man z.B. in *Pierre ist zahlreich* mit *zahlreich* nicht einfach eine Vielheit von Gegenständen meinen, sondern, daß Pierre kräftig oder intelligent ist wie viele Männer zusammen oder daß er für viele gilt usw. Wenn man annimmt, daß *Die fünf Erdteile sind vier: Europa, Asien und Afrika* eine beabsichtigte Inkohärenz ist, so wird man versuchen, einen Sinn aus diesem Satz herauszulesen. Man könnte ihn z.B. so verstehen, daß es zwar fünf Erdteile gibt, daß aber nur vier diesen Namen verdienen und daß eigentlich nur drei wirklich von Bedeutung sind. Man könnte auch verstehen, daß der Sprecher hier mit Absicht Amerika ignoriert oder daß er möchte, daß Amerika nicht zu dieser Erde gehört usw. Man wird also dem Sprecher irgendeine Intention bzw. Absicht zuschreiben.

Die angeführten Beispiele zeigen uns, worin das Wissen besteht, das die allgemeinen Prinzipien des Denkens betrifft:

1) Es ist ein Wissen, das uns erlaubt, etwas als kohärent zu akzeptieren oder als inkohärent abzulehnen.
2) Es ist ein Wissen, das uns erlaubt, das Gesagte zu interpretieren.
3) Es ist ein Wissen, das bei einer sinnvollen Interpretation auch des Sinnwidrigen vorausgesetzt wird, wenn das Sinnwidrige tatsächlich mit Absicht gesagt wird.

Das Wissen, wie man zu interpretieren hat, haben wir in dem Beispiel *Die Hälfte von dem, was Sie sagen, sind doch Dummheiten* kennengelernt. Man versteht hier automatisch und unmittelbar, daß man sich das erste Mal auf die erste und das zweite Mal auf die zweite Hälfte bezogen hat, und zwar ohne daß man ausdrücklich sagt: "Hier sprechen wir von der einen und da von der anderen Hälfte."

Das Wissen bei der sinnvollen Interpretation auch des Sinnwidrigen ist ein Wissen darüber, mit welchen Maximen man spricht. Man nimmt bestimmte Grundlagen des Sprechens an, auch wenn im Einzelfall eventuell Abweichungen von diesen Grundlagen eintreten können, d.h. man nimmt im voraus an, daß derjenige, der spricht, es mit Kohärenz und sinnvoll tut. Wenn der Ausdruck auf den er-

sten Blick nicht kohärent ist, dann sucht man nach einer Kohärenz.
Man macht dies deswegen, weil man annimmt, daß das Sprechen sozusagen kohärent zu sein hat und weil man in dieser Hinsicht Vertrauen zu den anderen hat. Gerade deshalb lehnt man solche Ausdrücke nicht ohne weiteres ab, sondern fragt nach:

> Ja, wie meinen Sie das?
> Was meinen Sie damit?
> usw.

Bei der Interpretation des Gesagten gilt also das Prinzip des Vertrau-
ens. Erst ''in zweiter Instanz'', d.h. nach erfolgloser Rückfrage oder
dem Scheitern einer sinnvollen Interpretation, wird das Vertrauen
entzogen.

2.3.2. Die allgemeine Kenntnis der Sachen

Es gibt nicht nur das elokutionelle Wissen, das die Prinzipien des
Denkens betrifft, sondern auch ein Wissen über die Sachen. Beim
Sprechen in jeder Sprache gibt es Restriktionen, die unsere Kenntnis der Sachen betreffen. Man sagt nicht, was nicht mit den Sachen
bzw. unserer Vorstellung von den Sachen übereinstimmt. Aus diesem Grund werden die folgenden Sätze als abweichend beurteilt:

> Ich habe zum Frühstück fünf Phoneme gegessen.
> Dieser Baum singt schöne Weihnachtslieder.
> Ich habe mein altes Klavier gekocht.

Diese Sätze fallen sicherlich negativ auf. Sie fallen aber nicht deswegen so auf, weil man im Deutschen nicht so sagt, sondern weil sie
nicht mit unserer normalen Kenntnis der Sachen und mit unserer
Kenntnis des üblichen, nicht verrückten Verhaltens übereinstimmen. Man weiß, daß es nicht vernünftig ist, Klaviere zu kochen.
Wenn ich es aber tatsächlich getan habe oder es mir so vorstelle,
dann muß ich es im Deutschen so sagen.

Eine zweite Art der Restriktion besteht darin, daß man etwas
nicht sagt, weil man im voraus von den Sachen dies oder jenes annimmt, d.h. weil man eine Norm der Sachen selbst kennt. Wir betrachten zunächst ein Beispiel für eine sehr allgemeine Erscheinung.
Angenommen, ich komme in den Hörsaal und sage:

Es regnet.

Man wird verstehen, daß es hier und jetzt regnet, genauer noch, daß es draußen regnet und nicht im Hörsaal. Wie auch von den Logikern bemerkt wurde, verzichtet man bei *Es regnet* auf weitere Bestimmungen oder Determinationen, weil man den Ausdruck unmittelbar auf eine bestimmte Weise versteht. Die weiteren Präzisierungen (*Wo?*, *Wann?* usw.) sind nicht notwendig; in dieser Hinsicht ist das Sprechen sozusagen elliptisch. Man sagt all das nicht, was ohnehin zu erwarten ist. Ist dagegen die intendierte Interpretation nicht die zu erwartende, dann muß man präzisieren. Will ich z.B. sagen, daß es nicht hier regnet, sondern in Kirchentellinsfurt, dann muß ich auch so sagen:

Es regnet in Kirchentellinsfurt.

Will ich sagen, daß es hier im Hörsaal regnet und nicht draußen, dann muß ich das auch sagen:

Es regnet hier im Hörsaal,

oder ich muß es mindestens durch eine Geste oder eine Gebärde mitteilen.

Es geht hier keineswegs um die Bedeutung von *Es regnet* im Deutschen, d.h. in einer bestimmten Sprache. Denn erstens bedeutet *Es regnet* im Deutschen nicht unbedingt, daß es draußen regnet und nicht in diesem Hörsaal, und zweitens ist ein Präsens im Deutschen nicht unbedingt auf den gegenwärtigen Augenblick bezogen, sondern zunächst auf eine Zeitspanne, die nur diesen Augenblick enthalten muß. Es kann aber auch sein, daß es gerade in dem gegenwärtigen Augenblick, der in der Zeitspanne enthalten ist, überhaupt nicht regnet. Wenn ich z.B. sage:

Es regnet hier des öfteren
Es regnet hier sehr häufig
usw.

dann ist es ohne weiteres möglich, daß es im gegenwärtigen Augenblick nicht regnet. Mehr noch: Im Deutschen wie in vielen anderen Sprachen ist das Präsens das sog. neutrale Glied der Opposition der Tempora, so daß es sich ohne weiteres auch auf die Zukunft oder auf die Vergangenheit beziehen kann, z.B. in Ausdrücken wie *Wenn es*

morgen regnet ... oder auch *Wenn es heute regnet* ..., d.h. *s p ä t e r*
und nicht unbedingt *in d i e s e m Augenblick*.

Die Interpretation wird hier aufgrund einer allgemeinen Kenntnis
der Sachen vorgenommen, die beim Sprechen vorausgesetzt wird.
Wenn eben weitere Präzisierungen nicht angegeben werden, dann
gelten diejenigen Determinationen, die man als üblich annimmt. In
unserem Beispiel versteht man *jetzt* und *hier* (genauer: *draußen*),
wenn dies nicht anders präzisiert wird. Wir sehen auch, daß dieses
Wissen kein deutsches Wissen ist; denn in jeder Sprache würde das
gleiche eintreten. Es gibt zwar Sprachen, die doch einiges präzisieren oder präzisieren können, in denen Ausdrücke wie *es regnet draußen* völlig normal klingen. Dies hängt aber mit einer anderen
Erscheinung zusammen, nämlich mit der Aufhebung der allgemein-
sprachlichen Normen, auf die wir noch ausführlicher eingehen
werden.

Unser nächstes, zum Teil etwas anders ausgerichtetes Beispiel bezieht sich ebenfalls auf Voraussetzungen, die wir beim Sprechen in
jeder Sprache machen. Nehmen wir an, ich erkläre jemandem, wie
er ins Freie kommt:

> Wenn Sie diese Türe rechts aufmachen und hinausgehen und zuerst
> rechts gehen und dann wieder rechts und wenn Sie dann die andere Tür
> aufmachen, dann kommen Sie auf die Straße.

Es scheint völlig normal zu sein, auf diese Weise den Weg zu erklären. Wir denken überhaupt nicht daran, was hier eigentlich zugleich
vorausgesetzt wird. Auf diese Voraussetzungen hat übrigens der spanische Philosoph Ortega y Gasset hingewiesen. Er hat nämlich bemerkt, daß wir eine ganze Menge von *creencias*, von "Glaubenssät-
zen", voraussetzen und daß wir sehr viel ohne weitere Überlegung
im voraus annehmen. Ortega bezieht sich zwar nicht auf das Sprechen; man kann aber das, was er sagt, gerade auch auf das Sprechen
anwenden [vgl. Ortega y Gasset 1934].

In unserem Beispiel nehmen wir natürlich an, daß man die Tür
noch aufmachen kann und daß inzwischen nichts eingetreten ist, was
uns daran hindern könnte. Wir nehmen natürlich an, daß die Sachen
immer noch so sind, wie wir sie erfahren haben und kennen, d.h.
daß es die Straße noch gibt und daß wir jetzt nicht allein mit diesem
Hörsaal im Universum fliegen, während die Welt um uns ver-

schwunden oder zerstört worden ist. Wir nehmen also an, daß die Sachen, Sachverhalte oder Tatbestände weiterhin so sind, wie wir sie aus der Erfahrung kennen und daß es in gewisser Hinsicht eine Ordnung in unserer Welt gibt.

Die Kenntnis dieser Ordnung erlaubt es uns, sie beispielsweise in der Literatur an bestimmten Punkten zu leugnen und eine andere Ordnung oder eine Unordnung anzunehmen, d.h. eine Welt, die uns in jedem Augenblick auch überraschen kann. So besteht z.B. das Hauptverfahren bei Franz Kafka gerade darin, die allgemeinübliche Ordnung der physischen und der menschlichen Welt in Frage zu stellen, in gewissen Punkten zu leugnen und eine andere Ordnung oder Unordnung anzunehmen. Dieses Verfahren macht die ganze Welt zu einer unsicheren Welt, in der auch das Unerwartete eintreten kann. Das Unerwartete kann ungefährlich sein; es kann aber auch höchst gefährlich für unsere physische und sonstige Sicherheit sein.

Wenden wir uns weiteren Beispielen zu. Wir sagen

> Die Sonne ist aufgegangen
> Der Mond nimmt zu,

und niemand fragt, welche Sonne oder welchen Mond wir meinen. In anderen Fällen könnte man so nicht verfahren. Wenn wir z.B. in einer Gegend, in der es keinen Fluß oder mehrere Flüsse gibt, von einem Fluß sprechen und nichts Weiteres präzisieren, dann würde man uns fragen, von welchem Fluß wir sprechen. Warum geschieht das nicht bei der Sonne oder beim Mond? Es liegt daran, daß wir in unserem empirischen Universum nur eine Sonne kennen und nur einen Mond.

Bisweilen hat man in der linguistischen und mehr noch in der logischen Betrachtung der Sprache Wörter wie *Sonne* und *Mond* als Eigennamen interpretiert, da sie den von ihnen bezeichneten Gegenstand unmittelbar identifizieren. In Wirklichkeit sind sie aber keine Eigennamen, sondern völlig normale Appellativa oder Klassennamen. Sie sind aber Namen von Klassen mit nur einem einzigen bekannten Glied bzw. Gegenstand. Eigennamen in sprachlichem Sinne gibt es nur durch eine historische Identifizierung innerhalb von Klassen, die schon ihren Namen haben. Mit anderen Worten: Es gibt Eigennamen nur für Gegenstände, die schon durch Appellativa benannt worden sind. Die Eigennamen sind in der Sprache immer sekundär; sie stellen immer eine sekundäre Identifizierung innerhalb einer Klasse dar, z.B.:

> Peter ist ein Mann
> Berlin ist eine Stadt
> Sizilien ist eine Insel

Man hat immer zuerst das Appellativum, den Namen für eine Klasse, und erst danach innerhalb der Klasse die historische Identifizierung eines Individuums durch den Eigennamen.

Wenn *Sonne* und *Mond* Eigennamen wären, so wären sie sehr merkwürdige Eigennamen, denn sie wären primär. Die Sonne heißt nicht zuerst anders und wird dann sekundär innerhalb einer Klasse als Sonne identifiziert. Es ist also ein Fehler, Wörter wie *Sonne* und *Mond* für Eigennamen zu halten, auch wenn es stimmt, daß sie so wie die Eigennamen identifizieren. Sie identifizieren aber nicht als Eigennamen, sondern aufgrund unserer Kenntnis der Sachen, d.h. hier aufgrund unserer Kenntnis des empirischen Universums. Wenn man mehr als eine Sonne hätte, dann würde man die anderen Gegenstände natürlich auch *Sonne* nennen. Man hätte dann eine Klasse, innerhalb derer man identifizieren müßte. In diesem Fall würde man von der "rechten Sonne" oder der "linken Sonne", der "roten Sonne" oder der "gelben Sonne" sprechen, und man könnte dann auch bestimmten Sonnen Eigennamen geben, wie es übrigens in der Astronomie tatsächlich geschieht: Die Astronomie kennt eine Klasse von Sonnen, und innerhalb dieser Klasse hat man unserer Sonne einen Eigennamen gegeben, indem man das lateinische Wort für Sonne (*sol*) zum Eigennamen erhoben hat. *Sol* dient damit ausschließlich der Benennung der Sonne unseres Sonnensystems. Wenn wir hier z.B. vom dritten oder vierten Mond sprechen würden (und die Bedeutung 'Monat' ausgeschlossen ist), dann würde man verstehen, daß es mehrere Gegenstände dieser Art gibt und daß wir uns wahrscheinlich nicht auf das unmittelbar gegebene Universum beziehen, das uns empirisch bekannt ist, sondern auf ein anderes. Man würde z.B. verstehen, daß wir uns nicht auf der Erde befinden oder daß wir nicht von der Erde, sondern von einem anderen Planeten sprechen, von dem aus mehrere Monde zu sehen sind.

Im Falle von Sonne und Mond sprechen wir, und zwar in jeder Sprache, mit einer im voraus angenommenen Identifizierung. Bei anderen Gegenständen, die in unserem Universum keine Unika sind, müßten wir die Identifizierung dagegen ausdrücklich vornehmen.

In bezug auf das uns bekannte natürliche Universum nimmt man das an, was der üblichen naiven Erfahrung entspricht. Man bezieht sich auf das, was man als Mensch schlechthin kennt, nicht auf das, was man etwa als Wissenschaftler kennt. Wenn wir sagen

Die Sonne geht auf,

so wird niemand ernsthaft einwenden, daß nicht die Sonne aufgehe, sondern sich die Erde ins Sonnenlicht drehe und daß die Erde die Sonne umkreise und nicht umgekehrt. Wir sprechen mit unserer Erfahrung, und für diese Erfahrung geht die Sonne auf; für diese Erfahrung ist natürlich auch die Sonne sehr viel kleiner als die Erde. In völlig anderen - etwa wissenschaftlichen - Kontexten können wir dann erfahren, daß dem nicht so ist, und in diesen Kontexten würden wir auch anders sprechen. Wir müßten aber in diesem Fall auf irgendeine Weise präzisieren, daß wir innerhalb eines anderen Universums der Rede sprechen.

Die Annahme, daß die normale übliche Erfahrung als Grundlage für das Sprechen verwendet wird, schließt auch die Annahme ein, daß es eine bestimmte Normalität der Sachen (mit "Sachen" meine ich hier auch die Lebewesen) gibt und daß diese beim Sprechen vorauszusetzen ist. Ein Beispiel dafür ist die sogenannte "Syntax der Körperteile". Ich habe dieses Beispiel mehrfach diskutiert, weil es - wenigstens zum Teil - in der neueren Linguistik mehrmals erörtert worden ist und zu falschen oder verfehlten Schlußfolgerungen geführt hat. Zunächst ist festzustellen, daß die Körperteile natürlich keine Syntax haben, sondern höchstens ihre Namen. Aber auch bei den Namen der Körperteile geht es nicht um die Syntax im eigentlichen Sinne, d.h. um die einzelsprachliche Syntax (und es geht, wie wir weiter unten sehen werden, nicht nur um diese Namen).

In der neueren Linguistik hat man festzustellen versucht, ob sich die Namen von Körperteilen in der Syntax dieser oder jener Sprache auf besondere Weise verhalten. Man hat insbesondere bemerkt, daß

diese Namen normalerweise - und man hat sogar angenommen, daß
dies immer der Fall ist - nicht ohne eine weitere Determination gebraucht werden, d.h. daß man z.B. nicht sagt:

> eine Frau mit Beinen
> diese Frau hat Beine
> ein Kind mit Augen
> usw.,

sondern daß man eine weitere Determination hinzufügen muß:

> eine Frau mit schönen Beinen
> diese Frau hat schöne / häßliche / krumme Beine
> ein Kind mit blauen Augen / mit schwarzen Augen

Man kann diese Wörter natürlich auch ohne eine ausdrückliche weitere Determination verwenden, wenn die weitere Determination auf
irgendeine Weise implizit ist oder wenn sie auf eine andere Weise
doch ausgedrückt wird, z.B. durch die Intonation:

> *Die* hat aber Beine!
> *Der* hat aber Augen!

Durch die Intonation bringe ich zum Ausdruck, wie die Beine oder
die Augen für mich sind: es ist klar, daß ich die Beine wegen ihrer
Schönheit oder die Augen wegen ihrer Schärfe bewundere. Der
mögliche Einwand, daß die Namen von Körperteilen in solchen
Kontexten auch ohne weitere Bestimmung vorkommen können, wäre eigentlich noch nicht stichhaltig. Denn in diesen Fällen ist doch
eine weitere Bestimmung gegeben, auch wenn sie nicht verbalisiert,
d.h. durch Worte ausgedrückt wird.

Wir müssen aber fragen, ob es tatsächlich stimmt, daß die Namen
für die Körperteile eine besondere Syntax im D e u t s c h e n
oder i m E n g l i s c h e n haben, d.h. i n d i e s e n S p r a -
c h e n eine zusätzliche Bestimmung verlangen. Die Antwort lautet:
Nein, es stimmt nicht. In allen Sprachen, die uns bekannt sind, geschieht regelmäßig das gleiche. Überall werden diese Wörter normalerweise nicht ohne weitere Bestimmung gebraucht. Außerdem geht
es hier nicht nur um die Namen für die Körperteile, auch wenn uns
dies besonders auffällt, weil uns die Struktur unseres eigenen Körpers in unserem empirischen Universum an erster Stelle bekannt ist.
Das gleiche liegt vor in den Ausdrücken *ein Haus mit Fenstern,*

ein Fluß mit Wasser. Es würde höchst merkwürdig klingen, wenn ich hier hereinkomme und zu Ihnen sage:

> Heute habe ich ein Haus mit Fenstern gesehen
> Heute habe ich einen Fluß mit Wasser gesehen.

Völlig normal wäre dagegen eine weitere Präzisierung, z.B.:

> Heute habe ich ein Haus mit runden / dreieckigen Fenstern gesehen
> Heute habe ich einen Fluß mit klarem / schmutzigem Wasser gesehen

Man sagt auch nicht

> Dieses Kind hat einen Vater,

wenn man bloß eine Information geben oder eine Feststellung treffen will. Man könnte es aber mit einem völlig anderen Sinn sagen, z.B. wenn man meint, daß das Kind keine Hilfe brauche, weil es doch einen Vater hat, oder wenn man jemandem drohen will, der dieses Kind verprügelt:

> Das Kind hat einen Vater - da kannst du schon etwas erleben.

Es wäre auch denkbar, daß in einer bestimmten Situation derVater selbst kommt und sagt:

> Dieses Kind hat einen Vater, das bin ich.

Als bloße Information würde man es aber nicht sagen.

Warum hat es den Anschein, daß Ausdrücke wie *diese Frau hat Beine, ein Haus mit Fenstern, ein Fluß mit Wasser, dieses Kind hat einen Vater* ausgeschlossen sind? Es liegt daran, daß sie überhaupt nicht informativ sind, daß sie überhaupt nichts Neues sagen, sondern nur das, was man im voraus von den Sachen annimmt. Es ist normal, daß eine Frau Beine, ein Kind Augen, ein Haus Fenster und ein Fluß Wasser hat; es entspricht unserer normalen Erfahrung in unserer Welt. Wir brauchen aber bloß die normale Realität zu negieren oder in Frage zu stellen, damit die Ausdrücke, die ausgeschlossen zu sein scheinen, ohne weiteres zu völlig normalen und annehmbaren Ausdrücken werden. Nehmen wir z.B. das folgende Gespräch zwischen einem Kind, das eine Frau in der Straßenbahn sitzen sieht, und seiner Mutter:

> Kind: "Guck' Mami, diese Frau hat keine Beine!"
> Mutter: "Doch, doch, mein Kind, sie hat schon Beine."

In diesem Zusammenhang überrascht der Ausdruck *Die Frau hat Beine* überhaupt nicht, weil das Normale in Frage gestellt oder zumindest provisorisch aufgehoben worden ist. Ähnlich ist es auch in dem folgenden Dialog:

> Kind: "Die Hand von diesem Mann hat nur vier Finger."
> Erwachsener: "Nein, diese Hand hat a u c h fünf Finger."

Es genügt, daß eine andere "Normalität" vorübergehend eintritt, damit wir solche Ausdrücke ohne weiteres gebrauchen und sie nicht mehr ausgeschlossen sind. Wenn wir eine Zeitlang durch eine Gegend fahren, in der die Flußbetten ausgetrocknet sind, bis wir endlich einen normalen Fluß sehen, dann sagen wir ohne weiteres:

> Endlich ein Fluß mit Wasser!

Wir brauchen dabei überhaupt nicht zu sagen, daß er klares oder schmutziges Wasser usw. hat. Wir brauchen das nicht, weil eine andere Normalität eingetreten war, in der ein Fluß mit Wasser etwas Neues ist.

Die genannten Restriktionen fallen natürlich auch dann weg, wenn man sich andere Welten vorstellt, in denen andere Normen gelten. Wir sagen normalerweise nicht

> eine Frau ohne Bart,

weil dies in unserer Welt das normale ist. Die Frauen haben bei uns normalerweise keinen Bart, und wenn sie zufällig einen haben, pflegen sie ihn nicht öffentlich zu tragen. Aber in der Welt der bärtigen Frauen, d.h. in einer Welt, in der alle Frauen einen Bart tragen, da könnte man ohne weiteres sagen:

> Heute habe ich eine Frau ohne Bart gesehen.

Dies wäre nämlich das neue, das auffallende und das nicht im voraus angenommene. Ebenso würde man in der Welt der Kinder ohne Augen durchaus *ein Kind mit Augen* sagen, weil dies das auffallende und neue wäre.

Um es allgemein zu sagen: Man muß daran denken, wieviel sich von dem, was wir sagen, auf solche Voraussetzungen stillschweigend bezieht, und man muß sich die Welt anders vorstellen, wenn man diese Voraussetzungen feststellen will. Andere Vorstellungen von der Welt finden sich - zum Teil zumindest - seit der Antike, genauer seit Lukian, in phantastischen Reiseberichten. In der Science-fiction-Literatur, in der man sich die Welt anders vorstellt, kann man durchaus auch vom Üblichen in unserer Welt ohne weiteres sprechen, weil es dort gerade das auffallende ist, z.B. in dem folgenden kleinen Text:

> Das Ungeheuer hatte nur eine Nase und nur zwei Augen.

In einem solchen Rahmen wäre der Text höchst informativ. Wir würden uns sagen, daß wir uns nicht auf der Erde befinden, wo wir uns gerade nicht als Ungeheuer ansehen, sondern auf einem anderen Planeten, auf dem die Einwohner im Gegensatz zu uns mehr als eine Nase und mehr als zwei Augen haben.

Auch in bezug auf die Sachen nehmen wir stets an, daß das Gesagte einen Sinn hat und mit den Sachen auf irgendeine Weise doch kongruent ist. Wenn die Kongruenz nicht die übliche ist, dann nehmen wir eine andere Kongruenz an. Wenn das, was gesagt wird, nicht gemeint sein kann, dann muß etwas anderes gemeint sein. Daß man das eine sagt und etwas anderes meint, kann sogar zur Tradition werden, so daß man automatisch gerade nicht das unmittelbar Gesagte annimmt. Typisch ist in dieser Hinsicht die Identifizierung der Person mit verschiedenen Gegenständen und Umständen. Wenn ich mich im Fahrstuhl befinde, kann der folgende Dialog geführt werden:

> A: "Viertes Stockwerk."
> B: "Das bin ich."

Ich bin offensichtlich kein Stockwerk, aber gerade deswegen versteht man unmittelbar, daß dieses Stockwerk mir entspricht. Besonders interessant ist, daß man sich in unseren Gemeinschaften mit dem eigenen Wagen identifiziert, z.B. in den folgenden Dialogen:

> A: "Welcher sind Sie?"
> B: "Ich bin da, der schwarze Mercedes."
> A: "Wo stehen Sie?"
> B: "Ich stehe hinter der Kirche."

> A: "Ach, da stehen Sie aber falsch, da werden Sie gleich von der Polizei abgeschleppt."

Gelegentlich identifiziert man sich in der deutschen Sprachgemein-schaft mit dem, was man in einem Restaurant oder in einer Kneipe bestellt hat:

> Kellner: "Ein dunkles Bier?"
> Gast: "Das bin ich."

In Frankreich ist diese Identifikation vollkommen üblich bei den Gerichten, die man bestellt hat:

> Kellner: "C'est vous, la tête de veau?" ["Sind Sie der Kalbskopf?"]
> Gast: "Non, non, je suis le pied de porc, la tête de veau, c'est ma fem-me." ["Nein, nein, ich bin der Schweinsfuß, der Kalbskopf ist meine Frau."]

Gerade weil die Identifizierung mit der Person - hoffentlich - ausge-schlossen ist, werden diese Ausdrücke automatisch einer Interpreta-tion unterzogen, die ihnen einen Sinn gibt.

Wie wir gesehen haben, gibt es nicht nur beim Wissen über die Prinzipien des Denkens, sondern auch beim allgemeinen Wissen über die Sachen verschiedene Erscheinungsformen:

1) Die allgemeine Kenntnis der Sachen, wie sie normalerweise sind, und des normalen nicht-verrückten Verhaltens erlaubt uns, das Gesagte als kongruent mit den Sachen zu akzeptieren oder als inkongruent abzulehnen.

2) Diese Kenntnis der Sachen erlaubt uns auch, das nicht zu sagen, was als das Normale und zu Erwartende ohnehin vorausgesetzt und mitverstanden wird. Sie ermöglicht uns, das zu Erwartende als uninformativ und damit abweichend auszuschließen oder - in bestimmten Kontexten - auf eine andere Welt, d.h. eine andere Normalität der Sachen, zu beziehen, in der es als unerwartet, neu oder informativ zu interpretieren ist.

3) Diese Kenntnis der Sachen ermöglicht uns fernerhin, das offen-sichtlich Inkongruente, z.B. die Identifikation von Personen und Sachen, auf eine kongruente Weise zu interpretieren.

Eine wichtige Rolle spielt das elokutionelle Wissen, insbesondere das allgemeine Wissen über die Sachen, auch bei der Interpretation bestimmter einzelsprachlicher Funktionen, wie im nächsten Abschnitt zu zeigen sein wird.

2.3.3. Die Fähigkeit zur Interpretation einzelsprachlicher Funktionen

Die Fragestellung, die wir bisher zur Identifikation der allgemein-sprachlichen Kompetenz angewandt haben, berücksichtigte in erster Linie die Restriktionen des Sprechens, d.h. das, was inkongruent ist und als inkongruent ausgeschlossen wird. Wenn wir die allgemein-sprachliche Kompetenz aber erst einmal identifiziert haben, dann können wir auch andere Fragestellungen anwenden, insbesondere die beiden folgenden:

1. Warum interpretiert man einzelsprachliche Funktionen auf eine bestimmte Weise, d.h. warum wählt man aus mehreren möglichen Interpretationen einer Funktion eine ganz bestimmte aus?
2. Warum interpretiert man verschiedene einzelsprachliche Funktionen bzw. Bedeutungen als äquivalent in der Bezeichnung?

Zur ersten Fragestellung finden sich in unserem Aufsatz "Bedeutung und Bezeichnung im Lichte der strukturellen Semantik" [1970] eine ganze Reihe von Beispielen, von denen wir hier nur einige wenige anführen wollen. Die beiden folgenden Ausdrücke werden verschieden interpretiert, obwohl sie syntaktisch analog strukturiert sind und die entsprechenden einzelsprachlichen Funktionen aufweisen:

mein mit großer Leidenschaft erobertes Herz
mein durch schwere Arbeit verdientes Geld

Der erste Ausdruck wird so interpretiert, daß jemand anderes mein Herz mit großer Leidenschaft erobert hat, und nicht so, daß ich es selbst erobert habe; der zweite Ausdruck wird dagegen nicht so interpretiert, daß jemand anderes mein Geld verdient hätte. Diese Interpretation geschieht aufgrund unserer Kenntnis der Welt bzw. der Sachen. Das Herz gehört uns nämlich auf eine andere Weise als das Geld; und es ist - zumindest in unserer Kultur - nicht üblich, daß man Herzen in derselben Weise besitzt wie Geld. Wir könnten uns aber eine Welt oder eine Kultur vorstellen, in der ein Eroberer das

Herz des Besiegten ausreißt und als Eigentum besitzt. Ein solcher
Eroberer könnte dann sagen:

> Ja, das ist mein in schweren Kämpfen erobertes Herz.

Auch bei unserem zweiten Beispiel wäre eine andere Interpretation
denkbar. Man könnte sich vorstellen, daß man darauf mit folgender
ironischer Bemerkung reagiert:

> Ja, durch die schwere Arbeit deiner Eltern.

Wir interpretieren also, wie man sieht, unmittelbar aufgrund der
Kenntnis der Sachen und der Normalität der Sachen, d.h. aufgrund
der Norm, die uns bekannt ist.

Wie weit diese Interpretation reicht, ist bisher nie ermittelt worden. Wir haben den Eindruck, es handle sich um eine rein einzelsprachliche Interpretation. Dies liegt daran, daß die Interpretation
durch die allgemein gegebene Kenntnis der Welt unmittelbar ist.
Tatsächlich gelten solche Interpretationen eigentlich für alle Sprachen, die Ähnliches sagen können. In anderen Sprachen würde man
die entsprechenden Beispiele auf die gleiche Weise interpretieren.

Die Rolle der Interpretation zeigt sich vor allem auch bei der Art
und Weise, wie wir Ableitungen und Zusammensetzungen auffassen. Was ist eigentlich ein Wecker? *Wecker* könnte auch, wenn wir
nur die Art und den Vorgang der Ableitung betrachten, jemand sein,
der weckt. Was ist ein Verkäufer? Als *Verkäufer* könnte man auch
eine Maschine bezeichnen, die etwas verkauft. Wir interpretieren
aber unmittelbar - oder haben wenigstens den Eindruck, daß wir
dies unmittelbar tun -, daß der *Wecker* eine Uhr ist, die uns weckt,
aber nicht eine Person, und daß der *Verkäufer* eine Person ist, die
etwas verkauft, und nicht eine Maschine. Man könnte aber auch
sagen:

> Ich brauche keinen Wecker, mein Wecker ist mein Sohn

und damit ausdrücken, daß man jemanden zum Wecken hat. Ebenso kann man sich durchaus einen Automaten als Verkäufer vorstellen.

Die Einzelsprache als solche sagt uns nicht, ob das mit dem Suffix
-*er* gebildete Verbalsubstantiv eine Person oder einen Gegenstand

bezeichnet. Die in der Sprache gegebene Bedeutung ist viel allgemeiner; im Falle von *Wecker* könnte man sie beispielsweise durch

jemand, der / etwas, das weckt

umschreiben. Die Interpretation, d.h. die Wahl zwischen verschiedenen Möglichkeiten, beruht auf der üblichen Kenntnis der Sachen. Natürlich hängt die Interpretation, wie man zu sagen pflegt, vom Kontext oder von der Situation ab. Das bedeutet aber nicht, daß der Kontext oder die Situation die Interpretation tatsächlich determiniert. Die Interpretation ist durch die Kenntnis der Sachen gegeben, und es geht nur darum, was in einem bestimmten Kontext oder in einer bestimmten Situation sinnvoller ist.

Betrachten wir in diesem Zusammenhang das französische Wort *cuisinière*, das sowohl die Köchin als auch den Kochherd bezeichnen kann. In den Kontexten

cuisinière blonde
cuisinière électrique

ist es jedoch höchstwahrscheinlich so, daß im ersten Fall die Köchin und im zweiten Fall der Kochherd gemeint ist. Hat man aber - beispielsweise in einem Wortspiel - den Kontext

une cuisinière blonde et électrique,

dann wird (mindestens für 'Kochherd') die Interpretation schwierig. Der Kontext determiniert nicht die Bedeutung. Die Bedeutung in der Einzelsprache bleibt in allen Kontexten die gleiche, nämlich:

cuisinière: 'jemand, der / etwas, das mit dem Kochen zu tun hat'

Für die Bezeichnung wählt man das aus, was besser paßt, d.h. was den Kontexten besser entspricht. Das Adjektiv *blonde* bietet uns ein Anzeichen oder eine Hilfe, das Passende auszuwählen.

Ebenso verhält es sich bei den Zusammensetzungen. Man kann ohne weiteres das schon berühmte Beispiel *Straßenhändler* so interpretieren wie *Buchhändler*:

$$\left. \begin{array}{l} \text{Straßenhändler:} \\ \\ \text{Buchhändler:} \end{array} \right\} \text{einer, der} \left\{ \begin{array}{l} \text{Straßen} \\ \\ \text{Bücher} \end{array} \right\} \text{kauft und verkauft}$$

Man interpretiert aber *Straßenhändler* nicht so, weil wir keine Personen kennen, die diese Tätigkeit ausüben, und weil es nicht üblich ist, Straßen zu kaufen und zu verkaufen. Umgekehrt interpretieren wir *Buchhändler* nicht als jemanden, der seinen Handel in einem Buch oder in Büchern treibt, und zwar ebenfalls deswegen, weil wir solche Personen nicht kennen. Das, was die Komposita als solche sagen, ist etwas viel Allgemeineres, nämlich:

> *Straßenhändler*: 'Händler, der etwas mit Straßen zu tun hat'
> *Buchhändler*:   'Händler, der etwas mit Büchern zu tun hat'

Welches Verhältnis nun zwischen *Händler* und *Straße* bzw. *Buch* vorliegt, ist Sache der Interpretation, und zwar einer Interpretation, die auf der Kenntnis der Sachen beruht.

So sagt die deutsche Sprache an sich auch nicht, was ein *Schlüsselkind* ist. Es könnte ein Kind in der Form eines Schlüssels sein oder ein Kind, das in einer bestimmten Angelegenheit eine entscheidende Rolle spielt. Tatsächlich ist es ein Kind, das den Schlüssel der Wohnung bei sich trägt, weil beide Eltern berufstätig sind. Ebenso sagt uns die deutsche Sprache nicht, daß ein *Papierkorb* ein Korb f ü r Papier ist. Es könnte auch ein Korb m i t Papier oder ein Korb a u s Papier sein. Nur ist das eben nicht das Übliche, so daß wir den Eindruck haben, in der Zusammensetzung selbst sei schon ein bestimmtes Verhältnis gegeben. Für *Goldwaage* gilt dasselbe: Es handelt sich nicht notwendigerweise um eine Waage f ü r Gold; es könnte auch eine Waage a u s Gold sein, was aber nicht üblich ist. In einer bestimmten Situation könnte man jedoch ohne weiteres von *Eisenwaagen*, *Silberwaagen* und *Goldwaagen* sprechen und sich dabei auf das Material beziehen, aus denen sie hergestellt sind [vgl. Morciniec 1964]. Besonders deutlich zeigt sich die Rolle der Interpretation, wenn man *Kaffeemühle* und *Windmühle* vergleicht. Eine *Kaffeemühle* ist nicht notwendigerweise eine Mühle f ü r Kaffee, und eine *Windmühle* ist natürlich keine Mühle f ü r Wind, d.h. eine Mühle, in der man den Wind mahlt. Und man könnte sich durchaus vorstellen, daß man in Brasilien - um den Preis des Kaffees zu erhöhen - Kaffee verbrennt und damit Mühlen antreibt. In diesem Fall könnte man *Kaffeemühle* und *Windmühle* analog interpretieren:

Kaffeemühle: Mühle, die durch die mit Kaffee erzeugte Kraft funktioniert.

Windmühle: Mühle, die durch die mit Wind erzeugte Kraft funktioniert.

Die Frage, inwieweit bei diesen Interpretationen die Kenntnis der Sachen eine Rolle spielt, ist bisher noch nicht genügend erörtert worden. Es ist aber immer wieder bemerkt worden, daß Ableitungen und Zusammensetzungen eine viel allgemeinere Bedeutung oder - wie man auch sagte - weit weniger Bedeutung enthalten als das, was man ihnen zuzuschreiben geneigt ist.

Nach diesen Beispielen zur Interpretation wenden wir uns nun der Frage zu, was verschiedene einzelsprachliche Funktionen miteinander gemeinsam haben, wenn sie in derselben Situation oder in bezug auf die gleichen Tatbestände verwendet werden können. Vergleichen wir beispielsweise die folgenden lateinischen Ausdrücke miteinander:

Caesar Pompeium vicit
Pompeius a Caesare victus est
victoria Caesaris
clades Pompeii

In gewisser Hinsicht wird man sagen, daß die Funktion von *Caesar* in allen Ausdrücken die gleiche ist und ebenso die Funktion von *Pompeius.* Man muß jedoch fragen, worin die Funktion besteht, die gleich bleibt. Es handelt sich nicht um die Funktion "Subjekt"; denn *Caesar* ist nur im ersten Satz Subjekt. Bei *Pompeius* handelt es sich nicht um die Funktion, die wir "Objektiv" nennen, d.h. um die Funktion, die ein Objekt als Objekt darstellt. Denn eine solche Funktion hat *Pompeius* gerade nur im ersten Satz, nicht aber im zweiten. Gleichwohl gibt es etwas Gemeinsames: Wir verstehen, daß in allen Ausdrücken Caesar das Agens der Handlung des Siegens ist, auch wenn das Agens ganz verschieden ausgedrückt wird. Es wird ausgedrückt als Subjekt beim aktiven Verb, als Präpositionalergänzung beim passiven Verb und als Genitivattribut beim Verbalsubstantiv *victoria,* das - wie das Verb - eine Handlung bezeichnet, die in diesem Fall auf Caesar als Agens bezogen ist. Ebenso verstehen wir, daß Pompeius überall Objekt der Handlung des Siegens ist, und zwar unabhängig von der syntaktischen Funktion des Ausdrucks

Pompeius. So hat *Pompeius* im zweiten Satz dieselbe syntaktische Funktion wie *Caesar* im ersten, und die Genitive *Pompeii* und *Caesaris* im dritten und vierten Ausdruck sind gleich hinsichtlich ihrer einzelsprachlichen syntaktischen Funktion.

Wir müssen also unterscheiden zwischen der Funktion in der Sprache und der Funktion in bezug auf die bezeichnete Wirlichkeit bzw. den bezeichneten Tatbestand. Wir bräuchten auch verschiedene Termini für die beiden Funktionstypen, damit wir diese Unterscheidung stets berücksichtigen könnten. So wäre es beispielsweise zweckmäßig, die Funktionen, die sich auf die Handlung selbst beziehen, durch Termini wie "Agens" und "Objekt" zu benennen, die sprachlichen Funktionen dagegen durch Ausdrücke wie "Agentiv" und "Objektiv". Leider wird in der Grammatik diese Unterscheidung bisher noch nicht konsequent gemacht, so daß in diesem Bereich ein allgemeines Durcheinander besteht.

Bei der Abgrenzung der allgemein-sprachlichen Kompetenz stellt sich auch die Aufgabe, zwischen allgemein-sprachlichen Funktionen, d.h. Funktionen, die den Bezug auf die Wirklichkeit betreffen, und einzelsprachlichen Funktionen, d.h. Funktionen, die die sprachliche Gestaltung betreffen, jeweils klar zu unterscheiden. Denn bei der Interpretation der allgemein-sprachlichen Funktionen spielt auch Einzelsprachliches mit. So beruht es auf der Gestaltung des Lateinischen, daß der Genitiv bei *victoria* als "genitivus subiectivus", der Genitiv bei *clades* aber als "genitivus obiectivus" zu interpretieren ist.

Deutlicher noch als im Lateinischen oder Deutschen kann man die Beteiligung der einzelsprachlichen Gestaltung in einigen romanischen Sprachen erkennen. In gewissem Sinne haben die französischen Verben *vaincre* und *défaire* oder die spanischen Verben *vencer* und *derrotar* die gleiche Bedeutung, nämlich 'siegen'. Man könnte also lat. *vicit* und *victus est* durch die entsprechenden Formen der genannten Verben wiedergeben. Bei den entsprechenden Substantiven ist es aber so, daß *victoire* und *victoria* nur in aktivem Sinn interpretiert werden, *défaite* und *derrota* aber in passivem Sinn. Die Verbalsubstantive sind an sich von der gleichen Art, sie bewahren aber im ersten Fall gerade das Aktivische, im zweiten Fall dagegen das Passivische. Aus diesem Grund interpretiert man automatisch *la victoire de César* als 'der Sieg Caesars', *la défaite de Pompée* aber als 'die Niederlage des Pompeius'. Dies heißt aber nicht, daß die Einheit der einzelsprachlichen Funktion von *de X*, die der Funktion "Genitiv" entspricht, nicht mehr gegeben ist, weil verschiedene allgemeinsprachliche Funktionen, nämlich "Agens" oder "Objekt" ausgedrückt werden. Es bedeutet aber, daß die Interpretation der allgemein-sprachlichen Funktion auch einzelsprachlich determiniert sein kann, in unserem Fall z.B. durch die entsprechenden Verbalsubstantive. Diese Determinationen der allgemein-sprachlichen Interpretation müßten noch im einzelnen untersucht werden.

2.3.4. Zur Abgrenzung von allgemein-sprachlicher und einzelsprachlicher Kompetenz

Wir haben nun verschiedene Wege kennengelernt, auf denen wir die allgemein-sprachliche Kompetenz, d.h. das elokutionelle Wissen, feststellen können. Es wäre zur Zeit nicht ohne weiteres möglich, mit der Exemplifizierung weiter zu gehen. Man könnte zwar schon die Zahl der Beispiele vermehren, aber man könnte noch nicht alles verzeichnen, was zu dieser allgemein-sprachlichen Kompetenz gehört. Es soll uns darum genügen, diese Kompetenz festgestellt zu haben.

Das elokutionelle Wissen ist, wie nun klar geworden sein dürfte, nicht einzelsprachlich, d.h. es ist kein Wissen, das den Sprechern des Deutschen, des Französischen oder des Italienischen usw. eigentümlich wäre. Es muß deshalb vom einzelsprachlichen Wissen abgegrenzt werden. Diese Abgrenzung ist, wie unsere Beispiele gezeigt haben, nicht unmittelbar vorgegeben, sondern muß durch methodische linguistische Analyse ermittelt werden.

Wenn Restriktionen auftreten, d.h. wenn etwas nicht normal klingt, dann müssen wir uns fragen, ob diese Restriktionen einzelsprachlich bedingt sind. Um dies festzustellen, müssen wir fragen, wie man es sagen würde, wenn man genau das sagen möchte, was ausgeschlossen zu sein scheint. Und in der Tat sind alle Beispiele für das, was ausgeschlossen werden sollte, korrekte Beispiele in den entsprechenden Sprachen. Ich sage z.B. normalerweise nicht

Dieser Baum singt schöne Weihnachtslieder,

oder ich spüre wenigstens eine bestimmte Abweichung, wenn es jemand sagt. Aber wenn ich es sagen will, dann muß ich es auf deutsch gerade so sagen, und das ist keine Abweichung von den Regeln der deutschen Sprache. Ebenso sage ich nicht

> Ich habe mein Klavier gekocht,

weil ich es normalerweise nicht tue. Aber wenn ich es mir vorstelle und sagen will, dann kann ich es gerade so sagen. Die Restriktionen sind also gerade dann nicht einzelsprachlich, wenn man in der Einzelsprache - so man will - genau das sagen kann, was in anderer Hinsicht als abweichend ausgeschlossen ist.

Das gleiche gilt bei der Interpretation. Man muß sich fragen, ob und inwiefern die Interpretation einzelsprachlich ist. Um festzustellen, was zur allgemein-sprachlichen Kompetenz gehört, muß man sich fragen, bis zu welchem Punkt die Interpretation durch unsere Sprache determiniert wird. Wie wir gesehen haben, können wir die Sonne eindeutig identifizieren, auch wenn wir *Sonne* ohne weitere Determinierung gebrauchen, weil es in unserem Naturkontext nur e i n e Sonne gibt. Man kann sich nun fragen, ob es an der Einzelsprache liegt, daß wir nicht fragen müssen *Welche Sonne?*, wenn von der Sonne ohne weitere Determinierung die Rede ist. Die Antwort wird dahin gehen, daß die Einzelsprache nur die objektive Richtung der Bedeutung *Sonne* determiniert, d.h. daß sie uns nur sagt, daß es sich um einen Gegenstand und nicht um einen Begriff handelt, daß uns aber die Einzelsprache als solche nicht sagt, daß die Sonne ein Unikum ist. Tatsächlich können wir das, was normalerweise nicht gesagt wird, durchaus sagen, wenn wir aus irgendeinem Grund eine höhere Anzahl von Sonnen annehmen. Es gibt zwar nur eine einzige Sonne; sie kann aber unter verschiedenen Bedingungen aufgefaßt und festgestellt werden. Um diese Bedingungen auszudrücken, kann man durchaus Determinierungen verwenden, die ausgeschlossen zu sein scheinen. In der Äußerung

> Schön, die Sonne heute

bezieht sich die Determinierung *heute* auf das Erscheinungsbild der Sonne an einem bestimmten Tag. Als Reaktion auf die Äußerung *Die Sonne scheint* könnte man durchaus sagen

Welche Sonne? Da ist überhaupt keine,

wenn sich der Sprecher geirrt hat und die Sonne gerade hinter Wolken verschwunden ist. Solche Äußerungen sind sicherlich nicht unmöglich. Wenn sie sich auf unsere Welt beziehen, werden sie aber im Einklang mit der Einmaligkeit der bezeichneten Gegenstände interpretiert. In unserem Beispiel werden sie darum nicht auf die Wirklichkeit selbst, sondern auf die gerade wahrgenommene Wirklichkeit bezogen.

Die Bedingung, die bei der allgemein-sprachlichen Kompetenz das Sprechen determiniert, ist einerseits die Kongruenz mit gewissen Prinzipien des Denkens, andererseits die Kongruenz mit unserer allgemeinen Kenntnis der Sachen. Um die Kongruenz aufzuheben, muß man - wenigstens provisorisch - entweder andere Prinzipien des Denkens oder eine andere Gestaltung der Welt annehmen. Es ist nicht leicht, sich andere Prinzipien und andere Welten vorzustellen, weil wir eben unmittelbar mit diesen Prinzipien und mit Bezug auf diese unsere Welt sprechen. Aber es ist, wie wir gesehen haben, doch nicht unvorstellbar, so daß man durchaus andere Welten erfinden und sie dem Sprechen und der Beurteilung des Sprechens zugrunde legen kann.

Da die allgemein-sprachliche Kompetenz für alle Sprachen, d.h. für alles Sprechen gilt, kann sie auch bei der Analyse der Einzelsprachen festgestellt werden. Wir werden z.B. die Normen des Sprechens im allgemeinen auch in dem Sprechen feststellen, das dem Deutschen entspricht, und in dem Sprechen, das dem Französischen entspricht, usw. In dieser Tatsache liegt der Grund für die gefährliche Illusion, daß man die allgemeinen Prinzipien des Denkens und die allgemeine Kenntnis der Sachen von den Einzelsprachen her eben als Gemeinsamkeiten der Sprachen feststellen könnte. Geht man auf diese Weise vor, so stellt man solche Normen zunächst z.B. im Englischen fest und dann im Deutschen, im Französischen usw. Man geht also von den verschiedenen Einzelsprachen aus und stellt immer wieder fest, daß diese Normen auch in anderen Sprachen funktionieren:

Gemeinsamkeiten

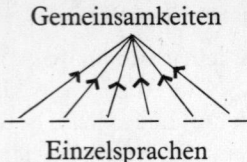

Einzelsprachen

Dies ist jedoch eine zweifelhafte Methode, ein falsches Vorgehen,
weil es uns nicht mehr erlaubt, das festzustellen, was eventuell auf
der Ebene der Einzelsprachen selbst universell-sprachlich ist, d.h.
das, was als einzelsprachliche Struktur tatsächlich in allen oder in
den meisten Sprachen vorkommt.

   Würden wir z.B. feststellen, daß bestimmte Kategorien wie Substantiv und Verb tatsächlich in allen Sprachen vorkommen, so würden wir eine ganz anders ausgerichtete Feststellung treffen als die,
daß für das Sprechen die allgemeinen Prinzipien des Denkens und
die allgemeine Kenntnis der Sachen gelten. Diese Prinzipien brauchen eben nicht aus den Einzelsprachen deduziert zu werden, brauchen nicht mühsam in jeder Einzelsprache festgestellt zu werden,
weil sie voreinzelsprachlich sind. Idealiter sind sie für das Sprechen
im allgemeinen unabhängig von dieser oder jener Sprache da. Die
richtige Fragestellung besteht also nicht darin, von den Einzelsprachen her die allgemein-sprachliche Kompetenz zu entdecken, sondern sie besteht umgekehrt darin, vom Sprechen im allgemeinen zu
den Einzelsprachen zu gehen:

allgemein-sprachliche Kompetenz

Einzelsprachen

Wenn wir so vorgehen, so fragen wir nicht, was diese oder jene Sprache eventuell ausdrückt, sondern wir fragen umgekehrt, ob und inwieweit die allgemeinen Prinzipien des Denkens und die allgemeine
Kenntnis der Sachen in den Einzelsprachen eventuell aufgehoben
werden können [vgl. 1976/1987: ''Logik der Sprache'', 5-6]. Dieser
Fragestellung werden wir uns im folgenden zuwenden.

2.3.5. Die Aufhebung der Inkongruenz durch die Einzelsprachen

Die allgemeinen Prinzipien des Denkens und die allgemeine Kenntnis der Sachen gelten noch vor der Verschiedenheit der einzelsprachlichen Traditionen, d.h. sie gelten zunächst ohne Begrenzung. Sie können aber durch die Einzelsprachen aufgehoben werden. Wenn gemäß der Norm einer Einzelsprache etwas gesagt wird, was auf den ersten Blick inkongruent oder gar kontradiktorisch zu sein scheint, so gilt die einzelsprachliche Norm. Die allgemein-sprachlichen Normen müssen in diesem Fall als aufgehoben gelten.

Das Prinzip, daß die Negierung einer Negierung einer Behauptung entspricht, gilt vor der Verschiedenheit der sprachlichen Traditionen. Für alles Sprechen gilt, daß wir dann, wenn wir das Negierte negieren, gerade das Gegenteil dessen behaupten, was negiert wird. Die negierte Negierung

> Ich habe niemanden nicht gesehen

wäre somit der Behauptung gleich, daß ich alle gesehen habe. Die Einzelsprachen können aber dieses Prinzip aufheben. Es gibt viele Sprachen, in denen zwei Negationen keine Aufhebung, sondern eine Verstärkung der Negierung bedeuten, und es gibt Sprachen, in denen zwei Negationen die Regel sind. Wenn es solche einzelsprachlichen Regeln gibt, dann ist jede Diskussion über die Rationalität oder Logizität der Ausdrücke absurd und überflüssig. Die Irrationalität wird nämlich aufgehoben durch die sprachliche Tradition. So sind beispielsweise im Französischen fast in jedem Fall zwei Negationen notwenig, nämlich *ne* und *pas* oder *ne* und etwas anderes anstelle von *pas*. Im Italienischen, Spanischen und Portugiesischen hat man nur eine Negation, wenn ein negatives Wort, d.h. ein Wort, das das Verb nicht direkt negiert, vor dem Verb steht, z.B.:

> nadie vino
> nessuno venne   'niemand ist gekommen'

Man hat aber notwendigerweise zwei Negationen, d.h. das negative Wort und die Negation des Verbs, wenn das negative Wort nach dem Verb steht, z.B.:

> no vino nadie
> non è venuto nessuno

Es wäre absurd zu sagen, letztere Ausdrücke müßten bedeuten, daß alle gekommen sind. Die doppelte Negation ist in diesem Fall eine einzelsprachliche Regel für den Ausdruck der Tatsache, daß niemand gekommen ist.

Auf allgemein-sprachlicher Ebene kann man ohne weiteres das Prinzip annehmen, daß man einen Singular als Einheit und nicht als Vielheit zu interpretieren hat, wenn in der betreffenden Sprache ein Plural zum Ausdruck der Vielheit vorhanden ist. Wenn eine Sprache aber den Singular zum Ausdruck der Vielheit verwendet, obwohl sie einen Plural hat, so wird diese allgemeine Norm eben aufgehoben. Auch hier wäre es absurd, darüber zu diskutieren und den Vorwurf zu erheben, die Sprache sei unlogisch. Es gibt sehr viele Sprachen, die in Verbindung mit Zahlwörtern nur den Singular verwenden. Auch im Deutschen gibt es einige Klassifikatoren, die mit dem Singular gebraucht werden, z.B.

> fünf Mark
> fünf Stück
> fünf Mann

Sie werden interpretiert im Sinne von 'x mal ein solcher Gegenstand' oder auch - in gewissen Kontexten - im Sinne von 'fünf solche Gegenstände'. Man kann z.B. sagen:

> Ich, meine Frau und meine Kinder, im ganzen fünf Mann.

Die Ausdrücke *Mark*, *Stück*, *Mann* dienen hier als eine Art Klassifikatoren für Gegenstände.

Wenn es in einer Sprache die Regel gibt, daß man *Tausendundeine Nacht* sagt, dann wäre es absurd zu sagen:

> Nein, Sie müssen eigentlich *tausendundeine* Nächte sagen, weil es so viele sind.

Im Italienischen gilt die Regel, daß bei zusammengesetzten Zahlwörtern die Kongruenz sich nach dem letzten und nicht nach dem ersten Zahlwort richtet. *1.001 notte* steht darum im Singular.

Es gibt Sprachen, in denen ein Adjektiv im Plural stehen muß, wenn es sich auf koordinierte Substantive bezieht, und zwar unabhängig davon, wie eng die Substantive oder das ihnen in der Wirklichkeit Entsprechende miteinander zusammenhängen. Gemäß einer weit verbreiteten Norm sagt man beispielsweise im Spanischen:

lengua y literatura francesas
                        =

Dabei ist es gleichgültig, ob diese Norm dem Spanischen durch die normative Grammatik allmählich aufgezwungen wurde. Im Gegensatz zum Spanischen gibt es aber Sprachen, wo es gerade ein einzelsprachlicher Fehler wäre, bei eng zusammenhängenden Fakten das Adjektiv in den Plural zu setzen. In diesen Sprachen muß das Adjektiv im Singular erscheinen, wenn die durch die koordinierten Substantive bezeichneten Fakten als Einheit angesehen werden können. Eine solche Sprache war das Lateinische, und die meisten romanischen Sprachen sind bei dieser lateinischen Norm geblieben, z.B. das Italienische:

lingua e letteratura francese (nicht: francesi),

aber auch das Rumänische und andere Sprachen. Es wäre absurd zu sagen: "Sprache und Literatur sind doch eine Vielheit; es sind zwei Sachen. Warum gebrauchen Sie das Adjektiv nicht im Plural?" Denn das, was einzelsprachlich traditionell gilt, kann nicht mehr unter dem Gesichtspunkt des Sprechens im allgemeinen diskutiert werden, weil das Einzelsprachliche eben die Verstöße gegen die Normen des Sprechens im allgemeinen aufheben kann.

In vielen Sprachen gebraucht man Ausdrücke, die den deutschen Formen *ein Glas v o n Wasser, ein Glas v o n Wein* entsprechen (z.B. it. *un bicchiere di vino*, sp. *un vaso de vino*). Logizistisch ausgerichtete Grammatiker und Dilettanten haben solche Ausdrücke diskutiert und in Frage gestellt. Sie haben argumentiert, man müsse *ein Glas m i t Wasser* sagen, weil das Glas doch nicht a u s Wasser sei. Nach ihrer Ansicht müßte man also etwas anderes sagen, um eine absurde Interpretation der Wirklichkeit zu vermeiden. In Wirklichkeit irren sich die Grammatiker. Denn *ein Glas* ist hier nicht mehr der materielle Gegenstand, sondern ein Maß, so daß schon von daher die Bedeutung ausgeschlossen ist, daß der materielle Gegenstand Glas aus Wasser oder Wein gemacht wäre. Aber selbst wenn diese absurde Interpretation möglich wäre, so wäre es trotzdem absurd,

dies zu diskutieren und die einzelsprachlich eingetretene Aufhebung
wiederum aufheben zu wollen.

Im Spanischen gebraucht man bei den Namen von verheirateten
Frauen auch den Namen des Ehemannes, den man mit der Präposition *de* anschließt, z.B.:

María García d e Sánchez

García ist der Name der Frau, *Sánchez* der Name des Mannes. Ein
südamerikanischer Philosoph, der schon Feminist war, als es in der
deutschen Linguistik noch wenig Feminismus gab, hat die Meinung
vertreten, dieser Sprachgebrauch sei eine Beleidigung für die Frau-
en. Der Ausdruck *García d e Sánchez* würde nämlich bedeuten, daß
die Frauen dem Mann gehören, daß sie sein Eigentum sind. Die Namen bedeuten dies natürlich keineswegs, und die Tatsache selbst,
daß dieser Sprachgebrauch in Frage gestellt wird, ist schon absurd.
Die Sprache beschreibt nämlich nicht die tatsächlichen sozialen Verhältnisse, und sie ist hier keineswegs die Sprache der Männer, die ihre Frauen als Eigentum ansehen. Absurd ist vielmehr das, was dieser
Philosoph anstelle von *d e Sánchez* vorschlagen wollte: Er schlug
vor, *García c o n Sánchez*, d.h. *García m i t Sánchez* zu sagen, um
die Frau dem Mann gleichwertig zu machen und sie auf die gleiche
Ebene zu heben.

Zum Schluß noch ein Beispiel aus der deutschen Grammatik.
Wenn es im Deutschen einen Ausdruck gibt wie

Dem ist nicht so,

so darf man nicht diesen Ausdruck diskutieren und sagen, er sei unlogisch, weil anstelle des Subjekts im Nominativ ein Dativ erscheine,
und man müsse richtig *das ist nicht so* sagen, d.h. das Pronomen in
den Nominativ setzen. Man muß sich vielmehr fragen, was in dieser
Sprache mit dem Ausdruck gemeint ist.

Die Beispiele, die wir bisher angeführt haben, waren Beispiele für
die Aufhebung der Inkongruenz in bezug auf die Prinzipien des
Denkens. Es gibt aber auch Beispiele für die Aufhebung der Inkongruenz in bezug auf die Kenntnis der Sachen. Es sei hier nur das Beispiel erwähnt, das wir schon oft angeführt haben. Man kann eigent-

lich nicht anders als mit den Augen sehen, und zwar nur mit den eigenen Augen. Trotzdem gibt es in vielen Sprachen Ausdrücke wie

> Ich habe es mit meinen Augen gesehen
> Ich habe es mit meinen eigenen Augen gesehen

Niemand würde hier sagen, die Ausdrücke seien tautologisch, weil man nur das Selbstverständliche sage. Niemand nimmt Anstoß an solchen Ausdrücken, weil die einzelsprachliche Tradition sie vollkommen rechtfertigt. Man versteht solche Ausdrücke als indirekte, aber emphatische Negierung einer nur indirekten Auskunft.

2.3.6. Die Aufhebung der Inkongruenz im Diskurs

Die Aufhebungen, die wir bisher betrachtet haben, sind Aufhebungen durch die einzelsprachlichen Traditionen. In noch höherem Ausmaß gibt es aber Aufhebungen, die im Diskurs (in der Rede bzw. im Text) stattfinden. Wie wir schon an anderer Stelle ausgeführt haben, gibt es mindestens drei Arten von Aufhebungen im Diskurs [vgl. 1976/1987: "Logik der Sprache", 16-17]:

1. die metaphorische Aufhebung
2. die metasprachliche Aufhebung
3. die - wie wir sie nennen möchten - extravagante Aufhebung.

Diese Arten der Aufhebung gelten sowohl für die Inkongruenz in bezug auf die allgemeinen Prinzipien des Denkens als auch in bezug auf die allgemeine Kenntnis der Sachen.

Die metaphorische Aufhebung ist eine Aufhebung, bei der die eigentliche Kongruenz nicht durch das unmittelbar Einzelsprachliche gegeben ist, das als solches noch inkohärent wäre, sondern durch die Übertragung der einzelsprachlichen Bedeutung oder auch durch die symbolischen Werte, die man den entsprechenden bezeichneten Sachen beimißt.

In der Sprachtheorie hat man lange über das berühmte Beispiel von Heyman Steinthal diskutiert:

Diese runde Tafel ist viereckig.[1] [Steinthal 1855, 220]

Steinthal meint, der Grammatiker würde den Ausdruck trotz des Widerspruchs zwischen *rund* und *viereckig* ohne weiteres annehmen, ein Logiker würde ihn aber ablehnen. Mit anderen Worten: Der Ausdruck sei zwar grammatisch richtig, logisch aber inkongruent und darum sinnlos.

Tatsächlich wäre der Logiker, der diesen Ausdruck ablehnt, ziemlich engstirnig. Er würde nämlich meinen, daß *rund* und *viereckig* nur eine einzige Bedeutung haben können und daß eine Übertragung nicht möglich ist. Es gibt jedoch die Übertragung, bei der einiges aus dem Einzelsprachlichen erhalten bleibt, sei es ein besonderer semantischer Zug, seien es gewisse semantische Züge, eventuell auch nur sekundäre semantische Züge, die in der Sprache zwar gegeben sind, bei der Übertragung aber hervorgehoben werden. Wenn jemand den Ausdruck *Diese runde Tafel ist viereckig* tatsächlich ernsthaft verwendet, dann muß man annehmen, daß entweder *rund* oder *viereckig* nicht das meinen, was sie an erster Stelle in der Einzelsprache bedeuten, und daß es darum zwischen den tatsächlich gemeinten Bezeichnungen keinen Widerspruch gibt. Man könnte z.B. *viereckig* als Bezeichnung der Tatsache annehmen, daß um den Tisch vier Personen in der Weise sitzen, wie es auf der Zeichnung angegeben ist:

In diesem Fall wäre der Ausdruck ohne weiteres kongruent, und zwar kongruent durch metaphorische Aufhebung, d.h. durch Übertragung der Bedeutung auf eine andere Bezeichnung als die übliche.

---

1   Das Beispiel erscheint manchmal auch wegen der Rückübersetzung aus anderen Sprachen in der Form *Dieser runde Tisch ist viereckig*. Bei Steinthal steht aber *Tafel*.

Ein *runder Tisch* könnte aber auch, wie es in verschiedenen Traditionen der Fall ist, eine Gruppe von Personen sein, die miteinander über ein Thema diskutieren (z.B. *une table ronde, una mesa redonda* usw.). Man könnte sich also auf ein Rund-Tisch-Gespräch beziehen, und man könnte von diesem Rund-Tisch-Gespräch scherzhaft behaupten, daß an diesem Gespräch vier Personen teilnehmen, indem man *viereckig* sagt. Man könnte vielleicht sogar die Meinung ausdrücken, daß diese vier Personen völlig verschiedene, einander entgegengesetzte Positionen vertreten (Übrigens steht *scherzhaft* hier nicht in Widerspruch zu *ernsthaft*; man kann auch Ernstgemeintes scherzhaft sagen).

Im ersten Aufsatz seiner *Gesammelten Aufsätze zur Sprachphilosophie* [Vossler 1923] behauptet Karl Vossler, daß die Sprache das Unlogische, Absurde und Sinnlose sagen könne, daß der Sprache also keine Logizität innewohnen würde. Als Beispiel für das Absurde, das sprachlich ohne weiteres annehmbar wäre, führt er die folgenden Verse aus Goethes Faust an:

Grau, teurer Freund, ist alle Theorie,
Und grün des Lebens goldner Baum. [V. 2038-39]

Vossler meint nun, hier würden unmögliche Sachen behauptet: eine Theorie habe überhaupt keine Farbe und könne darum auch nicht grau sein; es sei von einem *Baum des Lebens* die Rede, obwohl das Leben überhaupt keinen Baum habe, und schließlich werde von diesem Baum Widersprüchliches behauptet, nämlich daß er zugleich *grün* und *golden* sei.

In Wahrheit handelt es sich hier nicht um die Illogizität der Sprache, sondern um die Aufhebung der allgemeinsprachlichen Inkongruenz in metaphorischer Hinsicht. Die Verse Goethes wären tatsächlich inkongruent, wenn Goethe mit *Grau ist alle Theorie* auf die Frage *Welche Farbe hat die Theorie?* antworten und ihre angebliche Farbe feststellen wollte. Goethe sagt hier aber etwas anderes. Er sagt, daß die Wirkung der Theorie analog ist der Wirkung oder dem Eindruck, der mit der grauen Farbe als solcher assoziiert wird, d.h. er charakterisiert die Theorie z.B. als *lästig, nicht angenehm, langweilig* usw.:

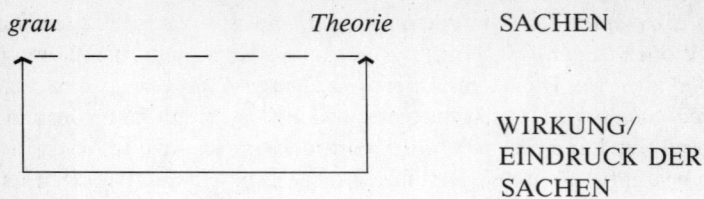

grau   *Theorie*   SACHEN

WIRKUNG/
EINDRUCK DER
SACHEN

Es geht hier um die symbolische Bedeutung, um den symbolischen Wert der grauen Farbe als solcher, d.h. um den symbolischen Wert dessen, was hier durch *grau* bezeichnet wird.

Goethe behauptet auch nicht, daß es einen Baum des Lebens gebe oder daß das Leben einen Baum habe, sondern daß das Leben selbst w i e ein kräftiger, mächtiger Baum ist. Von diesem Baum, der das Leben selbst symbolisiert, wird nun nicht behauptet, daß er zugleich *grün* und *nicht grün*, nämlich *golden* sei, sondern es wird behauptet, daß die symbolischen Werte der Farbe *grün* denen der Farbe *golden* analog sind oder wenigstens miteinander zusammenhängen. *Grün* steht z.B. für das Jugendliche, Kräftige und sich lebhaft Entwickelnde, *golden* für das Prächtige, Kostbare usw. Mit anderen Worten: das, was Goethe eigentlich sagt, ist durchaus kongruent.

Die Verse Goethes sind ein typisches Beispiel für die metaphorische Aufhebung. Bei der metaphorischen Aufhebung liegt eine unmittelbare Inkongruenz der Ausdrücke vor, wenn sie im sog. "eigentlichen Sinne" aufgefaßt werden. Diese unmittelbare Inkongruenz wird aber durch eine symbolische Kongruenz aufgehoben. Das Typische und Eigentümliche für alles Metaphorische ist die Tatsache, daß die beiden Bedeutungen zugleich gegeben sind, nämlich die sog. eigentliche und die übertragene, und daß die Inkongruenz, die sich aus der eigentlichen Bedeutung ergibt, aufgehoben wird durch die Kongruenz der symbolischen Bedeutung.

Bei der m e t a s p r a c h l i c h e n Aufhebung besteht die eigentliche Kongruenz darin, daß das Inkongruente als eine Realität angegeben wird. Betrachten wir ein einfaches Beispiel: Hans sagt, aus welchem Grund auch immer, daß drei mal drei zehn ist. Peter berichtet über das, was Hans gesagt hat, und sagt:

Hans sagt, daß drei mal drei zehn ist.

Der Ausdruck *drei mal drei ist zehn* ist natürlich inkongruent, aber es stimmt sehr wohl, wenn man unserer Annahme folgt, daß Hans das gesagt hat. Peter muß nun, wenn er über die Realität des Sagens von Hans berichten will, genau das sagen, was Hans gesagt hat. Mit anderen Worten: Peter gebraucht den inkongruenten Ausdruck metasprachlich für das Sagen selbst, und zwar als Bezeichnung dieses Sagens. Sein Bericht ist natürlich kongruent, denn er sagt die Tatsachen so, wie sie sind. In unserem Fall ist es nun eben eine Tatsache, daß bei Hans eine inkongruente Ausdrucksweise vorliegt.

Die e x t r a v a g a n t e Aufhebung schließlich ist die Aufhebung, die bei der intentionellen Behauptung eben des Absurden und Inkongruenten auftritt. Man kann nämlich auch mit der Sprache spielen, man kann auch Wortspiele erzeugen; das Absurde ist denkbar und kann deshalb auch ausgedrückt werden. Bei der extravaganten Aufhebung bleibt die Inkongruenz bestehen; sie wird aber toleriert, weil sie als intentionell erkannt wird. Würde man sie nicht als intentionell erkennen, z.B. als spielerisch, so würde sie einfach als Inkongruenz bleiben und weiterhin gelten. Dies ist z.B. dann der Fall, wenn jemand ein Wortspiel nicht versteht und zu diskutieren versucht, oder wenn jemand das Intentionell-Phantastische vom Gesichtspunkt der alltäglichen Erfahrung aus diskutiert und beispielsweise feststellt:

> So was gibt's doch nicht, daß Bäume sprechen.

Bäume können aber sehr wohl sprechen in einer Welt, die ich mir intentionell vorstelle, und wenn man diese Intentionalität der Vorstellung als solche erkennt, wird die Inkongruenz aufgehoben, obwohl sie natürlich als Inkongruenz mit unserer Welt weiterhin besteht.

Das Wesentliche bei der Aufhebung im Text liegt darin, daß man eine Intentionalität, eine Absicht erkennt. Es liegt in der Annahme, daß das Inkongruente nicht deswegen gesagt wird, weil der Sprecher nicht weiß, wie man kongruent spricht, oder unfähig ist, kongruent zu sprechen. Die Aufhebung der Inkongruenz im Text hängt mit dem allgemeinen Prinzip des Sprechens zusammen, daß man dem anderen vertraut, d.h. daß man dem anderen zumindest das gleiche Sprechenkönnen bzw. das gleiche sprachliche Wissen zuschreibt, das man selbst besitzt. Man nimmt darum an, daß das Inkongruente höchstwahrscheinlich nicht auf Unwissen beruht, sondern als intentionell und deshalb als aufgehoben zu gelten hat.

Dieses allgemeine Prinzip des Sprechens gilt auch für das Beispiel, das seit Chomskys *Syntactic structures* so oft diskutiert worden ist:

> Colorless green ideas sleep furiously [Chomsky 1957, 15]

Dieser Satz wäre nämlich gar nicht absurd, wenn er tatsächlich von jemandem gesagt würde. Der übliche, normale Sprecher würde als erste Stellungnahme nicht sagen:

> Das ist doch absurd. Die Ideen haben überhaupt keine Farbe, und es ist unmöglich, daß sie zugleich farblos und grün sind. Außerdem kann man nicht wütend schlafen.

Die erste Stellungnahme dieses Sprechers würde wahrscheinlich in der Frage bestehen, wer das sagt, was der Kontext ist und welche Absicht dahinter steht. Der Satz könnte z.B. in einem Gedicht stehen, oder er könnte selbst ein ganzes Gedicht sein. Als Gedicht könnte der Satz völlig sinnvoll sein, und zwar aufgrund der metaphorischen Aufhebung der einzelsprachlich gegebenen Inkongruenz [vgl. Jakobson 1974, 74].

Das allgemeine Prinzip der textuellen Aufhebung besteht also in dem Vertrauen dem anderen gegenüber, daß er sinnvoll und nicht inkongruent spricht, daß die Inkongruenz mit Absicht ausgedrückt wird. Ungelöst ist bei der Textanalyse jedoch die schwierige Frage, an welchen Anzeichen man die intentionelle und darum aufgehobene Inkongruenz erkennen kann. Vielleicht ist es gerade umgekehrt: Aufgrund des Vertrauensprinzips nehmen wir im voraus an, daß die Inkongruenz mit Absicht erfolgt, und brauchen gerade Anzeichen dafür, daß sie nicht beabsichtigt ist. Mit anderen Worten: Wenn wir eine Äußerung nicht als kongruent interpretieren können, dann sagen wir nicht gleich:

> Ach, Sie reden nur Unsinn!

Vielmehr stellen wir zunächst einmal die Frage:

> Ja, was wollen Sie eigentlich sagen?

Und erst wenn wir keine befriedigende Antwort erhalten, kommen wir zu dem Schluß, daß der andere tatsächlich inkongruent gesprochen hat.

2.3.7. Aufgaben einer Linguistik des Sprechens im allgemeinen

Die allgemein-sprachliche Kompetenz hat uns nun lange genug beschäftigt. Bevor wir uns der Frage zuwenden, welche Stellung der Untersuchung dieser Kompetenz im Rahmen der Sprachwissenschaft zuzuweisen ist, fassen wir noch einmal die wichtigsten Ergebnisse zusammen:

1. Wir haben gezeigt, daß es eine autonome allgemein-sprachliche Kompetenz gibt, die einem besonderen Inhalt, nämlich der Bezeichnung des Außersprachlichen entspricht.
2. Wir haben gezeigt, daß auch die Sprecher diese Kompetenz als autonom bewerten, indem sie Urteile fällen, die sich auf die Kongruenz des Sprechens beziehen.
3. Wir haben gezeigt, daß wir uns der allgemein-sprachlichen Kompetenz vor allem in negativer Hinsicht bewußt werden, d.h. immer dann, wenn wir Inkongruenzen feststellen.
4. Wir haben gezeigt, daß die allgemein-sprachliche Kompetenz nicht einfach das Gemeinsame an der Gestaltung verschiedener Sprachen oder aller Sprachen ist, sondern umgekehrt eine Kompetenz, die von allen Sprachen zwar vorausgesetzt wird, unter bestimmten Bedingungen aber aufgehoben werden kann.
5. Wir haben schließlich gezeigt, daß die negative Bewertung des Sprechens aufgrund der allgemein-sprachlichen Kompetenz, d.h. die Inkongruenz, eventuell in den Einzelsprachen, aber häufig und mit Absicht in den Texten aufgehoben werden kann, und daß für diese Aufhebungen Verfahren zur Verfügung stehen.

Die allgemein-sprachliche Kompetenz ist bisher leider nicht sehr gut bekannt. Dies liegt zum einen gerade daran, daß wir innerhalb dieser Kompetenz leben und in jeder Sprache im Rahmen dieser Kompetenz sprechen, so daß sie uns nicht auffällt, weil sie das bei allem Sprechen zu Erwartende ist. Zum anderen liegt es daran, daß diese

Kompetenz als solche bisher noch nicht Gegenstand eingehender
Untersuchungen gewesen ist.

Zur Untersuchung der allgemein-sprachlichen Kompetenz
bräuchten wir eine L i n g u i s t i k   d e s   S p r e c h e n s   im
allgemeinen, die neben die existierende Linguistik der Einzelsprachen zu stellen wäre und die als Voraussetzung für die genaue Abgrenzung der Linguistik der Einzelsprachen dienen könnte. Wir
bräuchten eine Linguistik, die uns sagt, welche Prinzipien des Denkens für das Sprechen im allgemeinen gelten und worin die Kenntnis
der Sachen, d.h. die Kenntnis der außersprachlichen Wirklichkeit
besteht, die wiederum für alle Sprachen und für alles Sprechen gilt.
Insbesondere würden wir eine skeuologische Linguistik [von griech.
σκευή oder σκεῦος: 'Sache', 'Gerät' usw.] brauchen, d.h. eine Linguistik der ''Sachen'', eine Linguistik, die uns sagt, welches eben
der Beitrag der allgemeinen Kenntnis der Sachen zu jedem Sprechen
ist.

Solange wir eine Linguistik des Sprechens im allgemeinen noch
nicht haben, müssen wir stets bedacht sein, bei der Betrachtung der
Sprachen uns zu fragen, ob eine bestimmte Norm tatsächlich Norm
dieser Sprache ist, ob sie wirklich die Gestaltung des Denkens und
der außersprachlichen Wirklichkeit durch diese Sprache betrifft,
oder ob sie zu der allgemein-sprachlichen Kompetenz gehört und für
jedes Sprechen in jeder Sprache grundsätzlich gelten könnte, wenn
sie nicht in dieser oder jener Sprache durch die einzelsprachliche
Tradition aufgehoben ist.

Auch wenn es noch keine Linguistik des Sprechens im allgemeinen gibt, ist die entsprechende Fragestellung mindestens implizit
stets da:

1. Wir brauchen gerade diesen Bezug auf die allgemein-sprachli-
    chen Inhalte, d.h. auf die bezeichnete Wirklichkeit und auf das
    ausgedrückte Denken, wenn wir uns mit mehreren Sprachen
    entweder praktisch - etwa bei der Übersetzung - oder wissen-
    schaftlich - beim Sprachvergleich - beschäftigen.
2. Wir beziehen uns mehr oder weniger implizit auf die Fakten der
    allgemein-sprachlichen Kompetenz in der Theorie der sprachli-
    chen Kategorien.

Wir wollen zu diesen Fragestellungen noch einige knappe Bemerkungen machen.

Wer Übersetzungen macht, beschäftigt sich mit mindestens zwei
Sprachen in praktischer Hinsicht. Beim Übersetzen gehen wir nicht
unmittelbar von Sprachgestaltung zu Sprachgestaltung, d.h. direkt
von der Bedeutung in der einen Sprache zur Bedeutung in der anderen Sprache, sondern wir ermitteln zuerst, welches die Bezeichnung
ist, d.h. das außersprachlich Gemeinte. Erst wenn wir dies identifiziert haben, fragen wir uns, wie man die gleiche außersprachliche
Wirklichkeit, d.h. die gleiche Bezeichnung, in der Zielsprache ausdrücken kann, d.h. welches die Gestaltung ist, die für die andere
Sprache gilt. Die Bedeutungen, d.h. das, was eine Einzelsprache als
Einzelsprache sagt, können überhaupt nicht übersetzt werden. Sie
können nur erklärt, analysiert und beschrieben werden in der Grammatik und im Wörterbuch der entsprechenden Sprache. Beim Übersetzen geht man also aus von den Bedeutungen der Ausgangssprache, identifiziert die Bezeichnungen und sucht dann in der Zielsprache die Bedeutungen, die den Bezeichnungen im jeweiligen Textzu-
sammenhang entsprechen [vgl. 1978: ''Übersetzungstheorie''].

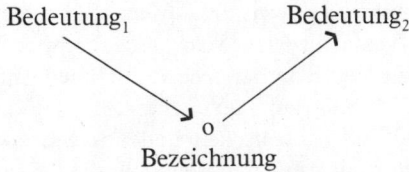

Ein ganz einfaches Beispiel kann dies verdeutlichen: Finde ich in einem italienischen Text die Bedeutung 'scala' durch das Wort *scala*
ausgedrückt, so kann ich nicht direkt von *scala* zum Deutschen
übergehen, weil es eine solche Bedeutung im Deutschen nicht gibt.
Denn *scala* bedeutet sowohl *Treppe* als auch *Leiter*. Das Italienische
faßt dies als einheitliche Bedeutung auf; *scala* ist etwas, was das stu-
fenweise Steigen ermöglicht.

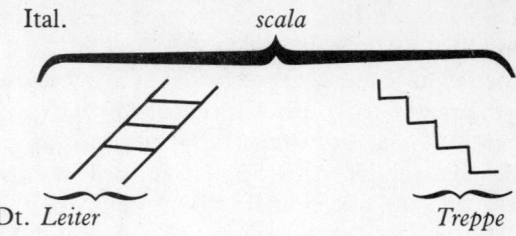

so wird dies schon ein Hinweis darauf sein, daß es sich um eine Leiter handelt, weil es nicht leicht wäre, eine Treppe zu bringen. Um
den Weg über die Bezeichnung gehen zu können, müssen wir beim
Übersetzen auf Hinweise im Text achten.

Beim Übersetzen muß ich zuerst entdecken, welcher Gegenstand bezeichnet wird. Erst wenn ich weiß, daß die eine oder die andere Bezeichnung vorliegt, kann ich ins Deutsche übersetzen, d.h. fragen,
durch welche deutsche Bedeutung die vorliegende Bezeichnung zu
gestalten ist. Wir tun dies beim Übersetzen natürlich automatisch
und werden uns dessen nur dann bewußt, wenn wir im Text keine
ausreichenden Hinweise auf die Bezeichnung haben und willkürlich
entscheiden müssen, ob wir durch das eine oder das andere übersetzen. Wenn beispielsweise im Text jemand zu einem anderen sagt:

> Bring mir eine *scala*!

so wird dies schon ein Hinweis darauf sein, daß es sich um eine Leiter handelt, weil es nicht leicht wäre, eine Treppe zu bringen. Um
den Weg über die Bezeichnung gehen zu können, müssen wir beim
Übersetzen auf Hinweise im Text achten.

Nicht nur bei den lexikalischen Bedeutungen oder Funktionen
müssen wir beim Übersetzen den Weg über die Bezeichnungen, d.h.
über die allgemein-sprachliche Ebene, nehmen, sondern natürlich
auch bei den grammatischen Bedeutungen oder Funktionen. Es gibt
z.B. Sprachen, die den Numerus überhaupt nicht ausdrücken oder
nur dann, wenn es unbedingt notwendig ist. Übersetzen wir aus einer solchen Sprache in eine Sprache, die den Numerus als obligatori-
sche Kategorie hat, dann können wir nicht etwa *Baum oder Bäume*
übersetzen, sondern müssen uns für das eine oder das andere entscheiden. Wir müssen aus dem Text deduzieren, was die Ausgangssprache nicht sagt; wir müssen entscheiden, was die Bezeichnung
ist, d.h. ob eine Einheit oder eine Vielheit bezeichnet wird, auch
wenn gerade dies durch die Ausgangssprache nicht gestaltet wird,

und wir müssen dies entscheiden, weil das Deutsche obligatorisch zwischen Singular und Plural unterscheidet.

Übersetzen wir aus einer Sprache, die nur Singular und Plural unterscheidet, in eine Sprache, die zwischen Singular, Dual und Plural unterscheidet, so müssen wir uns auch im Falle einer Pluralität fragen, ob es um zwei oder um mehr als zwei geht, weil in unserer Zielsprache hier zwei verschiedene Funktionen vorliegen. Da uns das die Ausgangssprache überhaupt nicht sagt, müssen wir auch hier nach Hinweisen im Text suchen.

Auf die allgemein-sprachliche Kompetenz nehmen wir notwendigerweise auch dann Bezug, wenn wir eine wissenschaftliche Betrachtung verschiedener Sprachen in vergleichender Hinsicht vornehmen. Gerade wenn wir die Verschiedenheit der einzelsprachlichen Strukturierung feststellen wollen, müssen wir uns fragen, was das Gemeinsame ist, das von verschiedenen Sprachen verschieden strukturiert wird [vgl. 1970: "Kontrastive Grammatik"].

Auch die Theorie der sprachlichen Kategorien bezieht sich auf die allgemein-sprachliche Kompetenz. Entgegen einer oft aufgestellten Behauptung ist es nicht möglich, das "Substantiv im Englischen" oder das "Substantiv im Deutschen" zu definieren. Das, was man definiert, ist immer nur die allgemein-sprachliche Kategorie "Substantiv". In bezug auf eine Einzelsprache können wir nur feststellen, ob sie Substantive hat oder nicht, und wenn sie sie hat, wie sie sie ausdrückt, d.h. welches die materiellen Verfahren zum Ausdruck der Kategorie "Substantiv" in dieser Sprache sind. Tatsächlich haben alle bekannten Sprachen Substantive; diese Feststellung betrifft aber nicht mehr die allgemein-sprachliche, sondern schon die einzelsprachliche Ebene.

Die Unterscheidung der drei Ebenen der Kompetenz gilt für alle sprachwissenschaftlichen Disziplinen:

1. Die Ebene der allgemein-sprachlichen Kompetenz ist stets die Ebene der Definition und die Ebene der Theorie. Dabei ist es gleichgültig, ob eine Kategorie eventuell nur in einer Sprache vorkommt. Denn wenn die Kategorie definiert wird, dann wird sie für alle Sprachen definiert, in denen sie vorkommen könnte.

2. Die Ebene der einzelsprachlichen Kompetenz ist die Ebene der
    Beschreibung der entsprechenden inhaltlichen und materiellen
    Gestaltung.
3. Die Ebene des Textes ist für jede Disziplin die Ebene der Analy-
    se und der Identifizierung der Funktionen im Text.

Auch in einer Disziplin wie der Grammatik, die primär die Beschreibung der Einzelsprachen zum Gegenstand hat, sind darum die drei
Ebenen der Kompetenz notwendigerweise zu unterscheiden: Die
grammatische Theorie betrifft das Sprechen im allgemeinen, d.h.
grundsätzlich alle Sprachen; die beschreibende Grammatik entspricht der Ebene der Einzelsprachen; und die grammatische Analyse schließlich entspricht der Ebene des Textes.

2.4. Die einzelsprachliche Kompetenz
         (Das idiomatische Wissen)

2.4.0. Fragestellung

Die einzelsprachliche Kompetenz, d.h. das Deutschkönnen, Französischkönnen, Italienischkönnen usw. entspricht an erster Stelle
dem, was Einzelsprache oder *langue* genannt wird. Da diese Kompetenz von allen anerkannt wird, können wir uns hier auf einige ergän-
zende Bemerkungen beschränken.

Unser Hauptproblem besteht darin, den Umfang der tatsächlichen
sprachlichen Kompetenz, die sich im Sprechen zeigt, zu bestimmen.
Wir haben gesehen, daß diese Kompetenz nicht mit der Einzelsprache, der *langue*, zusammenfällt, sondern daß sie in zwei Richtungen
erweitert werden muß, nämlich in Richtung des allgemeinen Sprechenkönnens und, wie noch ausführlicher zu zeigen sein wird, in
Richtung des expressiven Wissens, das die Strukturierung der Texte
betrifft. Zunächst geht es uns aber darum, den Umfang des idiomatischen Wissens zu erkennen, d.h. den Umfang der sprachlichen
Kompetenz, die die historische Ebene der Sprachsysteme betrifft.

Wie wir in der Diskussion der bisherigen Unterscheidungen herausgearbeitet haben [vgl. oben 1.3.], fällt die einzelsprachliche
Kompetenz keineswegs mit einem synchronischen Sprachzustand

im engeren Sinne zusammen, da jede Sprache in ihrem tatsächlichen historischen Zustand mehrere zwar gleichzeitig gegebene, aber historisch geordnete Sprachzustände aufweist, d.h. verschiedene Synchronien besitzt. Wir werden also zunächst fragen müssen, welche Fakten den Sprechern einer Sprache aus der Diachronie bekannt sind und von ihnen in diachronischer Perspektive gesehen werden.

Auch wenn wir von der im Sprachzustand bereits gegebenen diachronischen Dimension absehen, entspricht die einzelsprachliche Kompetenz eines Sprechers nicht der streng einheitlichen funktionellen Sprache. Wir werden uns darum weiter zu fragen haben, welche Varietäten in den Einzelsprachen festzustellen sind und wie diese Varietäten in der einzelsprachlichen Kompetenz der Sprecher repräsentiert werden. Das folgende Schema faßt die Dimensionen der Varietät in den Einzelsprachen zusammen [vgl. auch oben 1.3.2.]:

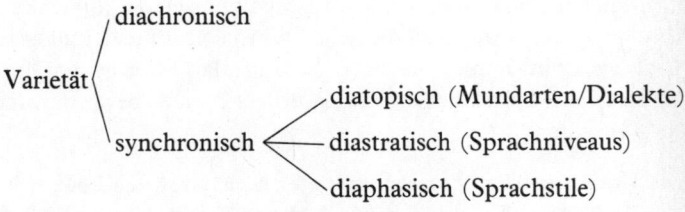

Die einzelsprachliche Kompetenz, die einem einheitlichen Sprachsystem, d.h. einer funktionellen Sprache entspricht, wollen wir hier beiseite lassen, da sie als allgemein anerkannt nicht nachgewiesen zu werden braucht. Sie bildet, wie wir gesehen haben, den eigentlichen Gegenstand der Grammatik, und sie macht das aus, worauf Saussure und Chomsky im *langue*- bzw. Kompetenzbegriff das sprachliche Wissen abstrahierend und idealisierend reduziert haben. Die Diskussion der mehr oder weniger strengen Methoden, die für die Beschreibung von Sprachsystemen zur Verfügung stehen, würde den hier gesteckten Rahmen sprengen.[1]

---

1 Wer diese Problematik weiter verfolgen will, sei auf die Ausführungen zum Gehalt und zur Gestaltung der Sprachkompetenz [unten Kap. 4 und 5] und insbesondere auf die Unterscheidung von Norm, System und Ty-

2.4.1. Das diachronische Wissen der Sprecher

Es ist sicher richtig, daß man bei der Beschreibung des sprachlichen
Wissens "synchronisch" vorzugehen hat. Denn das, was beschrieben werden muß, ist in jedem Fall die aktuelle einzelsprachliche
Kompetenz der Sprecher, d.h. das, was die Sprecher in dem Augenblick als Technik anwenden, auf den sich die Beschreibung bezieht,
und natürlich nicht auf das, was sie nicht, nicht mehr oder noch
nicht anwenden.

Gleichwohl muß man aber fragen, was in dieser Hinsicht zu einem
Sprachzustand gehört, d.h. zur Synchronie der Sprecher. Das, was
die Sprecher wissen, ist sicherlich synchron, weil es zum aktuellen
sprachlichen Wissen gehört. Die Sprecher kennen die Sprache aber
auch als eine Tradition mit ihrer zeitlichen Dimension. Sie kennen
in ihrer eigenen Synchronie zumindest einiges von der diachronischen Dimension ihrer Sprache.

Schon bei den nur mündlich tradierten Formen der Sprachen kennen die Sprecher die diachronische Dimension. In dialektologischen
Umfragen wird immer wieder festgestellt, daß Informanten die diachronische Dimension der Fakten erkennen und bewerten, indem
sie z.B. sagen:

> Das sagen wir nicht mehr, das sagen noch die älteren Leute.
> Ja, so sagte mein Vater, aber ich sage es nicht mehr.

Oder umgekehrt:

> Das ist eine neue Mode, das sagen die Jüngeren; wir, die Älteren, blei-
> ben auch beim Alten.

Dieses diachronische Bewußtsein bestimmt natürlich auch die Haltung der Sprecher gegenüber den entsprechenden Fakten ihrer Spra-

---

pus verwiesen [oben 1.6.6., unten 5.2.]. Die Methode der strukturell-
funktionellen Analyse von Sprachsystemen wird u.a. in dem Buch über
das romanische Verbalsystem [1976: *Verbalsystem*, bes. 37-70] vorgestellt. Verwiesen sei auch auf die Sammlung von Arbeiten zur Grammatik [1987: *Formen und Funktionen*]. Die lexikologische Problematik wird
u.a. in der "Einführung in die strukturelle Betrachtung des Wortschatzes" [1978: "Wortschatz"] entwickelt.

che und die Anwendung des sprachlichen Wissens. Ein deutscher
Professor, der viele Jahre im Ausland war, sagte mir einmal:

> Es ist eine unerträgliche Mode, *anschreiben* zu sagen. Offensichtlich hat
> man *anschreiben* nach *anrufen* gebildet und sagt jetzt: *Ich habe ihn ange-*
> *schrieben.* Völlig unmöglich, ich sage und schreibe das nie.

In solchen Äußerungen manifestiert sich das diachronische Bewußtsein.

In sehr viel höherem Maße sind sich die Sprecher der Diachronie
bewußt in Sprachen mit literarischer und insbesondere mit literarisch geschriebener Tradition. Es gibt kaum Gemeinschaften, in denen mündliche literarische Traditionen fehlen. In den Texten aus
diesen Traditionen, z.B. in den Volksliedern, treten gewisse Ausdrücke oder gewisse Normen auf, die sonst nicht mehr in Gebrauch
sind. Bei nur mündlichen Traditionen wäre es allerdings denkbar,
daß die Sprecher kein "echtes" diachronisches Bewußtsein haben,
sondern daß sie das Diachronische sprachstilistisch interpretieren
und auf einen bestimmten Stil, etwa den des Volksliedes, beziehen.

Wenn es jedoch eine schriftliche Tradition gibt und die Sprecher
- mindestens bis zu einem gewissen Grade - die relative Chronologie
der Texte kennen, dann wissen sie auch, daß gewisse Formen und
Normen einem älteren Sprachzustand entsprechen, und dann können sie auch solche Formen gebrauchen, um auf diesen Sprachzustand und die entsprechende Zeit anzuspielen. So kennt beispielsweise ein erwachsener Deutscher, der über eine gewisse Ausbildung
verfügt, durchaus Formen wie *ward*; vielleicht kennt er auch *so* als
Relativpronomen oder den Genitiv auf *-ens* bei Namen, die auf *s* oder
z enden, z.B. *Aristotelesens* oder *von Gabelentzens*. Er wird diese Formen nicht gebrauchen, sie aber - vielleicht mit einem Lächeln - als
ältere Formen erkennen, wenn er sie geschrieben findet oder gar
hört.

Als typisches Beispiel für die schwache Deklination erscheint in
ausländischen Lehrbüchern des Deutschen das Wort *Knabe*. In
Deutschland muß der Ausländer aber feststellen, daß das, was er als
erstes gelernt hat, mindestens in der üblichen alltäglichen Sprache
gar nicht mehr gesagt wird. Jeder Deutsche kennt aber dieses Wort
noch, auch wenn er - je nach Gegend - *Junge* oder *Bube* sagt, und
kann es unter Umständen verwenden. Mindestens in bestimmten

Fügungen ist es als ältere Form bekannt, z.B. aus Titeln wie "Des
Knaben Wunderhorn" oder aus Schriftzügen über alten Schulporta-
len wie "Knabengymnasium".

Die Sprecher kennen also diachronische Fakten und sind sich deren diachronischer Dimension bewußt. Kann man nun von diesen
Fakten sagen, daß sie nicht mehr zum Sprachgebrauch gehören?
Oder muß man vielmehr sagen, daß die Sprecher mehrere Sprachzustände kennen, insbesondere wenn neben der gesprochenen Sprache
eine geschriebene literarische Sprache besteht, die in Schule, Kirche, Theater usw. gelehrt oder gelernt wird? Wenn dies tatsächlich
der Fall ist, dann sind Ausdrücke wie

> und stand dort, da das Kindlein war

nicht einfach zeitlich überholt. Solche Ausdrücke und die ihnen entsprechenden Normen bleiben eigentlich stets präsent. Aus diesem
Grund kann manches wiederaufgenommen und wieder ins Leben
gerufen werden, was schon tot zu sein schien.

Vor allem in normativen Grammatiken des Französischen findet
man die Regel, daß *quoi* als Relativpronomen (ähnlich wie *was* im
Deutschen) nur für allgemeine Sachverhalte, nicht in ihrer Indivi-
dualität bestimmte Gegenstände verwendet werden kann, z.B.

> Il n'est *rien* à *quoi* je ne sois disposé
> (Es gibt nichts, wozu ich nicht bereit wäre),

aber nicht bei einem determinierten Substantiv oder einer determinierten Nominalgruppe:

> *une table sur quoi ... (ein Tisch, auf dem ...)

In der älteren französischen Literatursprache war es aber durchaus
noch üblich, *quoi* auch bei determinierten Nominalgruppen zu verwenden. Erst in der ersten Hälfte des 19. Jh., etwa nach Chateaubriand, setzte sich die Norm durch, *quoi* nicht mehr für das
Individuelle, sondern nur noch als eine Art allgemeines Neutrum zu
gebrauchen. Die deskriptiven und normativen Grammatiken folgten
dieser neueren Norm. Die Sprecher kennen aber immer noch den älteren Gebrauch von *quoi*, weil die Literatur mindestens von 1650 bis
Chateaubriand den meisten Franzosen durch die Schule, durch das
Theater u.a. bekannt ist. Sie können darum die ältere Form wieder

aufnehmen. In gewisser Hinsicht wissen sie gar nicht, daß die ältere Norm schon tot ist, weil sie in einer Form der Sprache vorhanden ist, die neben der gesprochenen Sprache weiter existiert und die, wie wir sagten, stets präsent ist. In der Tat kann man in der neueren französischen Literatur auch bei sprachlich besonders sorgfältigen Schriftstellern feststellen, daß der ältere Gebrauch von *quoi* in Ausdrücken wie *une table sur quoi, un livre dans quoi* wieder auflebt.

Zur Wiederaufnahme älterer Formen betrachten wir noch ein Beispiel aus dem Spanischen. Im älteren Spanisch existierte ein adjektivisches Wortbildungssuffix -*í* für Fakten und Personen, die mit dem Orient zu tun haben. Man hatte dieses Suffix schon lange für tot erklärt, weil es nicht mehr produktiv war und nur noch bei älteren Bildungen wie *marroquí* oder *alfonsí* (wegen der Verbindungen von Alfonso el Sabio mit der arabischen Welt?) auftrat. In unserem Jahrhundert ist das Suffix aber wieder ins Leben gerufen worden, weil neue Fakten, d.h. neue Völker des Orients, bekannt geworden sind. Als der Staat Israel gebildet wurde, mußten seine Bürger benannt werden. Man griff auf das Suffix -*í* zurück und nannte sie *israelíes*. Als man zu dem konstruierten Namen *Pakistan* ein Adjektiv bildete, sagte man *pakistaní*. Das Bewußtsein, daß es ein Suffix zur Bildung ''orientalischer'' Ausdrücke gibt, war durch die literarische Tradition bewahrt worden, obwohl es in der gesprochenen Sprache schon sehr lange nicht mehr produktiv war.

Die Beispiele zeigen, daß man zur aktuellen sprachlichen Kompetenz der Sprecher auch die diachronische Dimension rechnen muß. Man kann nicht sagen, daß diachronische Fakten in der Synchronie nur sprachstilistisch funktionieren und zu bestimmten Stilen oder Registern gehören. Diese Fakten sind den Sprechern nicht nur als stilistisch differenziert, sondern gerade auch als ältere Fakten bekannt. Es sind keine Fakten eines archaisierenden Stils, sondern Fakten einer diachronischen Dimension, die gerade deshalb als archaisierend funktionieren, d.h. archaisierend wirken können. Die Fakten werden nicht durch aktuelle unmittelbare Situationen determiniert, sondern - auch in der Einschätzung der Sprecher - durch die Dimension der Zeit.

Bei der Feststellung der diachronischen Dimension in der Synchronie selbst kommt es darauf an, wie die Sprecher die entspre-

chenden Fakten kennen und einschätzen. Es kommt nicht darauf an,
ob die Einschätzung der Sprecher in objektiver historischer Hinsicht
richtig oder falsch ist. Die Sprecher können sich täuschen und ältere
Fakten für neu, neuere Fakten für alt halten. Die Beschreibung hat
die aktuelle Diachronie der Sprecher zu berücksichtigen, die nicht
mit dem tatsächlichen diachronischen Prozeß übereinstimmen muß.

Bis heute gibt es keine einzige Beschreibung einer einzelsprachlichen Kompetenz, die der aktuellen Diachronie der Sprecher gebüh-
rend Rechnung trägt. In den Beschreibungen erscheinen diachronische Fakten als aktuelle Varianten, die eventuell sprachstilistisch
differenziert werden. Damit wird aber gerade das ausgeklammert,
was für die Sprecher bestimmend ist.

Außerdem geht es bei der aktuellen Diachronie nicht nur um Varianten. Es kann sich auch um funktionelle Oppositionen handeln,
die zu verschiedenen Zeiten oder in verschiedenen diachronischen
Schichten des einzelsprachlichen Wissens verschieden aussehen.
Nehmen wir ein sehr einfaches Beispiel aus dem heutigen Französisch: Auf der einen Seite gibt es eine Opposition zwischen kurzem
und langem [ɛ]; /ɛ/ und /ɛ:/ sind verschiedene Phoneme, weil
sie, z.B. in *mettre* und *maître*, verschiedene Wortformen mit verschiedener Bedeutung unterscheiden. Sehr oft, vielleicht sogar
schon in den meisten Fällen, wird diese Opposition jedoch nicht
mehr beachtet, d.h. es wird kein Unterschied mehr gemacht zwischen kurzem und langem [ɛ]. Es sind nicht verschiedene Gruppen
von Sprechern, die die Opposition von /ɛ/ und /ɛ:/ beachten oder
nicht beachten, sondern ein und derselbe Sprecher macht manchmal
den Unterschied, manchmal - in anderen Situationen - macht er ihn
aber nicht. Die Sprecher kennen die Opposition als das ältere, d.h.
als etwas, was zu einem früheren Sprachsystem gehört, aber immer
noch aktuell ist, und sie kennen die Nicht-Unterscheidung als das
neuere. Bei der Unterscheidung oder Nicht-Unterscheidung handelt
es sich nicht um fakultative Varianten, sondern um funktionelle
Fakten, die in der Synchronie der Sprecher kopräsent sind, jedoch
in zeitlicher Ordnung als etwas Älteres und etwas Neueres gelten.

Eine Beschreibung, die sich nur auf das eine oder nur auf das andere beschränkt, oder eine Beschreibung, die die beiden Fakten als
fakultative Varianten darstellt, entspricht nicht der tatsächlichen

Kompetenz der Sprecher. Denn in dieser Kompetenz sind die Fakten zusammen da, und zwar als das ältere und als das neuere. Mit "älter" meint man vielleicht auch "korrekter", und mit "neuer" meint man vielleicht auch "nachlässiger". Die weitere Einschätzung ist aber in unserem Zusammenhang völlig gleichgültig. Wichtig ist nur, daß auch schon in der synchronischen Kompetenz der Sprecher mehrere Sprachzustände mindestens teilweise nebeneinander bestehen.

Welchen Umfang die aktuelle Diachronie in der einzelsprachlichen Kompetenz besitzt, ist nicht bekannt. Wir besitzen bisher keine derartige Beschreibung, und wir verfügen auch über keine Methode, die uns sagen könnte, was ein normaler durchschnittlicher Sprecher von der Diachronie seiner Sprache weiß und was er unter Umständen anwenden könnte. In diesem Zusammenhang wäre zu untersuchen, wie die literarisch tradierte Form der Sprache die einzelsprachliche Kompetenz beeinflußt und z.B. ein Wissen über die Möglichkeit und den Gebrauch von Formen wie *ward* und *so* als Relativpronomen vermittelt.

2.4.2. Die Varietät der historischen Sprachen

Historische Sprachen sind keine einheitlichen Sprachsysteme; in ihnen sind zugleich die Dimension der Homogenität und die Dimension der Varietät gegeben. Die Beschreibung einer einzelsprachlichen Kompetenz sucht, wie wir [1.6.1.] gesehen haben, nach den Homogenitäten, nach genau abgegrenzten Sprachsystemen; sie betrachtet die Varietät als mehr oder weniger freie Variation innerhalb einer funktionellen Sprache, d.h. als eine Variation, die bei der Realisierung eines einheitlichen Sprachsystems auftritt.

Tatsächlich ist die Varietät, d.h. die innere Verschiedenheit einer Sprache und einer einzelsprachlichen Kompetenz, nicht nur Variation in der Realisierung desselben Sprachsystems, sondern auch - und sogar an erster Stelle - eine Varietät, wie sie zwischen verschiedenen historischen Sprachen festgestellt werden kann. Ja, es ist sogar möglich und keineswegs eine Ausnahme, daß die innere Varietät ein und derselben historischen Sprache einen höheren Grad aufweist als die Verschiedenheit mehrerer historischer Sprachen untereinander.

Nehmen wir als Beispiel die italienischen Mundarten. Die nord-, zentral- und süditalienischen Mundarten sowie das Sizilianische gehören alle zur historischen Sprache "Italienisch", und zwar nicht nur in der Klassifikation der Linguisten, sondern auch im Bewußtsein der meisten Sprecher. Die Verschiedenheit dieser Mundarten ist aber größer als z.B. die Verschiedenheit des Portugiesischen gegenüber dem Spanischen oder die Verschiedenheit, die man im Bereich der skandinavischen Sprachen feststellen kann, und sie ist sogar wesentlich größer als die Verschiedenheit der semitischen Sprachen untereinander.

Die Unterschiede zwischen den italienischen Mundarten sind eine empirische Tatsache, die den Sprechern dieser Sprache bekannt ist und von der sie in ihrem sprachlichen Verkehr miteinander Gebrauch machen. Ein Norditaliener, der eine norditalienische Mundart wie das Lombardische spricht, kann einen Süditaliener, der Sizilianisch spricht, nicht verstehen; beim Lukanischen oder Kalabresischen sind die Verständnisschwierigkeiten vielleicht sogar noch größer. Zwischen dem Spanischen und dem Portugiesischen ist dagegen das wechselseitige Verständnis noch mehr oder weniger gegeben (Die Portugiesen verstehen ohne große Schwierigkeiten das Spanische; umgekehrt ist das Verständnis jedoch weit weniger gut). Bis zu einem gewissen Punkt kann man sich in diesen Fällen so unterhalten, daß jeder seine eigene Sprache spricht. Ebenso ist es ohne weiteres möglich, daß ein Däne mit einem Schweden auf Dänisch spricht und ein Schwede mit einem Dänen auf Schwedisch. Dies trifft auch dann zu, wenn man von der relativen Kenntnis absieht, die die Sprecher von der jeweils anderen Sprache haben können.

Die Beispiele zeigen uns, daß die innere Verschiedenheit einer historischen Sprache eigentlich gleicher Natur ist wie die Verschiedenheit der historischen Sprachen oder wenigstens der historisch verwandten Sprachen. Die innere Verschiedenheit kann auch denselben Grad erreichen oder sogar übertreffen.

Rufen wir uns das Schema über die innere Verschiedenheit einer historischen Sprache in Erinnerung. Wir hatten eine historische Sprache als autonomes Gefüge von Traditionen charakterisiert, das historisch konstituiert ist und von ihren eigenen Sprechern und denen anderer Sprachen als solches angesehen und durch ein adjectivum proprium identifiziert wird. Wie wir sagten, bestehen in einer historischen Sprache drei Haupttypen innerer Verschiedenheit [vgl. auch oben 1.3.2.]:

1. diatopische Verschiedenheit (Verschiedenheit im Raum)
2. diastratische Verschiedenheit (Verschiedenheit in den sozial-kulturellen Schichten der Sprachgemeinschaft)
3. diaphasische Verschiedenheit (stilistische Verschiedenheit je nach den Typen von Situationen des Sprechens).

Die drei Typen der Verschiedenheit sind einander keineswegs parallel, sondern erscheinen jeweils untereinander kombiniert und haben verschiedene Grenzen.

Der Dimension der Varietät ist die Dimension der Homogenität entgegengesetzt. Diese entspricht der Tatsache, daß die Traditionen in einer historischen Sprache doch bis zu einem gewissen Punkt einheitlich sind. So lassen sich Sprachsysteme feststellen, die in dieser oder jener Hinsicht mehr oder weniger einheitlich sind, nämlich Mundarten oder Dialekte im Raum, Sprachniveaus in den sozial-kulturellen Schichten und Sprachstile je nach den Situationstypen des Sprechens.

Jede Einheit ist nur Einheit in dieser oder jener Hinsicht, aber nicht in jeder Hinsicht. Ein streng abgegrenzter Ortsdialekt z.B. ist zwar nicht räumlich differenziert, wohl aber diastratisch und diaphasisch. Ein Sprachniveau kann durchaus diatopisch und diaphasisch differenziert sein. Ein Sprachstil wie der des Sprechens in der Familie weist wiederum Varietät im Raum und in den sozial-kulturellen Schichten auf.[1]

---

1 Die Grenzen der Einheiten fallen außerdem nicht für jede sprachliche Erscheinung miteinander zusammen. Bei verschiedenen sprachlichen Fakten kann man jeweils verschiedene Grenzen der Homogenität feststellen; so können, wie die folgende Figur verdeutlicht, die Fakten A, B und C durchaus verschiedene Grenzen haben:

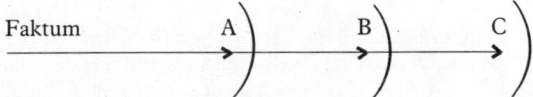

2.4.3. Gemeinsprache und Standardsprache

Die drei Dimensionen der Verschiedenheit betreffen zunächst jede
historische Sprache, d.h. auch diejenigen, die über keine Gemeinsprache verfügen. Es gibt aber kaum Sprachgemeinschaften, die,
wenn sie tatsächlich eine Gemeinschaft darstellen, nicht auch - wenigstens tendenziell - über eine Gemeinsprache verfügen.

Eine Gemeinsprache ist ein Sprachsystem, das für den gesamten
sprachlichen Verkehr der ganzen Gemeinschaft, insbesondere über
die regionale Verschiedenheit hinaus, gelten sollte. Gehen wir also
zunächst von der Verschiedenheit im Raum aus: Eine Gemeinsprache konstituiert sich, wenn ein Dialekt zur Würde einer Sprache für
die ganze Gemeinschaft erhoben wird:

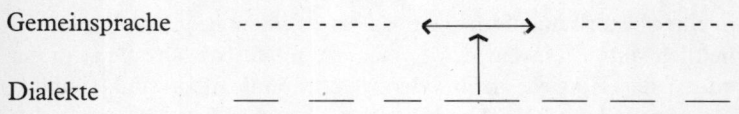

Gemeinsprache

Dialekte

Eine solche Gemeinsprache hat die Aufgaben zu übernehmen, die als
Aufgaben der ganzen Gemeinschaft angesehen werden, z.B. im Bereich des überregionalen kulturellen, politischen oder wirtschaftli-
chen Lebens. Sie gewinnt Bedeutung in dem Maße, in dem es um
Fakten geht, die tatsächlich an die ganze Gemeinschaft gerichtet
sind oder die ganze Gemeinschaft interessieren. So ist z.B. das Deutsche nicht nur die Gesamtheit der Mundarten, die man "deutsch"
nennt, sondern auch die Gemeinsprache für alle Deutschsprachigen.
In einem Titel wie "Grammatik des Deutschen" ist *deutsch* in diesem Sinne zu verstehen: Man wird unter diesem Titel keine Grammatik aller deutschen Mundarten erwarten, sondern eine Grammatik der Gemeinsprache, die die ganze deutschsprachige Gemeinschaft repräsentiert.

---

1   Es können aber auch im Gegenteil die Grenzen verschiedener Fakten zu-
     sammenfallen, was aber deren Verschiedenheit nicht aufhebt. Die Gren-
     zen, die wir in der systematischen Beschreibung annehmen, sind also
     konventionell (wenn auch nicht willkürlich).

Auch die Gemeinsprache weist wiederum innere Verschiedenheit auf, und zwar in allen drei Dimensionen. Sie wird nicht überall im Raum auf die gleiche Weise gesprochen; so weiß beispielsweise jeder, daß man auch auf der Ebene der Gemeinsprache "Deutsch" in gewissen Gegenden *Samstag* und in anderen *Sonnabend* sagt. Ebenso wird die Gemeinsprache nicht in allen sozial-kulturellen Schichten und natürlich auch nicht in allen Sprachstilen auf die gleiche Weise realisiert. Das schon diatopisch differenzierte Verb *gucken* (nord-dt. *kucken*) gehört zwar zur Gemeinsprache Deutsch; es gehört aber innerhalb der Gemeinsprache nicht zu den gleichen Sprachstilen wie das Verb *schauen*. Das gleiche gilt für so bekannte Wörter wie *klauen* und *stehlen*. Sprecher, die beide Verben gebrauchen, gebrauchen sie in verschiedenen Situationen, und auch Sprecher, die so gut wie immer nur *klauen* sagen, werden doch

der/das kann mir gestohlen bleiben

sagen und nicht *der/das kann mir geklaut bleiben*; für gewisse Ausdrücke kennen und verwenden sie also durchaus auch das andere Wort.

Innerhalb einer Gemeinsprache kann sich noch eine Gemeinsprache der Gemeinsprache bilden, d.h. eine Standardsprache oder - wie ich sage - eine e x e m p l a r i s c h e   S p r a c h e. Eine solche Sprache ist eine idealiter normierte Sprache für die ganze Gemeinschaft, die wiederum bestimmte Aufgaben zu erfüllen hat, die die ganze Gemeinschaft oder die ganze Nation betreffen. Im Falle des Deutschen wird diese Standardsprache "Hochdeutsch" genannt.

Diese Standardsprache oder exemplarische Sprache ist zwar einheitlicher als die Gemeinsprache, weil sie mit bewußter Absicht normiert wird. Gleichwohl ist sie nicht überall einheitlich, sondern kann

wiederum diatopische, diastratische und diaphasische Verschiedenheit aufweisen. Dies ist insbesondere der Fall, wenn eine Sprache als
Gemeinsprache in verschiedenen Ländern gesprochen wird. In dieser Hinsicht kann man z.B. eine Norm des Österreichischen und eine Norm der Gemeinsprache Deutsch in der Schweiz unterscheiden.
Bis zu einem gewissen Punkt bestehen bereits Unterschiede sogar
zwischen der Norm oder Exemplarität in der DDR und in der Bundesrepublik.

Wesentlich größer noch ist die innere Verschiedenheit des exemplarischen Englischen in England, in den Vereinigten Staaten und in
den anderen Ländern englischer Sprache oder die des exemplarischen Spanischen in Spanien und in Lateinamerika. Für eine Reihe
von Fakten gibt es in diesen Sprachen eine bestimmte regionale
Form der exemplarischen Sprache. Es besteht also nicht nur die primäre Differenzierung auf der Ebene der ursprünglichen Mundarten,
sondern es treten auch sekundäre Differenzierungen auf der Ebene
der Gemeinsprache und tertiäre Differenzierungen auf der Ebene
der exemplarischen Sprache auf.

Die Gemeinsprache kann die primären Mundarten verdrängen.
Im Griechischen sind alle alten Mundarten von der κοινή, d.h. der
Gemeinsprache [von griech. κοινός 'allgemein', 'gemeinsam'], ver-
drängt worden. Die neugriechischen Mundarten gehen - abgesehen
von Teilaspekten des Tsakonischen - nicht auf die alten Mundarten,
sondern auf die κοινή zurück. Theoretisch wäre es auch möglich,
daß die exemplarische Sprache die übrigen Formen der Sprache ver-
drängt und daß die Varietäten der exemplarischen Sprachen von ter-
tiären zu primären Differenzierungen werden.

Es kann aber auch - wie im Falle des Spanischen - jahrhundertelang bei der Differenzierung auf drei verschiedenen Ebenen bleiben.
In Spanien gibt es zum Teil noch die alten primären Mundarten,
nämlich das Astur-Leonesische (insbes. das Asturianische) und das
Aragonesische. Die Gemeinsprache, die sich auf der Grundlage des
Kastilischen entwickelt hat, ist in sich differenziert. So ist das Anda-
lusische keine primäre Mundart, sondern eine sekundäre Mundart
des Spanischen als Gemeinsprache, und alle Formen des Amerika-
nisch-Spanischen gehen nicht auf die primären Mundarten zurück,
sondern auf die Gemeinsprache Spanisch, d.h. es sind sekundäre

Mundarten. Oberhalb der Differenzierung der Gemeinsprache existieren verschiedene Formen eines exemplarischen Spanisch, eines Standard-Spanisch (und somit tertiäre Mundarten). Weil die exemplarische Sprache in den verschiedenen Ländern und Gegenden eine innere Verschiedenheit aufweist, gibt es schon Bestrebungen nach einer noch höheren Einheit der Sprache in Spanien und in Lateinamerika: nach einer "panhispanischen" Exemplarität.

Die Unterschiede zwischen den Varietäten der exemplarischen Sprache sind in diesem Fall nicht gering. Sie betreffen nicht nur den Wortschatz, sondern auch das phonologische System und zum Teil die Grammatik. Trotz dieser Differenziertheit ist natürlich die Verständigung ohne weiteres möglich. Ein Uruguayer oder ein Argentinier kann in Spanien auch an Universitäten Vorträge halten und wird ohne Schwierigkeit verstanden, obwohl er das "Río-de-la-Plata"-Spanische verwendet, das ein anderes phonologisches System aufweist als das Spanische in Spanien.

Wir können uns hier auf das beschränken, was wir nur sehr schematisch über die verschiedenen Arten der innersprachlichen Varietät in einer historischen Sprache gesagt haben. Bevor wir uns jedoch der Frage zuwenden, wie es mit der Kompetenz der Sprecher gegenüber dieser Varietät steht, soll noch etwas zum Funktionieren der syntopischen, synstratischen und synphasischen Einheiten in der Sprachgemeinschaft gesagt werden.

2.4.4. Das Funktionieren der Dialekte, Sprachniveaus und Sprachstile in der Sprachgemeinschaft

Überall gibt es, wie wir sagten, Varietät und Homogenität in den historischen Sprachen. Auf der einen Seite gibt es die Differenzierung; in umgekehrter Richtung gibt es aber Kristallisierungen von Traditionen, d.h. in der einen oder anderen Hinsicht mehr oder weniger einheitliche Sprachen bzw. Sprachsysteme innerhalb einer historischen Sprache. Solche einheitlichen funktionellen Sprachen sind, wie gesagt, Dialekt, Niveau und Sprachstil.

Die Begriffe "Dialekt", "Niveau" und "Sprachstil" sind zugleich auch relationelle Begriffe. Es geht nämlich jeweils darum, wie die syntopischen, synstratischen und synphasischen Einheiten in der

Sprachgemeinschaft funktionieren. Etwas, was z.B. als spezifisch
für sozial-kulturelle Schichten funktioniert, ist in dieser Hinsicht
ein Niveau. Das gleiche kann aber natürlich auch durch die Bestimmung im Raum eine Mundart sein. Mit anderen Worten: Eine
Mundart kann in einer bestimmten Sektion der Gemeinschaft als
Sprachniveau funktionieren. Ebenso kann eine Mundart als Sprachstil oder als Gefüge von Sprachstilen, d.h. als Register funktionieren. Denn auch der Begriff "Sprachstil" ist wiederum nur dadurch
bestimmt, daß die entsprechende Einheit für bestimmte Typen von
Situationen verwendet wird.

Es gibt beim Funktionieren der drei Arten von Einheiten eine ra-
tionale Reihenfolge. Ein Dialekt kann als Sprachniveau und ein
Sprachniveau als Sprachstil funktionieren (nicht aber umgekehrt):

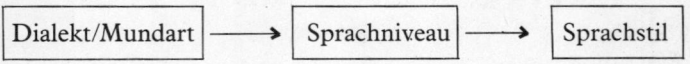

Ein Dialekt funktioniert als Sprachniveau, wenn die Mundart in einer Gegend für eine bestimmte sozial-kulturelle Schicht charakteristisch ist. Diese Schicht muß nicht unbedingt die sog. niedere
Schicht sein. Es kann auch sein, daß gerade die in kultureller, sozialer oder wirtschaftlicher Hinsicht höchste Schicht anstelle der Gemeinsprache die Mundart verwendet. In Norditalien (z.B. in Mailand und in anderen Großstädten) ist es zum Teil tatsächlich so, daß
die Adligen und das "Volk" im üblichen Sinne die Mundart kennen
und sprechen, die mittlere Schicht in den Großstädten dagegen weitgehend nur die Gemeinsprache gebraucht. Die Mundart ist hier sozusagen ein Anzeichen für die Ortsansässigen bzw. die Traditio-
nalisten, d.h. für die, die nicht aus anderen Gegenden Italiens
kommen.

Ein Sprachniveau kann seinerseits als Sprachstil funktionieren. So
funktioniert beispielsweise in Frankreich das "français populaire"
als familiärer Stil, und zwar auch bei der sozial-kulturellen Schicht,
die sonst das "français populaire" nicht spricht. Ebenso kann ein
Dialekt, gemäß der angegebenen Reihenfolge, als Sprachstil funktionieren.

Auch die Gemeinsprache oder die Standardsprache kann in einer Gemeinschaft als Sprachniveau funktionieren. So kann man z.B. in Deutschland immer wieder feststellen, daß eine sozial-kulturelle Schicht nur die Gemeinsprache gut kennt und die lokale Mundart überhaupt nicht, nur wenig oder nur passiv beherrscht. Ebenso kann die Gemeinsprache auch als Sprachstil oder als Register, als Gefüge von verschiedenen Sprachstilen, funktionieren. Gerade dies ist für das Schwabenland charakteristisch, wo sogar die Sprecher, die normalerweise Mundart sprechen, für bestimmte Sprachstile die Gemeinsprache Deutsch in verschiedenen Formen verwenden. Sie übersetzen beispielsweise beim Sprachverkehr mit Personen, die die lokale Mundart nicht kennen, wenigstens das ins Deutsche, von dem sie annehmen, daß es dem anderen Schwierigkeiten bereiten kann - was natürlich nicht immer notwendigerweise der Fall ist. *Noi* ist gar nicht so unverständlich; viele Sprecher fügen aber gleich noch ein *Nein* hinzu.

Sogar andere historische Sprachen oder Formen anderer historischer Sprachen können wiederum als Sprachniveau oder als Sprachstil bzw. Register funktionieren. Als Sprachniveau funktioniert eine andere historische Sprache z.B. in den mehrsprachigen Gemeinschaften, in denen eine sozial-kulturelle Schicht die Gemeinsprache des Landes oder Staates kennt oder sogar ausschließlich spricht. Dies ist (oder war bis vor kurzem) weitgehend der Fall in den okzitanischen Gebieten Frankreichs oder in den baskischsprechenden Gegenden Spaniens.

Die "andere" historische Sprache funktioniert als Sprachstil, wenn sie für bestimmte Situationen oder Typen von Situationen verwendet wird. Solche Verhältnisse sind charakteristisch bei den Immigranten-Gemeinschaften in den Vereinigten Staaten oder - zum Teil wenigstens - Kanadas. Die Sprache der Immigranten bleibt für eine Reihe von Situationen noch erhalten, z.B. für die Familie oder die kleine Gemeinde, für andere Typen von Situationen dagegen wird das Englische verwendet. Vergleichbares gab es auch vom Mittelalter bis in die Neuzeit in Europa, solange das Lateinische als Sprache für bestimmte Sprachstile galt, d.h. als Sprache der Kirche und als Sprache der Wissenschaft (oder wenigstens dieser oder jener Wissenschaft).

In diesem Bereich ist die Reihenfolge noch klarer gerichtet. Die
"andere" Sprache funktioniert als Sprachniveau und als Sprachstil, aber nicht umgekehrt. Es wäre z.B. nicht möglich, daß ein
Sprachstil als Fremdsprache funktioniert.

Wir haben uns nun einen Überblick verschafft über die Strukturierung der Sprache in der Gemeinschaft. Diese Strukturierung ist
eine äußere Strukturierung, weil sie die Gestaltung der Verhältnisse
zwischen verschiedenen Sprachsystemen in einer Gemeinschaft betrifft. Wir nennen sie die A r c h i t e k t u r der Sprache. Nach
diesem Exkurs können wir uns wieder unserem eigentlichen Thema
zuwenden und fragen, wie es gegenüber dieser Gestaltung der
Sprachsysteme in einer Gemeinschaft mit der sprachlichen Kompetenz steht.

2.4.5. Einzelsprachliche Kompetenz und Architektur der Sprache

In den üblichen und normalen Sprachgemeinschaften gibt es
höchstwahrscheinlich keinen einzigen Sprecher, der nur eine einzige
funktionelle Sprache, d.h. nur ein einziges Sprachsystem kennt. Ein
solcher Fall könnte nur in völlig isolierten und sozial-kulturell vollkommen einheitlichen Gemeinschaften auftreten. Jeder Sprecher
kennt, wenn auch in verschiedenem Ausmaß, verschiedene Sprachsysteme innerhalb seiner eigenen (historischen) Sprache, zum Teil
auch einiges von verschiedenen Fremdsprachen.

Wir beginnen mit der Kenntnis von Fremdsprachen. Sogar der
übliche Sprecher, der kein Fremdsprachenkenner ist, besitzt aufgrund der Traditionen seiner eigenen Gemeinschaft eine gewisse
Kenntnis von anderen Sprachen, auch wenn diese Kenntnis nur sehr
relativ und vage ist und mit den tatsächlichen Fakten der gemeinten
Fremdsprache oft nicht übereinstimmt.

In der deutschen Sprachgemeinschaft sind z.B. Ausdrücke wie

    uno momento
    dalli dalli

sicherlich den meisten Sprechern bekannt; letzteres ist sogar schon
zu einem Bestandteil der deutschen Sprache geworden. *Uno momento* wird wahrscheinlich für Italienisch gehalten; tatsächlich sagt
man aber im Italienischen *un momento*. *Dalli dalli* ist dem italieni-

schen *dagli, dagli* ('los'!) nachgebildet, fällt aber nicht mit der italienischen Form zusammen.

Fast jeder Erwachsene in Deutschland, der das Italienische eben nicht kennt, verwendet beim Gebrauch von *signor* eine Regel, nach der vor Titeln und Eigennamen ein *-e* hinzutritt, bei isoliertem Gebrauch aber nicht:

> Signor!
> Signore Professore, Signore Rossi, Signore Bianchi

Man hört diese Gebrauchsweise immer wieder in Filmen. Tatsächlich ist es aber im Italienischen gerade umgekehrt. Man sagt dort *Signor Rossi*, aber *Signore*, wenn der Ausdruck allein steht.

Für sehr viele Deutsche gilt die Form *Júan* als spanischer Name, den man immer wieder im Fernsehen hört. Die spanische Aussprache ist aber nicht *Júan*, sondern *Juán*. Ebenso besitzen sehr viele Deutsche eine vage Kenntnis von der Aussprache der Diphthonge im Italienischen. Sie wissen, daß die Diphthonge keine Verschmelzung der beiden Vokale aufweisen, sondern mit verhältnismäßig klarer Artikulation beider Vokale ausgesprochen werden. Darum sagt man, wenn man das Italienische nachahmt, *a-uto* oder *bi-ondo* oder *bella bi-onda*. Viele haben sicher schon einmal im Fernsehen das italienische Lied von Deutschen gesungen gehört:

> Bella bi-onda, bella bi-onda ...

Im Italienischen sagt man aber nicht so, sondern *aŭto* und *bĭonda*.

Man braucht slawische Sprachen nicht tatsächlich zu kennen, um zu wissen, daß *-ski* und *-tzki* sehr oft als Endungen auftreten. Will man slawische Sprachen nachahmen, so braucht man nur diese Endungen an deutsche Wörter anzuhängen. In der *Textlinguistik* zitieren wir ein Lied von Reinhard Mey, in dem dieses Mittel verwendet wird [1980: *Textlinguistik*, 75]:

> Wchny suschna, nix ersatzki?
> Fred Kasulzke protestatzki!

Diese vage Kenntnis anderer Sprachen findet man in jeder Sprachgemeinschaft, besonders aber in Europa, wo es häufige Kontakte zwischen den verschiedenen Sprachgemeinschaften gibt, so daß sich Traditionen der Nachahmung durchsetzen können. So ist z.B. in

Italien die Auffassung über das Deutsche verbreitet, daß die Wörter
auf *-ieren* und *-en* enden. Will man scherzhaft das Deutsche nachahmen, so sagt man *molten libren* für *viele Bücher* oder *scoccieren*
von dem familiären *scocciare* für *stören*. Es gibt noch andere Fakten zur Fremdsprachenkenntnis des üblichen Sprechers; die genannten scheinen aber ganz besonders allgemein bekannt zu sein.

Wenn die Kenntnis anderer Sprachsysteme schon für die Fremdsprachen festzustellen ist, so gilt sie natürlich in noch sehr viel höherem Ausmaß für die Sprachsysteme innerhalb einer historischen
Sprache. Jeder Sprecher gehört zu mehreren Sprachgemeinschaften
verschiedenen Umfangs, die sich auch in räumlicher Hinsicht oder
in ihrem Kohäsionsgrad unterscheiden. So kennt der Sprecher z.B.
seine unmittelbare lokale Mundart, die gemeinsame Mundart einer
Gegend, vielleicht auch noch eine "höhere" überregionale Mundart sowie die Gemeinsprache, die auch Sprecher anderer Mundarten
oder gar anderer Sprachen anwenden. Dies ist gerade im Schwabenland der Fall, wo es verschiedene Stufen des Schwäbischen gibt.[1]

Ähnliche Verhältnisse finden wir im italienischen Veneto. Auch
hier gibt es eine Reihe von Stufen bis hin zu einer Art Gemeinsprache für das ganze Veneto. Diese Gemeinsprache entspricht nicht der
lokalen Mundart von Venedig, sondern weist Formen auf, die als
Traditionen größerer Gegenden gelten.

Die diatopische Varietät kann sogar für die geschriebene literarische Sprache gelten. Das berühmteste Beispiel ist das alte Griechen-
land, wo für verschiedene literarische Gattungen verschiedene
Mundarten in Gebrauch waren. Man muß annehmen, daß sowohl
die Autoren als auch die Adressaten über ihre eigene lokale Mund-

---

1   Viele schwäbische Sprecher besitzen eine aktive Kenntnis auch der dia-
    topischen Varietät. Ich konnte das z.B. bei meinen früheren Mitarbei-
    tern feststellen, die gerade aus dieser Gegend stammten. Wenn ein
    Assistent mit seiner Familie am Telefon sprach, dann gebrauchte er eine
    ganz besondere Art des Schwäbischen. Mit seinen Kollegen sprach er
    gleichfalls schwäbisch; es war aber anders, schon eine Art gemeinsames
    Schwäbisch. Wenn er nicht genau wußte, ob der andere auch Schwabe
    aus der gleichen Region war, dann sprach er hochschwäbisch, d.h. er
    verwendete Honoratiorenschwäbisch. Wenn ich nicht verstehen konnte,
    dann fragte ich "Was haben Sie gesagt?" und erhielt die Antwort auf
    deutsch.

art hinaus auch die anderen Mundarten kannten. Für die lyrische Dichtung hatte man die äolische Mundart zu verwenden, wenn auch sicherlich nicht genau in der Form einer äolischen Gegend, sondern in einer traditionellen Form für diese Gattung. Für die chorale Dichtung und für den Chor - vor allem in der Tragödie - galt das Dorische in einer bestimmten Tradition, das wohl kaum mit dem einer bestimmten Polis, z.B. Spartas, übereinstimmte. Das Theater war in erster Linie attisch; wenn man aber auch die Theaterstücke in Athen auf attisch schrieb, so verfaßte man doch die Chorpartien auf dorisch, d.h. in der für die Chordichtung überlieferten Form. Für die epische Dichtung und darüber hinaus für alles, was in Hexametern verfaßt wurde, mochte es auch lehrhaft oder wissenschaftlich sein, galt der Dialekt Homers. Bis in die byzantinische Zeit griff man zum homerischen Dialekt, wenn man auch nur eine Zeile in der epischen Gattung oder als Hexameter verfaßte.

Unsere Beispiele zeigen, daß sehr viele Sprecher verschiedene Mundarten mindestens bis zu einem gewissen Punkt kennen, daß sie zumindest einiges von anderen Mundarten verstehen und daß sie diese - wenn auch oft nur zum Teil - verwenden und nachahmen können.

In Deutschland glaubt beispielsweise jeder, daß [g] vor Vokal in Berlin als [j] gesprochen wird. Das ist zwar so nicht richtig, wird aber vor allem mit Berlin assoziiert. Wenn man das Berlinerische nachahmen will, dann sagt man eben *jeben* und *jab* für *geben* und *gab*.

Für manche Texte ist es schon fast eine Norm, eine bestimmte Mundart zu verwenden. In der deutschen Sprachgemeinschaft gilt dies vor allem für das Erzählen von Witzen und betrifft vor allem ihre Pointe. So sagt man z.B.:

> Das muß ich schon auf bairisch sagen, sonst versteht man den Witz nicht.

Ich würde wahrscheinlich leichter einen Witz verstehen, wenn man die Pointe nicht auf baierisch bringen würde. Es ist aber eine Tradition in Deutschland, daß Witze oder wenigstens ihre Pointe in einer bestimmten Mundart erzählt werden müssen. Oft ist dies natürlich

auch unmittelbar sprachlich motiviert, z.B. wenn es um Wortspiele
geht, die gerade nur in dieser oder jener Mundart möglich sind.

Der normale Sprecher spricht zwar an erster Stelle eine bestimmte
funktionelle Sprache. Wie wir gesehen haben, besitzt er aber mehr
oder weniger ausgeprägte Kenntnisse diatopischer Varietäten seiner
historischen Sprache und darüber hinaus gewisse, wenn auch vage
Kenntnisse anderer historischer Sprachen. Das gleiche gilt natürlich
auch für die diastratische und die diaphasische Dimension der
sprachlichen Varietät. Es ist anzunehmen, daß alle Sprecher ein
mindestens passives, unter Umständen aber aktivierbares Wissen
über andere Sprachniveaus als ihr eigenes haben. Aus der Definition
des Sprachstils folgt bereits, daß jeder Sprecher für verschiedene Situationen mehrere Sprachstile kennt und verwendet.

Die Kenntnis anderer Sprachsysteme kann durchaus ein richtiges
Wissen sein. Oft ist es aber nur ein annäherndes Wissen, das zur
Entstehung von hybriden Sprachen und Mundarten und von Nach-
ahmungsmundarten führen kann.

Die Verständigung erfolgt nicht, wie behauptet wurde, durch den
"common core" (gemeinsamen Kern) allein, d.h. durch das, was
zwei (oder mehr) verschiedenen Systemen gemeinsam ist:

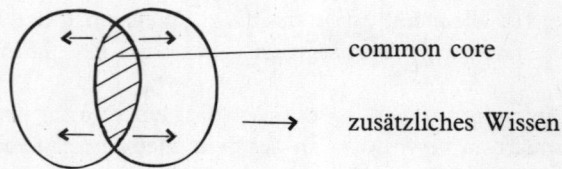

Sie erfolgt darüber hinaus durch die - mindestens passive - Kenntnis
des anderen Systems und außerdem durch die Determinierung des
Sprechens im Kontext und in der Situation.

Was nur einem von mehreren Systemen angehört und dem Hörer
unbekannt ist, wird nicht verstanden. Dies zeigt sich vor allem im
Wortschatz. Verwendet jemand das uruguayisch-spanische Wort *ca-
nilla* 'Wasserhahn' in Spanien, so wird er nicht verstanden, weil man
dort *grifo* hat, und verwendet er *guampa* 'Horn', so stößt er schon
in Buenos Aires auf Unverständnis.

Die Differenziertheit der einzelsprachlichen Kompetenz wirft erhebliche methodische Probleme bei ihrer Beschreibung auf. Einige dieser Probleme wollen wir im folgenden diskutieren.

2.4.6. Probleme bei der Beschreibung einer einzelsprachlichen Kompetenz

Die Varietät der Sprachen manifestiert sich, wie wir gesehen haben, auch in der einzelsprachlichen Kompetenz der normalen Sprecher einer Sprache. Wir haben uns zu fragen, wie das tatsächliche sprachliche Wissen eines solchen Sprechers auf der einzelsprachlichen Ebene beschrieben werden kann.

Es besteht kein Zweifel darüber, daß wir die Sprachsysteme grammatisch, d.h. auch systematisch, in ihrer Struktur zu beschreiben haben. Wir müssen jeweils funktionelle Sprachen beschreiben, weil die sprachlichen Strukturen oder die sprachlichen Regeln - in dieser Hinsicht wollen wir uns hier noch nicht festlegen - jeweils innerhalb eines homogenen Sprachsystems funktionieren und weil wir nur für die Beschreibung solcher Sprachsysteme über mehr oder weniger strenge Methoden verfügen.

Genügt die Beschreibung funktioneller Sprachen aber, um das sprachliche Wissen eines Sprechers auf der historischen, d.h. der einzelsprachlichen Ebene zu beschreiben? Kann man so diesem Wissen gerecht werden?

Man könnte diese Frage mit "Ja" beantworten. Denn wenn der Sprecher über die Kenntnis seiner ersten funktionellen Sprache hinaus einiges mehr innerhalb seiner historischen Sprache weiß, so befindet sich das gesamte idiomatische Wissen des Sprechers doch innerhalb der Gesamtheit der funktionellen Sprachen, die man in einer historischen Sprache unterscheiden und abgrenzen kann. Man müßte nur alle tatsächlichen funktionellen Sprachen jeweils getrennt beschreiben, um das idiomatische Wissen eines jeden Sprechers innerhalb dieser Gesamtheit zu finden. Hätten wir alle möglichen funktionellen Sprachen beschrieben, so würden wir in dieser oder jener Beschreibung auf jeden Fall finden, was die Sprecher intuitiv wissen.

Ein solches Vorgehen würde jedoch zunächst einmal zu riesigen empirischen Schwierigkeiten führen, weil die Beschreibung tatsächlich aller funktionellen Sprachen in einer komplexen historischen Sprache wohl kaum zu leisten ist. Doch selbst wenn dies gelänge, so würde es uns doch nicht näher an das Ziel bringen, gerade das zu beschreiben, was e i n Sprecher weiß.

Einerseits gibt es mit Sicherheit innerhalb einer komplexen Sprache auch funktionelle Sprachen, die nicht alle Sprecher dieser Sprache kennen. Manche Mundarten könnten im ganzen den Sprechern anderer Mundarten unbekannt sein. Das gleiche gilt für die Sprachniveaus, die wir hier mit den Mundarten zusammennehmen. Zum anderen hätten wir immer noch nicht gerade das abgegrenzt, was die Sprecher von anderen Mundarten wissen. Vielleicht kann man die Lage in dem folgenden Schema darstellen:

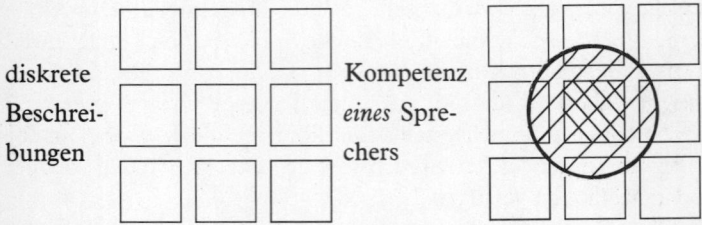

diskrete Beschreibungen — Kompetenz *eines* Sprechers

Wenn wir mehrere Beschreibungen machen, haben wir auf jeden Fall ein Nebeneinander von getrennten oder, wie man sagt, diskreten Beschreibungen. Im sprachlichen Wissen sind dagegen die Kenntnisse, die ein Sprecher auch von anderen Mundarten hat, nicht getrennt. Sie sind in seine Kompetenz integriert und bestehen als Parallelmöglichkeiten zu seiner "Hauptmundart". Beim Sprecher besteht gerade nicht ein Nebeneinander, sondern eher ein Übereinander.

Die Elemente, die man bei jeder Beschreibung einer funktionellen Sprache erfaßt, sind in diese Sprache integriert, d.h. sie hängen grundsätzlich mit allen übrigen Elementen dieser Sprache zusammen. Was aber der Sprecher einer funktionellen Sprache von anderen funktionellen Sprachen weiß, hängt nur lose mit den übrigen Elementen des jeweils anderen Sprachsystems zusammen, die diesem Sprecher vielleicht gar nicht bekannt sind.

Die getrennte Beschreibung der jeweiligen Sprachsysteme kann außerdem nicht abgrenzen, was die Sprecher anderer Mundarten von der jeweils beschriebenen Mundart wissen. Wenn die Mundart, die in unserem Schema in der Mitte steht, die Hauptmundart des Sprechers ist, so kann man im Normalfall annehmen, daß er auch einiges von den anderen Mundarten weiß, wie durch die Schraffur angedeutet ist.

Nehmen wir ein Beispiel aus einer sprachlichen Situation, die uns verhältnismäßig gut bekannt ist: In Italien haben die neapolitanischen Lieder und das neapolitanische Theater, das in den vergangenen Jahrzehnten das wichtigste volkstümliche Theater war, überall die Kenntnis von Elementen der neapolitanischen Mundart verbreitet. Unabhängig von seiner Mundart weiß jeder Italiener z.B., daß *capa* im Neapolitanischen 'Kopf' bedeutet, weil er das Lied

Come mme pesa sta capa a mme ...

kennt. Aus dem berühmten Lied "Funiculí funiculá" weiß er, daß *'n coppa* 'auf/hinauf' und daß *iammə* 'gehen wir' bedeutet, weil es darin heißt

iammə, iammə 'n coppa ia ...

Der Sprecher kennt aber nur die einzelne Form und nicht das ganze Paradigma des Verbs. *Iammə* ist für ihn nur eine Parallele zu *andiamo* bzw. eine weitere Möglichkeit nur an dieser Stelle des Paradigmas, wenn er sonst das Toskanische oder die Gemeinsprache spricht. Wie die Neapolitaner das Verb flektieren, das weiß der Sprecher einer anderen Mundart überhaupt nicht. Beschreiben wir nun die neapolitanische Mundart, so haben wir das partielle Wissen der anderen Sprecher überhaupt nicht abgegrenzt noch seinen Status berücksichtigt. Es steht zwar irgendwo in der Beschreibung der neapolitanischen Mundart, aber diese Beschreibung ist nicht zugleich auch eine Beschreibung der Elemente dieser Mundart, die auch zum sprachlichen Wissen anderer Sprecher gehören.

Wir haben bisher angenommen, daß das Wissen über andere Mundarten wenigstens ein richtiges Wissen ist. Tatsächlich ist dies jedoch fast nie der Fall. Andere Italiener würden wahrscheinlich *iamme* statt *iammə* und *capa* (wie es üblicherweise geschrieben wird) für *capə* (wie dies tatsächlich gesprochen wird) oder in allen Fällen *capë* sagen und so die tatsächliche neapolitanische Aussprache verfehlen. Aber selbst wenn das Wissen richtig ist, so ist es doch nur partiell. Meist entspricht das Wissen, das die Sprecher einer Mundart von einer anderen haben, keiner wirklichen Mundart, und darum könnten wir wahrscheinlich dieses Wissen auch in einer vollständigen Beschreibung nicht finden.

Nehmen wir zunächst ein sehr einfaches Beispiel aus dem Französischen. Für *Ich weiß es nicht* findet man in französischen Texten neben der Standardform auch eine Form, die das gesprochene volkstümliche Französisch nachahmt:

> Je ne sais pas
> J'sais pas

Die zweite Form entspricht aber keiner realen Form des Gesprochenen. Denn wenn die Sprecher die geschriebene Sprache realisieren, dann verwenden sie die normierte Sprache. Versuchen sie aber, die zweite Form zu realisieren, dann erhalten sie so etwas wie [ž' sɛ pạ], wobei das [ž] anstelle von [š] wiederum keiner realen Mundart entspricht (volkstümlich ist (šsɛ pa]). Der Unterschied betrifft in diesem Fall ein Sprachregister; das *j'sais pas* (wo *j* für [ž] steht) ist also nicht die tatsächliche Form im anderen Sprachregister, sondern nur eine Form der Nachahmung, d.h. eine hybride Form. Das Mündliche wird im Schriftlichen nachgeahmt; die schriftliche Form entspricht aber nicht der tatsächlichen mündlichen Form, sondern stellt eine dritte Möglichkeit dar.

Um das Problem an einem komplexeren Beispiel aufzuzeigen, kommen wir wieder auf die Situation in Italien zurück. Das Toskanische und insbesondere das Florentinische wird oft von Sprechern anderer Mundarten nachgeahmt; wir haben in verschiedenen Schriften schon darauf hingewiesen [vgl. 1980: *Textlinguistik*, 78-79]. Im Florentinischen gibt es nun eine Erscheinung, die "gorgia toscana" heißt. Sie besteht darin, daß die einfachen (nicht geminierten) stimmlosen Verschlußlaute, genauer die entsprechenden Phoneme, in intervokalischer Stellung frikativ ausgesprochen werden. Dies ist besonders auffallend beim /k/, gilt aber auch für /p/ und /t/. So wird beispielsweise *la casa* geschrieben aber [la hasa] gesprochen. Den

Nicht-Florentinern, d.h. den anderen Italienern, ist das natürlich aufgefallen. Sie wissen aber überhaupt nicht, nach welchen Regeln die frikative Aussprache der stimmlosen Verschlußlaute vorgenommen wird. So beachten sie nicht, daß die Regel nur die einfachen Verschlußlaute in intervokalischer Stellung betrifft und daß unter bestimmten Bedingungen, z.B. nach der Präposition *a*, eine Verstärkung (Verdoppelung) von Konsonanten im Anlaut ("rafforzamento initiale") stattfindet. Sie nehmen darum an, daß die Florentiner immer /k/ als /h/ aussprechen, und sagen, wenn sie Florentiner nachahmen, nicht nur [la hasa], sondern auch [il hane], [toshana] oder [a hasa], was den Florentinern selbst - die [il kane] oder [ikkane], [toskana] und [akkasa] sagen - nie in den Sinn käme. In der Nachahmungsform einer Sprache wird also auch Nicht-Existierendes, ja sogar in dieser Sprache Unmögliches realisiert.

Man könnte hier einwenden, daß diese Nachahmungsformen Unsinn seien und ein schlichter Irrtum der Sprecher, weil solche Formen keiner Tradition entsprechen. So schnell und einfach darf man aber das Problem nicht lösen. Es stimmt zwar, daß diese Formen kein Florentinisch sind. Für die Sprecher anderer Mundarten gibt es aber schon eine Tradition des Pseudo-Florentinischen. Auch die Pseudo-Florentinität müßte also beschrieben werden, wenn wir die Kompetenz eines Sprechers angemessen erfassen wollen. Wenn wir beispielsweise in Venedig oder anderswo dieses [h] hören, dann müßten wir wissen, daß dadurch das Florentinische - oder genauer das, was die Sprecher irrtümlich für Florentinisch halten - nachgeahmt wird. Auch dies gehört zum sprachlichen Wissen. Wir würden es aber in keiner der diskreten Beschreibungen der funktionellen Sprachen finden können, weil es als Nachahmungsform im Verhältnis zweier Mundarten eine dritte Möglichkeit darstellt.

Als Tatsache ist also festzuhalten, daß wir bis heute über keine geeignete Methode verfügen, um die Varietät der idiomatischen sprachlichen Kompetenz eines Sprechers zu beschreiben und um den Status anzugeben, der den Elementen aus den Varietäten in der Kompetenz tatsächlich zukommt. Man kann allenfalls Vorschläge machen, wie man dies tun könnte. Zunächst müßte man aber wissen, was ein mittlerer, mehr oder weniger typischer Sprecher einer historischen Sprache von den übrigen Mundarten, die er nicht spricht, normalerweise kennt und unter welchen Umständen er diese Kenntnis aktivieren kann, und sei es nur als Nachahmung in der geschilderten Weise.

Die Varietäten bringen nicht nur Beschreibungsprobleme mit sich, sondern bilden auch die allergrößte Schwierigkeit bei der tatsächlichen Erlernung von Fremdsprachen. Man lernt immer eine bestimmte Form der Sprache, und es ist durchaus nicht ausgeschlossen, daß man sie vollkommen lernt. Man lernt aber eben nicht die tatsächliche einzelsprachliche Kompetenz eines normalen Sprechers der anderen Sprache, der gerade nicht nur diese Sprache - vielleicht auch weniger vollkommen als wir - beherrscht, sondern auch Teile anderer Sprachsysteme innerhalb seiner historischen Sprache kennt. Wenigstens auf der Ebene der angewandten Sprachwissenschaft und des Sprachunterrichts müßte man versuchen, in den Beschreibungen darauf hinzuweisen, was einem normalen Sprecher der Sprache, die Gegenstand des Unterrichts ist, über die Varietät seiner Sprache bekannt ist und in welchen Typen von Situationen er dieses Wissen anwenden kann.

2.5.   Die Textkompetenz (Das expressive Wissen)

2.5.0. Fragestellung

Wir haben, als wir die verschiedenen Ebenen des sprachlichen Wissens abgrenzten, im voraus behauptet, daß es auch für die Strukturierung von Texten eine besondere Kompetenz gibt, die gegenüber den anderen Formen des sprachlichen Wissens autonom ist. Es ist nun unsere Aufgabe, diese Behauptung zu begründen und aufzuzeigen, worin dieses expressive Wissen besteht.

Zunächst wird festzuhalten sein, daß sich das expressive Wissen auf die allgemeinen Determinationen des Sprechens bezieht, d.h. auf den Sprecher, den Adressaten, den Gegenstand und die Situation, und daß es jeweils Normen gibt, die diese Determinationen betreffen. Es wird uns nicht leicht fallen, hier Beispiele anzuführen, und zwar nicht deshalb, weil wir diese Normen nicht hätten identifizieren können, sondern vielmehr deshalb, weil der Bereich dieser

Normen sehr umfassend ist und weil die Normen selbst sehr verschiedener Natur sind. Beim Sprechen im allgemeinen konnten wir,
obwohl wir die Normen dort noch nicht im einzelnen identifiziert
haben, doch leicht sagen, daß es um die allgemeinen Prinzipien des
Denkens und um die allgemeine Kenntnis der Sachen geht. Das expressive Wissen ist dagegen enorm verschiedenartig, und die entsprechenden Normen sind von ganz unterschiedlicher Verbindlich-
keit. Sie reichen von den ganz allgemeinen Normen für die verschiedenen Arten des Sprechens über präzisere Normen für Textsorten
bis hin zu den sehr präzisen Normen für die Strukturierung bestimmter traditionell fixierter Textformen.

Wir werden uns außerdem mit der Frage beschäftigen, ob die
Textkompetenz autonom ist. Um hier eine Antwort zu finden, müssen wir unterscheiden zwischen dem, was in Texten einzelsprachlich
strukturiert wird, und dem, was die Textstrukturierung in jeder
Sprache, in mehreren Sprachen zugleich oder in Gemeinschaften betrifft, die keineswegs Sprachgemeinschaften entsprechen.

Auch das Problem der Aufhebung werden wir wieder aufgreifen.
Bei der Untersuchung der allgemein-sprachlichen Kompetenz waren
wir der Frage nachgegangen, wie die Inkongruenz durch die Einzelsprachen und durch den Text aufgehoben werden kann. Hier ist
noch nachzutragen, daß es auch eine Aufhebung der idiomatischen,
d.h. der einzelsprachlichen Inkorrektheit im Text gibt und daß sich
mehrere Arten dieser Aufhebung unterscheiden lassen. Die Angemessenheit wird als das allererste Kriterium für Texte aufgewiesen,
weil unter diesem Gesichtspunkt sowohl allgemein-sprachliche als
auch einzelsprachliche Normen aufgehoben werden können.

Zuletzt werden wir darauf hinweisen, daß die Texte auch einen besonderen und autonomen Inhalt haben. Wir führen für diesen Inhalt
den Terminus ''Sinn'' ein und stellen ihn der ''Bezeichnung'' auf
der allgemein-sprachlichen und der ''Bedeutung'' auf der einzelsprachlichen Ebene gegenüber.

2.5.1. Die allgemeinen Determinationen des individuellen Sprechens

Das individuelle Sprechen, d.h. das Sprechen, insofern es Texte erzeugt, wird immer durch vier Faktoren determiniert:
(1) Der Sprecher
Es ist immer ein Sprecher da, der den Normen des Diskurses folgt und in dessen Sprechen diese Normen festzustellen sind.
(2) Der Adressat
Es gibt immer einen Adressaten des Sprechens. Auch ein geschriebener Text ist an eine andere Person oder eine Kategorie von Personen gerichtet, und auch er bietet Möglichkeiten, sich an diesen Adressaten zu wenden, indem man ihn z.B. *lieber Leser* nennt. Es gibt Normen darüber, wie man mit bestimmten Kategorien von Personen spricht, z.B. mit Kindern, mit Frauen oder mit älteren Menschen.
(3) Der Gegenstand
Das Sprechen hat einen Gegenstand, nämlich das, worüber man spricht. Es gibt Normen, wie man über bestimmte Sachen spricht, z.B. über Gegenstände der Wissenschaft, Gegenstände des alltäglichen Lebens oder erfundene Gegenstände.
(4) Die Situation
Man spricht jeweils in einer besonderen Situation bzw. unter bestimmten Umständen, d.h. in einer besonderen Relation zum Adressaten und zum Gegenstand. Es gibt Normen, die den besonderen Situationstyp betreffen. So ist es beispielsweise etwas völlig anderes, über ein bestimmtes sprachwissenschaftliches Problem eine Vorlesung zu halten oder einen volkstümlichen Vortrag, oder über das gleiche mit einem Freund oder in der Familie zu sprechen.

Die Normen, die die allgemeinen Determinationen des Sprechens betreffen, werden nur selten explizit als solche formuliert. Sie werden aber vorausgesetzt, wenn das expressive sprachliche Wissen bewertet wird. Wie auf den anderen Ebenen des Sprachlichen findet die Bewertung vor allem in negativer Hinsicht statt, d.h. dann, wenn sich das entsprechende Wissen als unzulänglich erweist. Wenn einer gar nicht weiß, wie man mit Frauen spricht, dann bekommt er vielleicht vom Adressaten zu hören:

So spricht man aber nicht mit einer Dame.

Wie wir bereits gesagt haben, gibt es seit der Antike neben der einzelsprachlichen Korrektheit eine allgemeine Norm für Diskurse, d.h. für das Sprechen in Situationen. Diese Norm besteht darin, daß das Sprechen dem Adressaten, dem Gegenstand des Sprechens und der besonderen Situation angemessen sein soll. Wenn es diese Norm erfüllt, fällt es nicht auf, weil das Angemessene wie das Korrekte das zu erwartende ist.

2.5.2. Normen der Textkonstitution

Die Normen, die Gegenstand des expressiven Wissens sind, sind außerordentlich zahlreich, von ganz unterschiedlicher Art und von sehr verschiedenem Verbindlichkeitsgrad. Sie umfassen Normen in bezug auf die allgemeinen Determinationen des Sprechens als auch Normen für Textgattungen, Textsorten und Textarten. Durch diese Normen wird das Sprechen in ganz unterschiedlichem Ausmaß fixiert.

Die Normen, die die hauptsächlichen Determinationen des individuellen Sprechens betreffen, sind sehr locker, allgemein und wenig spezifisch. So kann man beispielsweise sagen:

> Man sollte mit Kindern auf eine unkomplizierte und leicht verständliche Weise sprechen, und man sollte dabei ein bestimmtes Sprachregister (etwa den familiären Sprachstil) verwenden.

In dieser Formulierung haben wir noch keine eindeutige Norm. Es dürfte wohl aber kaum möglich sein, die Norm vollkommen eindeutig und spezifisch zu formulieren.

Ähnlich verhält es sich mit der Determination durch das, worüber gesprochen wird. Man kann zwar z.B. sagen:

> Über Sachen sollte man ''sachlich'' sprechen, d.h. nicht von ihnen abschweifen, nicht zugleich zu ihnen Stellung nehmen oder sie nicht subjektiv darstellen.

Aber auch hier haben wir kaum eine spezifische Norm.

Auch bei den Textgattungen haben wir noch kaum spezifische Normen. In unserer Tradition sind beispielsweise die Normen für die Konstitution eines Romans noch sehr allgemeine Normen, die sehr viel Freiheit in der Gestaltung des Textes zulassen.

In einer wiederum auch nur annähernden Norm könnte man vielleicht sagen:

> Je kürzer die Textsorte oder Textart ist, desto spezifischer und
> eindeutiger sind ihre Normen.

Diese Normen für kürzere Textsorten können soweit reichen, daß
sie den Text total fixieren, und zwar entweder im Inhalt oder in der
Form oder in beidem.

Für die Textsorte "Nachricht", wie sie in den Medien verwendet
wird, hat man die Idealnormen für die inhaltliche Gestaltung explizit
formuliert. Man sagt, daß am Anfang der Nachricht die vier oder
fünf "W" zu berücksichtigen seien, wenn man eine optimale Formulierung anstrebt. Diese "W" sind:

Wer?	Mr. Reagan	
Was?	sagte	"Wir müssen mit den Russen
Wann?	gestern	sprechen!"
Wo?	in Washington:	
Warum?	(um im Wahlkampf nicht als "kalter Krieger" zu er-	
	scheinen)	

Man muß allerdings beachten, daß die explizite Norm nicht in jedem Fall anwendbar ist, und man darf sie nicht mechanisch verstehen, wie es die Nachrichten-Agenturen oft tun und wie es die Zeitungen vielfach unverändert abdrucken. Unser obiges Beispiel ist gerade ein Fall solcher mechanischer Anwendung, die gerade nicht
mehr als angemessen empfunden werden kann. Gleichwohl haben
die Idealnormen der Nachricht eine gewisse Gültigkeit.

Man braucht diese Normen allein schon aus praktischen Gründen.
Der Anfang sollte die ganze Substanz der Nachricht enthalten, weil
beispielsweise - bei telefonischer Übermittlung - die Verbindung un-
terbrochen werden könnte oder weil aus Platzgründen die Nachricht
in den Zeitungen auf das Wesentliche zu reduzieren ist. Außerdem
muß man damit rechnen, daß bei flüchtiger Lektüre nur der Anfang
zur Kenntnis genommen wird.

Übrigens sind diese Normen nicht nur in Nachrichtentexten zu
beobachten. Ein italienischer Witzbold hat festgestellt, daß sie auch
in Dantes *Divina Commedia* genau beachtet werden:

Nel mezzo del cammin di nostra vita
mi ritrovai per una selva oscura
ché la diritta via era smarrita.[Inferno I, 1-3]
[Es war in unseres Lebensweges Mitte,
als ich mich fand in einem dunklen Walde;
denn abgeirrt war ich vom rechten Wege. -
Übers. K. Witte, Berlin 1917]

Denn die ersten drei Verse informieren über das "Wann?" (*Nel mezzo del cammin di nostra vita*), das "Wer" (1. Person bzw. *ich*), das "Was?" (*mi ritrovai*), das "Wo?" (*per una selva oscura*) und das "Warum?" (*ché la diritta via era smarrita*). Das heißt allerdings nicht, daß man auch die *Divina Commedia* auf die ersten drei Verse kürzen könnte.

Das "Sonett" ist eine Textart, bei der gerade nicht der Inhalt wie bei der "Nachricht", sondern umgekehrt die Form explizit fixiert ist, und zwar in metrischer Hinsicht. Ein Sonett besteht nämlich aus zwei Quartetten (Vierzeilern), auf die nach einem kräftigen Einschnitt zwei Terzette (Dreizeiler) folgen; außerdem ist die Anordnung der Reime mehr oder weniger streng normiert. In der Wahl des Inhalts ist der Verfasser von Sonetten jedoch nicht gebunden.

Die Textart "Syllogismus" ist dagegen sowohl in ihrem Inhalt als auch in ihrer allgemeinen, d.h. nicht einzelsprachlichen Form fixiert. Man weiß, was ein Syllogismus enthalten soll und wie er syntaktisch gebaut ist

Alle X sind Y.	Alle Menschen sind sterblich.
Z ist ein X.	Sokrates ist ein Mensch.
Also ist Z auch ein Y.	Also ist auch Sokrates sterblich.

Beim Syllogismus handelt es sich um eine Tradition in unseren westeuropäischen Gemeinschaften und in den Gemeinschaften, die mit ihnen zusammenhängen. Dafür gibt es natürlich Gründe. Sie liegen in der Tradition unserer Logik, die den Syllogismus als eine Form, und zwar eine didaktische Form der Beweisführung verwendet. In der altindischen Logik hat der Syllogismus eine zum Teil andere, aber ebenso traditionell fixierte Form. Er wird dort nämlich nicht als didaktische Form der Beweisführung, sondern als Erklärung des logischen Schlusses interpretiert. Er führt auf, welche Phasen es in dem Prozeß gibt, durch den man zu einer bestimmten Schlußfolge-

rung kommt. In der westlichen Tradition hat der Syllogismus drei
Termini, nämlich die beiden Prämissen und die Schlußfolgerung. In
der indischen Logik hat der Syllogismus dagegen fünf Termini,
nämlich Thesis, Argument, Beispiel, Anwendung und Schluß. Ich
gebe dafür ein Beispiel, das ich möglichst wörtlich übersetze:

Thesis: Der Berg hat Feuer (d.h.: Im Berg ist Feuer)
Argument: Weil er Rauch hat
Beispiel: Was Rauch hat, hat auch Feuer, z.B. die Küche
Anwendung: Das trifft auch auf den Berg zu (d.h.: Auch der Berg
              weist Rauch auf)
Schluß: Deshalb ist es so (d.h.: Es ist so, wie ich in Thesis
              und Argument gesagt habe)

[Aus dem *Tarkasamgraha* von Annambhaṭṭa, vgl. Altuchow 1959, 26-27].

In noch höherem Maße finden wir diese Fixierung nach Form und
Inhalt bei sehr kurzen Textarten, die in Gemeinschaften, eventuell
ganzen Sprachgemeinschaften, traditionell sind und idealiter für die
ganze Gemeinschaft gelten. Eine solche Textform ist beispielsweise
der G r u ß. Man kann hier feststellen, daß es in bestimmten Gemeinschaften bestimmte Grußformeln gibt und andere nicht, weil
sie nicht gebildet und nicht zu Traditionen geworden sind. Bei den
vorhandenen Formeln kann man feststellen, wie sie im Materiellen
aussehen, d.h. wie sie fixiert sind.

In den deutschsprachigen Sprachgemeinschaften haben wir Grußformeln wie

Guten Morgen!
Guten Tag!
Guten Abend!
Gute Nacht!

Es gibt aber nichts für den Nachmittag, obwohl man für den Vormittag, genauer für den ersten Gruß am Vormittag *Guten Morgen!*
hat. Beim Nachmittag gilt einfach *Guten Tag!* weiter.

In den romanischen Sprachgemeinschaften hat man ähnliche
Grußformeln wie im Deutschen. Man hat aber (außer in der rumäni-
schen) keine besondere Grußformel für den Vormittag. Die Grußformeln sind also anders strukturiert: es gibt kein *Bon matin!* im
Französischen, kein *Buon mattino!* im Italienischen und kein *Buena
mañana!* im Spanischen. Dagegen können diese Gemeinschaften

Formeln haben, die den ganzen Nachmittag bis zum Abend gelten,
z.B.

  ¡Buenas tardes!

im Spanischen. Das gleiche gilt mindestens in bestimmten Gegenden
auch für das italienische

  Bueno sera!

das in der Toskana bereits nach 13 Uhr verwendet wird.
  Neben der Fixierung bezüglich der Existenz und der Fixierung
der Verwendung gibt es auch die Fixierung in der materiellen Form.
Im Spanischen tritt die Formel, die dem deutschen *Guten Tag!* entspricht, im Singular oder im Plural auf; die übrigen Formeln sind
dagegen auf den Plural fixiert:

  ¡Buen día! / ¡Buenos días!
  ¡Buenas tardes!
  ¡Buenas noches!

Die rumänische Sprachgemeinschaft gebraucht die Formeln mit der
gleichen Wortstellung wie die anderen romanischen und wie die
deutsche Gemeinschaft. Für *Gute Nacht!* gilt aber die umgekehrte
Reihenfolge, nämlich

  Noapte buna!

In anderen Gemeinschaften können als Begrüßungsformeln völlig
andere Formeln erscheinen, die aber ebenso fixiert sind. Im Japanischen gebraucht man für einen Gruß, der mehr oder weniger dem
deutschen *Guten Morgen!* bzw. *Guten Tag!* entspricht, den Ausdruck
Ohayō!, und man fügt, wenn man höflich sein will - und die Japaner
sind es fast immer -, das honorative Verb *gozaimasu* ('ist') hinzu:

  Ohayō gozaimasu!

Der Ausdruck bedeutet nichts anderes als 'Es ist (schon) Tag', ge-
nauer: 'Es ist früh (am Tage)', wenn man ihn wörtlich nimmt. *Es
ist* wird aber mit dem honorativen Verb gesagt, wodurch dem ganzen
Ausdruck etwa folgende Bedeutung verliehen wird: 'Es ist (schon)
Tag, mein Herr' / 'Es ist (schon) Tag, meine Dame', 'Es ist (schon)
Tag, und ich sage es respektvoll' oder 'Ich habe die Ehre, Ihnen zu

sagen, daß es (schon) Tag ist' - aber das ist natürlich bloße Übersetzung. Im Japanischen wird das schon durch das Verb für *ist* ausgedrückt, das gerade für den honorativen, respektvollen Gebrauch
bestimmt ist.

Auch andere Grußformeln sind in ähnlicher Weise fixiert, z.B.:

Englisch:	How do you do?
Lateinisch:	Quid agis? ('Was tust du?')
Rumänisch:	Ce mai faci? ('Was tust du / tun Sie so weiter?')
Deutsch:	Wie geht's?
Italienisch:	Come va?
Spanisch:	¿Qué tal? / ¿Cómo andamos?

Auch hier gibt es fixierte Normen der Verwendung. Diese Formeln
sind in unseren Gemeinschaften Formeln der Bekanntschaftsbegrü-
ßung, d.h. Formeln, die das Bekanntsein mit der begrüßten Person
voraussetzen oder herstellen. Gegenüber Personen, die man überhaupt nicht kennt, könnte man solche Formeln nicht gebrauchen. In
vielen Sprachgemeinschaften sind solche Formeln aber zugleich
auch Formeln der Nachbegrüßung, so beispielsweise auch im Deutschen. Sie können bei der Kontaktaufnahme nicht einfach am Anfang stehen und zur bloßen Herstellung der Bekanntschaft gebraucht werden. Im Englischen ist dies jedoch anders. Hier hat die
Formel *How do you do?* nicht nur den Sinn 'Nachdem ich Sie be-
grüßt habe, frage ich nun weiter, wie es Ihnen geht', sondern auch
den Sinn: 'Jetzt gibt es zwischen uns Bekanntschaft, jetzt sind wir
miteinander bekannt.' Sie bestätigt also die Kontaktaufnahme.

In anderen Sprachgemeinschaften wird die Kontaktaufnahme mit
völlig anderen, aber ebenso traditionellen Formeln bestätigt. In den
deutschsprechenden Gemeinschaften würde man nie *Wie geht's?*
oder *Wie geht es Ihnen?* sagen, nachdem man gerade jemand vorgestellt worden ist. Üblich ist vielmehr *Angenehm!*, *Es freut mich!* oder
eine ähnliche Formel. Dasselbe gilt für die romanischen Gemeinschaften, in denen Formeln wie diese die Norm bilden:

Französisch:	Enchanté!
Spanisch:	¡Mucho gusto!, ¡Encantado!
Italienisch:	Piacere! ('[Es ist mir ein] Vergnügen [Sie kennenzu- lernen]')

Gegen diese Beschreibung könnte man einwenden, daß Formeln wie
Wie geht's?, *¿Qué tal?*, *¿Come va?* usw. auch gleich am Anfang gesagt werden. Auch wenn dies stimmt, handelt es sich trotzdem um
eine Nachbegrüßung; der erste Gruß wird einfach vorausgesetzt und
übersprungen. Normalerweise sagt man

> Guten Tag! Wie geht's?

Wird aber

> Wie geht's? Guten Tag!

gesagt, so hat man den Eindruck, daß der Grüßende etwas nachholt,
was er zunächst versäumt hat, d.h. daß er etwa folgenden Sinn ausdrücken will: 'Ja, und jetzt sage ich das, was ich hätte sagen müssen,
aber nicht gleich gesagt habe.' Es gibt also auch eine Norm, die die
Reihenfolge der Grußformeln betrifft. Darum kann das, was an erster Stelle stehen sollte, auch vorausgesetzt werden, so daß die zweite Formel das tatsächliche Vorkommen der ersten überflüssig machen kann.

Auch das lateinische *Quid agis?*, das fast genau dem englischen
How do you do? entspricht, ist eine Nachbegrüßung. Erste Begrü-
ßung ist beim Zusammenkommen *Salve!* bzw. *Salvete!*, beim Ab-
schiednehmen dagegen *Vale!* bzw. *Valete!* Hier dienen also die
Imperativformen von Verben im Singular und Plural als Grußformeln.

Die Beispiele, die wir gegeben haben, sind sicherlich noch sehr
unvollständig. Allein über die Begrüßungsformeln und ihre Gestaltung in den verschiedenen Sprachgemeinschaften könnte man eine
sehr lange und durchaus nicht uninteressante Arbeit schreiben. Wir
wollen hier jedoch abbrechen und uns der Frage zuwenden, ob das
expressive Wissen ebenso autonom ist wie das elokutionelle und das
idiomatische Wissen.

2.5.3. Die Autonomie der Textkompetenz

Die Frage, ob das expressive Wissen autonom ist, bezieht sich in erster Linie auf das Verhältnis dieses Wissens zum einzelsprachlichen
Wissen. Es wird zu klären sein, ob das expressive Wissen von den

Einzelsprachen unabhängig ist oder ob es zum einzelsprachlichen
Wissen gehört als eine besondere Form dieses Wissens.

Mit Sicherheit gibt es auch ein einzelsprachliches Wissen in bezug
auf die Textstrukturierung. Dieses Wissen gehört jeweils zur einzelsprachlichen Grammatik und zur einzelsprachlichen Lexikologie. In
dieser Hinsicht ist der Text auch keine autonome Ebene der Sprache, sondern eine Strukturebene der entsprechenden Einzelsprache.
So gibt es z.B. auch deutsche Normen für die Verbindung von Sätzen in einem Text, z.B. für die Vorwegnahme oder die Wiederaufnahme, und ebenso gibt es französische, italienische Normen usw.
Man muß also jeweils fragen, wie man dies oder jenes im Deutschen,
Französischen, Italienischen usw. sagt.

Einzelsprachliche Normen gelten beispielsweise für die Textform
"indirekte Rede". Das Deutsche setzt - wenigstens als Möglichkeit
unter anderen - die Hauptsätze in den Konjunktiv, z.B.:

> Er sagte, es sei sicher so

Der Sprecher behauptet hier nicht, daß etwas sicher ist, sondern
wiederholt nur die Behauptung eines anderen, ohne sich ihr anzu-
schließen. Im Lateinischen gelten die berühmten Regeln, die wir aus
der Schule kennen: Alle Aussagesätze werden durch den A.c.I., d.h.
durch die Infinitiv-Konstruktion, bei der das Subjekt im Akkusativ
steht, wiedergegeben, und alle übrigen Sätze einschließlich der Ne-
bensätze stehen im Konjunktiv auch dort, wo in der direkten Rede
der Indikativ steht. Man muß in diesen Fällen Deutsch oder Latein
können, wenn man diese Normen der Textstrukturierung verstehen
und anwenden will.

Ebenso gibt es Sprachen, in denen die Aufzählung einzelsprachlich geregelt ist und nicht allgemeinsprachlich wie in der Folge *erstens, zweitens, drittens* usw. Eine solche Sprache ist das Lateinische,
genauer eine bestimmte Form des Lateinischen. Hier hat man bei
der Aufzählung die Reihenfolge

> Primum, secundum, ... deinde, demum

Hier besteht die einzelsprachliche Norm, daß *deinde* und *demum* immer an vorletzter bzw. letzter Stelle stehen müssen. Für den Fall,

daß man etwas vergessen hat, kann man darüber hinaus noch *postre-mum* anschließen, das dann 'nach der letzten Stelle' steht.

Solche einzelsprachlichen, aber den Text betreffenden Normen gibt es nicht nur für die Syntax und für die Grammatik allgemein, sondern auch für die Lexikologie. Ein Beispiel, das wir immer wieder anführen, ist das deutsche Verb *meckern*. Es ist dies ein Verb, das (in seiner "übertragenen" Bedeutung) auf eine bestimmte Textfunktion fixiert ist, nämlich die Funktion 'Ablehnung der unbegründeten Kritik eines anderen' oder 'Feststellung, daß die Kritik eines anderen unbegründet ist'. Der, der meckert, ist also immer der andere:

> Du meckerst, du hast etwas zu meckern, er meckert noch mehr (aber ich meckere nie).

Von sich selbst sagt der Sprecher natürlich nicht, daß seine Kritik unbegründet ist. Das Verb kann zwar in der ersten Person auftreten. Hier handelt es sich aber um die Wiederaufnahme dessen, was ein anderer gesagt hat:

> A: Was hast du zu meckern?
> B: Ich meckere deshalb, weil ...

Obwohl der Sprecher hier den Ausdruck *meckern* übernimmt, drückt er aus, daß er n i c h t meckert, sondern daß er gute Gründe für seine Kritik hat. Das Verb *meckern* ist einerseits ein Element des deutschen Wortschatzes, andererseits ist es aber etwas, was einer besonderen Textfunktion entspricht. Für diese Textfunktion können in anderen Sprachen vergleichbare Ausdrücke zur Verfügung stehen; sie können aber auch im Wortschatz völlig fehlen. Das Französische hat hier kein eigenes Wort, sondern die syntaktische Konstruktion *trouver à redire* oder *avoir à redire; redire* allein ist in dieser Bedeutung nicht möglich.

Wir müssen also zugestehen, daß es Regeln und Fakten gibt, die die Konstitution von Texten betreffen und die zugleich zur Einzelsprache gehören. Sie sind Gegenstand der einzelsprachlichen Textlinguistik, die die Einzelsprache auf der Ebene des Textes beschreibt. Wir haben an anderer Stelle [vgl. 1980: *Textlinguistik*, 11-22 und 154-176] diese einzelsprachliche Textlinguistik als transphrastische, d.h. satzübergreifende Grammatik bezeichnet.

Sind nun aber alle Normen zur Textkonstitution einzelsprachlich? Sie sind es bestimmt nicht. Die neuere Textlinguistik unterscheidet in diesem Zusammenhang zwischen der M i k r o s t r u k t u r und der M a k r o s t r u k t u r der Texte, d.h. eigentlich zwischen der einzelsprachlichen Struktur und der Struktur der Texte als solcher.

Ein Text besteht sicherlich aus Sätzen in einer Einzelsprache, deren Strukturierung einzelsprachlich gegeben ist. Auch einige satzübergreifende Erscheinungen sind einzelsprachlich geregelt, z.B. die Verknüpfung von Sätzen. Außerdem gibt es Texte, die nur aus einem einzigen Satz bestehen. Solche Texte müssen nun in ihrer Mikrostruktur der einzelsprachlichen Struktur entsprechen. Sie entsprechen dieser Struktur aber als S ä t z e, nicht als T e x t e. Gerade die Tatsache nämlich, daß ein Satz in bestimmten Situationen als Text funktioniert, ist nicht mehr einzelsprachlich.

Im übrigen ist es noch nicht einmal notwendig, daß ein Text in seiner Mikrostruktur nur einer einzigen Einzelsprache entspricht. Texte in mehreren Sprachen oder Texte, die wenigstens teilweise auch andere Sprachen verwenden, sind überhaupt nicht selten. Es gibt sogar Traditionen, die die Verwendung anderer Sprachen betreffen, z.B. die Nachahmungssprachen, die nicht unbedingt mit der Sprache übereinstimmen müssen, die nachgeahmt oder verwendet werden soll. Wie wir in anderem Zusammenhang [2.4.5.] bereits erwähnt haben, funktioniert in der deutschen Sprachgemeinschaft als kleiner Text oder in Texten der Ausdruck *uno momento*, der das Italienische *un momento* nachahmt, ihm aber nicht entspricht.

Texte können auch von den Regeln der Einzelsprache abweichen und Einheiten, ja sogar funktionelle Einheiten, enthalten, die nur für bestimmte Texte gelten und sonst nicht vorkommen. Im Deutschen heißt die Katze *Katze* und die Wurst *Wurst*; in folgenden kleinen Texten treten aber andere Formen auf:

> Es war alles für die Katz.
> Alles ist mir Wurscht.

Am Rande der deutschen Sprache, nämlich in zwei kleinen Texten, die ungefähr einem *Nein* und einem *Ja* entsprechen, tritt eine Opposition auf, die sonst nicht gemacht wird:

m'm - mhm

Die Opposition zwischen getrennt artikulierten und durch einen Hauchlaut verbundenen Nasalen kommt sonst nicht vor. Man merkt das allein schon daran, daß es ziemlich schwer ist, die beiden Texte angemessen zu schreiben [vgl. 1980: *Textlinguistik*, 165].

Im italienischen Sprachsystem gibt es den Laut [ö] nicht; die Italiener haben sogar den Eindruck, sie könnten ihn gar nicht sprechen, und sagen, wenn sie Französisch oder Deutsch lernen, mindestens am Anfang [io] statt [ö]. Obwohl dieser Laut im Sprachsystem sonst nicht vorkommt, verwenden sie ihn in einem kleinen interjektionellen Text, der zur Ablehnung einer Übertreibung verwendet wird:

Öhhh! ('Was sagen Sie da! So was!')

Merkwürdigerweise hat in diesem Fall kein Italiener Schwierigkeiten, das [ö] auszusprechen.

Wir sehen also, daß selbst in einzelsprachlicher Hinsicht die Texte ihre eigenen Traditionen haben können. Um so mehr ist die Makrostruktur der Texte, d.h. die Struktur der Texte als Texte, nicht einzelsprachlich. Auch Texte wie *Guten Tag!* sind als Texte nicht einzelsprachlich, auch wenn sie nur in einer bestimmten Sprachgemeinschaft existieren. Die Tatsache, daß gerade *Guten Tag!* und nichts anderes als Grußformel verwendet wird, ist eine Texttradition und keine einzelsprachliche Tradition, auch wenn sie normalerweise allen Mitgliedern der Sprachgemeinschaft bekannt ist. Ich würde darum auch nicht sagen, daß z.B. *Bon matin!* im Französischen nicht existiert, sondern ich würde sagen, daß dieser Text in der französischen Sprachgemeinschaft nie gebildet wurde bzw. nie zur Tradition geworden ist.

Wenn schon Grußformeln nicht einzelsprachlich sind, dann sind es Textarten wie "Nachricht", "Syllogismus" oder "Sonett" noch sehr viel weniger. Die Normen, die diese Texte konstituieren, sind nicht bloß übereinzelsprachlich, sondern gehören noch nicht einmal zur einzelsprachlichen Struktur. Sie betreffen ausschließlich die Strukturierung dieser Texte selbst in jeder Sprache. Es ist natürlich möglich, daß diese Normen eingeschränkt oder bedingt sind durch die Möglichkeiten der jeweiligen Einzelsprache. Hierbei handelt es sich aber nur um empirische Einschränkungen, die den nicht-einzelsprachlichen Charakter der Normen nicht beeinträchtigen.

Man denke hier beispielsweise an metrische Regeln, die für bestimmte Textarten gelten können. So ist etwa der Daktylus ein Versmaß, das den Akzent auf der ersten Silbe fordert, z.B. im Hexameter:

| — ◡ ◡|- ◡◡|— ◡   ...

Ἄνδρα μοι ἔννεπε, Μοῦσα   ... [Odyss. I, 1]

Ságe mir, Múse, die Táten   ... [Übers. J.H. Voss]

Kann man ein solches Versmaß aber in einer Sprache verwenden, die den Akzent nie auf der ersten Silbe hat, z.B. im Französischen? Es wäre außerordentlich schwer, denn man müßte, um dem Versmaß gerecht zu werden, jeden Vers mit einem einsilbigen Wort beginnen, auf das dreisilbige Wörter mit dem Akzent auf der Endsilbe folgen. Grundsätzlich wäre das im Französischen durchaus möglich, wenn auch höchst unbequem.

Bei manchen Sprechgewohnheiten kann man sich aber durchaus die Frage stellen, ob sie nicht doch zur Einzelsprache gehören. So sagen die Deutschen beispielsweise *Danke!* oder *Dankeschön!* und *Bitte!* oder *Bitteschön!* als Antwort viel häufiger als andere Völker. Im Ausland kursieren allerlei Witze über die Deutschen, die nichts anderes als *Dankeschön! - Bitteschön!* sagen und damit die Eisenbahnzüge nachahmen:

Dankeschön! - Bitteschön! - Dankeschön! - Bitteschön! ...

Die romanischen Völker beispielsweise danken weit weniger als die Deutschen.

Eine andere Sprechgewohnheit besteht darin, eine Frage oder einen Teil der Frage zu wiederholen. Sie ist für die deutsche Sprachgemeinschaft charakteristisch und macht den Ausländern große Schwierigkeiten. Fragt man nach einem Namen oder nach einer Straße, so erhält man eine Antwort in Frageform:

A: Kennen Sie Herrn Müller?
B: Herrn Müller?

A: Bitteschön, die Koblenzer Straße?
B: Koblenzer Straße?

Der Ausländer hat nun den Eindruck, er habe den Namen falsch ausgesprochen und sei nicht verstanden worden, und wiederholt seine Frage mühsam mit besonders deutlicher Artikulation:

> A: Koblenzer Straße?
> B: Koblenzer Straße?
> A: Koblenzer Straße?
> ...

Dies kann so lange weitergehen, bis der Ausländer verzweifelt.

Gehören nun solche Sprechgewohnheiten in bestimmten Situationen zur Einzelsprache? Ich würde dies verneinen. Bei diesen Normen geht es nicht darum, Deutsch zu können, sondern zu wissen, wie die Deutschen in bestimmten Situationen sprechen und welche Verfahren, die die Sprache zur Verfügung stellt, von den Deutschen zur Konstitution bestimmter Texte verwendet werden. Allerdings gibt es Grenzfälle, bei denen man sich fragen kann, ob eine Funktion nicht doch zur Einzelsprache gehört, auch wenn sie vielleicht nur für bestimmte Texte charakteristisch ist.

Vielleicht ist schon die eben angeführte wiederholte Frage ein solcher Grenzfall. Denn die wiederholte Frage ist eigentlich keine Frage, sondern hat eine andere Funktion: Der Deutsch-Sprechende will sich vergewissern, ob er die Frage richtig verstanden hat, und fragt darum zurück. Er wiederholt nicht einfach die Frage des ersten Sprechers, sondern stellt eine Art metasprachliche Frage, die man folgendermaßen paraphrasieren könnte:

> Habe ich Sie richtig verstanden, daß Sie *Koblenzer Straße* gesagt haben?
> Habe ich richtig gehört, was Sie gesagt haben?

Erst wenn sich der Angesprochene sicher ist, daß er die Frage richtig verstanden hat, gibt er die erwartete Antwort.

Noch mehr im Grenzbereich liegt eine Sprechgewohnheit, die ich aus Südamerika, aus dem ''Río de la Plata'' kenne. Auch sie betrifft u.a. die Frage nach einer Straße in der Stadt. Wenn man dort um eine Auskunft bittet, erhält man tatsächlich die gewünschte Information. Man erhält sie aber als Frage, d.h. mit interrogativer Intonation:

> A: ¿La calle Mercedes?
> B: ¿Usted va por Andes? ¿Dobla por Convención?

Wer die Tradition nicht kennt, ist verwirrt. Er wundert sich, daß
der Angesprochene so reagiert, als wenn er selbst um Auskunft bit-
ten würde. Dies ist jedoch nicht der Fall. Tatsächlich hat die Antwort im Frageton eine bestimmte Funktion, und zwar eine Textfunktion. Der Angesprochene vergewissert sich nicht wie im Deutschen, ob er verstanden hat, sondern er vergewissert sich, ob der andere genau folgt und alles versteht. Er spricht so, als wenn er sagen
würde:

> Sie müssen auf der Straße ... weitergehen. Können Sie mir folgen? Sie
> müssen dann den Platz ... überqueren. Folgen Sie mir noch? usw.

Es liegen hier ähnliche Fakten vor wie bei einzelsprachlichen Text-
funktionen, z.B. wie bei der Textfunktion von *ja* im Deutschen. *Ja*
ist nicht nur Behauptungspartikel, sondern - in einer bestimmten Intonation - auch eine dialogische Partikel, die das Verständnis jeweils
bestätigt und zugleich zum Weitersprechen auffordert. Wer als Zu-
hörer einer Erzählung von Fall zu Fall *ja, ja, ja* sagt, bringt damit
folgendes zum Ausdruck:

> Ja, ich folge dir (Ihnen); die Sache interessiert mich, und ich möchte
> auch erfahren, wie es weitergeht.

Die angeführten Beispiele sind Grenzfälle, die vielleicht sowohl im
Hinblick auf ihre Zugehörigkeit zur Einzelsprache als auch im Hinblick auf ihre Funktion für die Konstitution bestimmter Texte untersucht werden könnten.

Trotz solcher Grenzfälle ist es bei den meisten Normen der Textkonstitution eindeutig, daß sie nicht zur Einzelsprache gehören. Die
entsprechende Kompetenz ist darum nicht einzelsprachlich, sondern
textbezogen. Es gibt also eine weitere Kompetenz, die dem Sprechen
zugrundeliegt, bei der Beschreibung der einzelsprachlichen Kompetenz aber nicht in ihrer Eigentümlichkeit berücksichtigt werden
kann. Man kann diese Kompetenz e x p r e s s i v e K o m p e -
t e n z oder T e x t k o m p e t e n z nennen.

Auch die Bewertung der Textkompetenz, d.h. des expressiven
Wissens, ist autonom. Das Sprechen wird nämlich in bezug auf seine
Einzelsprachlichkeit anders bewertet als in bezug auf die Textstrukturierung. Bei der Textstrukturierung achtet man nicht darauf, ob
etwas richtig oder nicht richtig ist, sondern man stellt fest, ob etwas

der Sache, der Situation oder dem Hörer a n g e m e s s e n
oder n i c h t a n g e m e s s e n ist. Für die Bewertung des Sprechens in Situationen, d.h. für Texte, hat man seit der antiken Rhetorik dieses Kriterium der A n g e m e s s e n h e i t . Das Sprechen
kann in einzelsprachlicher Hinsicht völlig korrekt sein und trotzdem
dem Kriterium der Angemessenheit nicht genügen. Dies zeigt besonders deutlich, daß die Textkompetenz autonom ist gegenüber der
einzelsprachlichen Kompetenz.

Man könnte hier einwenden, daß das Wort *korrekt* manchmal auch
zur Bewertung der Textkompetenz verwendet wird, z.B. in der folgenden Äußerung:

> Mit dieser Dame mit solchen obszönen Worten zu sprechen, war Ihrer-
> seits keineswegs korrekt.

Hier wird jedoch *korrekt* völlig anders verstanden. Es geht hier nicht
um die sprachliche Korrektheit oder Inkorrektheit, d.h. um das
Verhältnis des Sprechens zu den Normen der Einzelsprache, son-
dern um die s o z i a l e Korrektheit. Ein Sprechen, das in sozialer
Hinsicht nicht korrekt ist, ist in dieser Hinsicht auch als Text dem
Hörer oder der Situation nicht angemessen.

Da das Sprechen auch Handlung oder soziales Verhalten ist, kann
es auch in dieser Hinsicht bewertet werden. In unserem Beispiel
wird es aber nicht in bezug auf die einzelsprachlichen Regeln als
''nicht korrekt'' bewertet, sondern in bezug auf soziale Normen des
Verhaltens überhaupt, seien diese nun sprachlich oder nicht-
sprachlich. Die gelegentliche Verwendung des Wortes *korrekt* in solchen Fällen darf uns nicht dazu verleiten, die einzelsprachliche, die
textuelle oder gar die außersprachliche Bewertung miteinander zu
verwechseln. Man kann hier zwar von ''korrekt'' oder ''nicht korrekt'' sprechen, aber man würde kaum sagen: ''Das war sprachlich
nicht korrekt; das war nicht die richtige deutsche Sprache.'' Man
könnte natürlich manchmal sagen: ''Ein Deutscher würde so etwas
nie sagen.'' Das betrifft aber wiederum nicht die Sprache, sondern
Traditionen des sozialen Verhaltens.

2.5.4. Die Aufhebung der Inkorrektheit durch die Angemessenheit

Die Untersuchung der Normen der Textkonstitution hat uns zu dem Ergebnis geführt, daß das Wissen über diese Normen autonom ist gegenüber dem einzelsprachlichen Wissen. Diese Autonomie zeigt sich, wie wir sagten, vor allem in der Bewertung nach dem Kriterium der Angemessenheit, das von dem Kriterium der Korrektheit in bezug auf die Einzelsprache und dem Kriterium der Kongruenz in bezug auf das Sprechen im allgemeinen unabhängig ist.

Bei der Untersuchung der allgemein-sprachlichen Kompetenz haben wir [2.3.6.] gezeigt, daß die Angemessenheit die Inkongruenz aufheben kann, und Beispiele für die metaphorische, die metasprachliche und die extravagante Aufhebung der Inkongruenz im Text angeführt. Hier haben wir noch nachzutragen, daß die Angemessenheit auch die negative Bewertung in einzelsprachlicher Hinsicht, d.h. die Inkorrektheit, aufheben kann. Die typischsten Fälle dieser Aufhebung sind die Verwendung bestimmter für besonders treffend gehaltener fremdsprachlicher Ausdrücke in Texten, die Nachahmung des Sprechens von Fremdsprachigen und das Sprechen mit Fremdsprachigen selbst.

Man verwendet fremdsprachige Ausdrücke in einem Text, wenn man annimmt, daß sie genauer wiedergeben, was man sagen will, und darum angemessener sind. Dies ist besonders dann der Fall, wenn ein entsprechender Ausdruck in einer Einzelsprache fehlt. So übernimmt man beispielsweise die Ausdrücke

> more uxorio ('nach [Ehe-]Frauenart')
> dernier cri ('der letzte Schrei [in der Mode]')

aus dem Lateinischen oder Französischen, wenn man diese Ausdrücke für geeigneter hält als entsprechende deutsche.

Die einzelsprachliche Inkorrektheit wird auch aufgehoben, wenn man inkorrektes oder für inkorrekt gehaltenes Sprechen nachahmt, z.B. das Sprechen von Kindern oder Fremdsprachigen. In einem solchen Fall wird niemand sagen, daß derjenige, der das Inkorrekte nachahmt, selber die Sprache, die er spricht, nicht genau kennt. Denn er muß mit Inkorrektheiten sprechen, um in seinem Sprechen der Sache angemessen zu sein. So lassen beispielsweise die Autoren

von ''Asterix'' in einem der Bände [*Astérix chez les Bretons* 1966, 17]
die Briten sagen:

> Une romaine patrouille!

Die Briten müssen natürlich in einem französischen Text französisch
sprechen, aber sie sagen etwas, was im Französischen nicht möglich
ist, weil man solche Adjektive immer nachstellt und *une patrouille romaine* sagt. Niemand würde aber hier den Autoren vorwerfen, daß
sie kein Französisch können. Man versteht, daß die Wortstellung
des Englischen nachgeahmt und bereits den alten Britanniern zugeschrieben wird, die so als Vorfahren der heutigen Briten vorgestellt
werden.[1]

Eine sehr verbreitete Erscheinung, die sogar zur Entstehung von
besonderen Sprachsystemen bzw. Teilsystemen führen kann, ist das
Sprechen mit Fremdsprachigen, die unsere Sprache nicht genau
kennen oder von denen man annimmt, daß sie unsere Sprache nicht
genau realisieren und darum auch nicht genau verstehen können,
wenn wir sie richtig realisieren. In solchen Fällen verzichtet man auf
das eigene einzelsprachliche Wissen und vereinfacht die eigene Sprache. Im Deutschen spricht man beispielsweise weitgehend ohne Flexion und ersetzt die finiten Verbformen durch Infinitive oder
Partizipien. Man nimmt also an, daß die nicht-korrekte Sprachform
für den Hörer die angemessenere ist, und sagt beispielsweise:

> Ich nichts verstehen, andere Baustelle gehen
> Du morgen mein Haus kommen, dort fotografieren lassen, blitzi blitzi

Im Deutschen ist es schon zu einem (wenn auch begrenzten) Verfahren geworden, beim Sprechen mit Ausländern den Infinitiv auf -*i* zu
bilden und zu wiederholen wie in *blitzi blitzi*.

Mit dem Sprechen mit Fremdsprachigen hängt auch ein sehr
wichtiges linguistisches Problem zusammen, nämlich das Problem
der Entstehung einer ''lingua franca'', d.h. einer Sprache, die für

---

1 Zu dem gleichen Zweck kann übrigens auch Außersprachliches einge-
   setzt werden. So unterbrechen die Briten im ''Asterix'' nachmittags eine
   Schlacht, weil sie um fünf Uhr heißes Wasser einnehmen müssen. Man
   versteht, daß hier auf den ''Five o'clock''-Tee der Engländer angespielt
   wird.

den sprachlichen Verkehr zwischen Gemeinschaften mit verschiedenen Sprachen fungiert. Ein sehr ähnliches Problem ist auch das der
Entstehung der "Kreolsprachen". Bei den Kreolsprachen handelt
es sich um Formen europäischer Sprachen, die diese in Kolonialge-
genden mit völlig anderen Sprachen angenommen haben. Diese Formen sind nicht, wie man glaubt, in erster Linie auf ein falsches
Sprechen der entsprechenden Völker in Afrika oder Südamerika zurückzuführen, und sie beruhen auch nicht in erster Linie auf der
Beeinflussung der europäischen Sprache durch die Lokalsprache.
Der wichtigste Grund für ihre Entstehung ist nämlich die intentionelle, d.h. beabsichtigte Reduzierung der Regeln der europäischen
Sprachen durch die Europäer selbst.

Auch andere sprachgeschichtliche Erscheinungen hängen mit ho-
her Wahrscheinlichkeit mit dieser Haltung zusammen, die man
beim Sprechen mit Fremdsprachigen einnimmt. So ist z.B. die Meinung vertreten worden - und diese Meinung ist keineswegs absurd -, daß das Lateinische in spätantiker und frühmittelalterlicher
Zeit deshalb so tiefgreifende Veränderungen erfahren hat, weil die
Römer selbst beim Sprechen mit Ausländern "einfacher" und "verständlicher" sprechen wollten. Sie haben also auf das verzichtet, was
ihrer Meinung nach in ihrer eigenen Sprache zu kompliziert war,
und haben sich freiwillig an das Sprechen der Fremdsprachigen angepaßt. Wenn wir dieser Auffassung über die Entstehung des Vul-
gärlatein und der modernen romanischen Sprachen folgen, dann
ging auch hier die Anpassung in erster Linie von den Sprechern der
Einzelsprache selbst aus und nicht von denen, die diese Sprache erst
unvollkommen beherrschten.

Es spielt in unserem Zusammenhang keine Rolle, daß der Anpassung an die Fremdsprachigen möglicherweise eine falsche Einstellung zugrundeliegt, weil diese ein richtiges Sprechen ebensogut oder
noch besser verstehen würden. Denn auch hier gilt die methodische
Norm, daß der Sprecher immer recht hat: das, was der Sprecher
meint, ist nämlich das, was sein Sprechen bestimmt. Wenn die Auffassung des Sprechers falsch ist, dann ist es eine Aufgabe der Sprach-
politik, sie zu korrigieren. Zunächst müssen wir aber von der
Tatsache ausgehen, daß die Sprecher selbst ihr Sprechen mit diesen
Normen der Anpassung gestalten.

Die Angemessenheit ist das allererste Kriterium, d.h. der primäre Maßstab, nach dem Texte bzw. Diskurse bewertet werden. Wir haben gesehen, daß die Norm der Angemessenheit nicht nur die allgemein-sprachlichen, sondern sogar die einzelsprachlichen Normen aufheben kann:

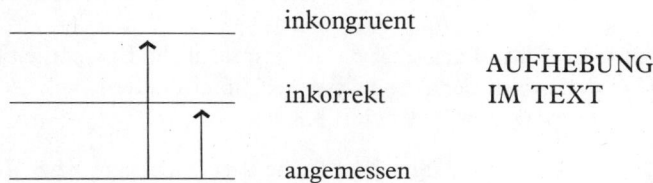

inkongruent

inkorrekt   AUFHEBUNG
                     IM TEXT

angemessen

Die Aufhebung findet natürlich nur dann statt, wenn der Verstoß gegen die Korrektheit oder die Kongruenz intentionell, d.h. beabsichtigt oder gewollt ist. Wenn jemand nicht weiß, wie das Kongruente oder Korrekte lautet und ohne Absicht inkorrekt oder inkongruent spricht, dann bleiben die Inkorrektheit oder die Inkongruenz bestehen. Sie bestehen zwar auch sonst weiter, werden aber, wenn sie intentionell sind, nicht nur toleriert, sondern gerade als das notwendige anerkannt.

Das Angemessene ist, wie wir schon erwähnt haben, an sich sehr viel komplizierter als das Korrekte und das Kongruente. Das Kongruente enthält wahrscheinlich - wenigstens nach dem jetzigen Stand unseres Wissens - nur eine begrenzte Anzahl von Normen, die die Prinzipien des Denkens und die Kenntnis der Welt betreffen. Das Korrekte entspricht genau einer jeden Einzelsprache. Das Angemessene entspricht hingegen den verschiedenen Faktoren des Sprechens. Es ist darum vielleicht nur in dieser oder jener Hinsicht angemessen, z.B. der Situation, aber nicht der Sache, oder der Sache, aber nicht den Hörern oder Lesern, oder einer bestimmten Gruppe von Adressaten, aber nicht der Sache usw.

Nehmen wir als Beispiel die zuerst 1946 erschienene *Philosophie des Abendlandes* von B. Russell. Ihr unerträglicher journalistischer Stil mag für gewisse Adressaten angemessen sein, z.B. für die, die Philosophie als Anekdotensammlung oder als Literatur von nicht

sehr hohem Niveau lesen. Gerade der Sache aber, die dort behandelt
wird, d.h. der Philosophie, ist sie dagegen keineswegs angemessen.
Sie ist auch nicht angemessen für andere Gruppen von Lesern, die
eine Philosophiegeschichte zu einem anderen Zweck lesen als dem,
sich beispielsweise über den Charakter und das Temperament Scho-
penhauers zu informieren. Es gibt also Fälle, in denen ein Text in
der einen Hinsicht angemessen, in anderer Hinsicht aber völlig unangemessen ist.

In unserer Abhandlung über die einzelsprachliche Korrektheit haben wir drei Arten der Angemessenheit unterschieden [vgl. 1988:
"Sprachliches Wissen", Abschn. 3.3.4.]:

1. In bezug auf die dargestellte Sache ist ein Diskurs bzw. Text
   a d ä q u a t oder i n a d ä q u a t. So wäre beispielsweise ein
   Text, der - wie oben schon erwähnt [vgl. 2.2.5.] - mit lyrischer
   Begeisterung den Kartoffelanbau in Ostwestfalen besingt, im
   Normalfall inadäquat, d.h. seinem Gegenstand nicht angemessen.
2. In bezug auf den oder die Adressaten ist ein Diskurs bzw.
   Text p a s s e n d oder u n p a s s e n d. Spricht jemand mit
   einem kleinen Kind wie mit einem Erwachsenen, so ist das un-
   passend, dem Adressaten nicht angemessen.
3. In bezug auf die Situation oder die Umstände des Sprechens ist
   ein Diskurs bzw. Text a n g e b r a c h t oder u n a n g e-
   b r a c h t. So ist es beispielsweise unangebracht, d.h. der Situation nicht angemessen, vom bevorstehenden Tod von Ange-
   hörigen des Adressaten zu sprechen und beispielsweise zu sagen:
   Ich habe gehört, daß Ihr Vater im Sterben liegt (oder noch schlim-
   mer: *Ich habe gehört, daß Ihr Alter es nicht mehr lange machen
   wird*). Angebracht wären dagegen Formulierungen wie *Ich habe
   gehört, daß Ihr Vater sehr krank ist; Ich habe gehört, daß es um die
   Gesundheit Ihres Vaters nicht zum besten steht* usw.

Ein Text kann so zugleich angemessen und unangemessen sein,
wenn auch in verschiedener Hinsicht. Vollkommene Angemessenheit, d.h. Angemessenheit in jeder Hinsicht, ist kaum zu erreichen,
wenn es sich nicht um völlig bestimmte, eventuell auch vom Sprecher selbst angegebene Umstände des Sprechens handelt. Man trägt

dieser Tatsache dadurch Rechnung, daß man z.B. den Adressaten-
kreis von Texten angibt und von "Literatur für Kinder" oder von
"Literatur für Kinder von 7 bis 10 Jahren" spricht.

2.5.5. Der Sinn als textspezifischer Inhalt

Für die Texte gibt es nicht nur besondere Normen und Bewertungs-
maßstäbe; sie haben - als Texte - auch einen besonderen und autonomen Inhalt. In Texten wird nicht nur auf die "Welt" Bezug
genommen, und es wird auch nicht einfach die Einzelsprache mit ihren Bedeutungen realisiert, sondern es werden Stellungnahmen,
Meinungen oder Absichten des Sprechers ausgedrückt. Für diesen
den Texten spezifischen Inhalt haben wir in Übereinstimmung mit
der Tradition, zum Teil auch in Übereinstimmung mit dem Sprachgebrauch im Deutschen und in anderen Sprachen, den Terminus
"Sinn" vorgeschlagen.

   Da es sich um eine besondere Art des Inhalts handelt, kann man
auch getrennt danach fragen. So kann man eine Äußerung in einzelsprachlicher Hinsicht genau verstanden haben und trotzdem die
Frage stellen:

> In welchem Sinn ist das gemeint?
> Was hat das für einen Sinn?
> Wie meinen Sie es?

Als besonderen Inhalt kann man den Sinn leicht feststellen bei Einheiten, für die es schon in den Einzelsprachen Namen gibt, z.B.:

> Gruß bzw. Begrüßung, Aufforderung, Frage, Antwort, Zustimmung,
> Eid, Bitte, Befehl, Vorwand, Vorwurf, Unterstellung, Anspielung usw.

Es handelt sich hier um Einheiten und Formen des Sinns, die etwas
anderes sind als die einzelsprachlich gegebene Bedeutung. Nehmen
wir wieder *Guten Morgen!* als ein ganz einfaches Beispiel. Die Bedeutung wäre, wenn man sie wörtlich in eine andere Sprache oder in eine Metasprache übertragen würde, so etwas wie frz. *bon matin* (im
Akkusativ). Der Sinn des Ausdrucks besteht dagegen darin, daß es
sich um eine Grußformel handelt, die nach bestimmten Normen zu
bestimmten Tageszeiten gebraucht wird:

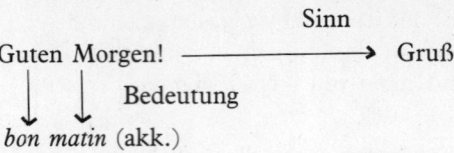

Die gleiche Bedeutung könnte auch einen völlig anderen Sinn haben, und zwar nicht nur in anderen Sprachgemeinschaften, sondern auch in der gleichen Sprachgemeinschaft. In der Feststellung

> Wir haben einen guten Morgen gehabt

würde *guten Morgen* zwar seine Bedeutung bewahren, aber einen völlig anderen Sinn ausdrücken helfen.

Wenn man das Gesagte verstehen will, darf man es nicht nur als Bezeichnung in bezug auf die außersprachliche Wirklichkeit und als Bedeutung in der Einzelsprache verstehen, sondern man muß auch seinen Sinn als Text erfassen. Mehr noch: Der Sinn ist der Inhalt, der jedem Sagen eigen ist. Man muß beispielsweise verstehen, ob es sich um einen Befehl, eine Aufforderung oder eine Bitte handelt. Im alltäglichen Sprachverkehr kann es vorkommen, daß wir mit der Interpretation des Sinns Schwierigkeiten haben; wenn wir hier nachfragen, sprechen wir gerade über diese Textinhalte, z.B.:

> A: War das eine Frage?
> B: Nein, das war eine Feststellung.
> A: War das eine Aufforderung?
> B: Nein, nur eine Bitte.
> Betrachten Sie meine Bitte als Befehl! usw.

Wir müssen uns hier auf diese kurzen Bemerkungen beschränken. Ausführlicher haben wir uns mit der Konstitution des Sinns in unserer *Textlinguistik* [1980] beschäftigt, auf die wir hier verweisen. Bezüglich der Textkompetenz war nur hervorzuheben, daß es einen textspezifischen Inhalt gibt, der autonom ist und einem besonderen Wissen entspricht.

2.5.6. Zur Textlinguistik

Die Betrachtung der Textkompetenz, d.h. des expressiven Wissens, ist Gegenstand einer besonderen sprachwissenschaftlichen Disziplin,

nämlich der T e x t l i n g u i s t i k. Eine ihrer Aufgaben besteht
darin, die Normen festzustellen, die das expressive Wissen gestalten
und die der Bewertung als "angemessen" oder als "nicht angemessen" zugrundeliegen. Eine andere Aufgabe besteht darin, den besonderen Inhalt der Texte, d.h. den "Sinn" zu erfassen und festzustellen, wie er ausgedrückt wird. Eine Textlinguistik hat es eigentlich - wenigstens in Teilen - immer schon gegeben; besonders kräftig
hat sich die Textlinguistik in ihren verschiedenen Formen aber erst
in den letzten zwanzig Jahren entwickelt.

Wenn man es genau nimmt, gehören fast alle Probleme und darum
auch alle Disziplinen der Linguistik zu den drei Ebenen des Sprachlichen und der sprachlichen Kompetenz zugleich. Wie wir bereits
[2.3.7.] gesagt haben, bezieht sich sogar eine Disziplin wie die
Grammatik, die normalerweise als Beschreibung des grammatischen
Systems einer Einzelsprache angesehen wird, auf alle drei Ebenen
und damit auch auf die Ebene des Textes. Sie hat nämlich nicht nur
auf der allgemein-sprachlichen Ebene ihre Kategorien zu definieren,
auf der einzelsprachlichen Ebene deren Vorkommen festzustellen
und sie ihrem Ausdruck nach zu beschreiben, sondern sie hat auch
Texte in grammatischer Hinsicht zu analysieren. Die Frage aber,
wie das Grammatische tatsächlich realisiert wird und welche Funktionen es im Text hat, ist keine Frage der Einzelsprache, sondern eine Frage der Texte.

Auch die Textlinguistik hat Anteil an den drei Ebenen des Sprachlichen:

1. Auf der Ebene des Sprechens im allgemeinen sind die Funktio-
    nen allgemeine Möglichkeiten des Sprechens, die in einer be-
    stimmten Sprache realisiert oder auch nicht realisiert sein kön-
    nen. "Realisiert" meint, daß die Sprache die Funktion mit ih-
    ren eigenen Mitteln ausdrückt, "nicht realisiert" bedeutet dage-
    gen, daß die Vermittlung der Funktion dem Kontext, der Si-
    tuation oder der Kenntnis der Sachen überlassen wird. Eine sol-
    che allgemeine Möglichkeit des Sprechens ist z.B. der Ausdruck
    der Funktion "Aufforderung" durch eine Form des Verbs.
2. Auf der Ebene der Einzelsprachen finden wir die in einer be-
    stimmten Sprache tatsächlich realisierten allgemein-sprachli-

chen Funktionen und ihre besondere Gestaltung in dieser einen
Sprache. Eine solche einzelsprachliche Funktion ist z.B. der Imperativ. Er kann in verschiedenen Sprachen unterschiedlich gestaltet sein. So hat etwa die eine Sprache nur einen Imperativ für
die 2. Person, eine andere dagegen auch einen für die 3. Person
oder die 1. Person Plural. Oder die eine Sprache hat nur einen
Imperativ im Präsens, die andere dagegen einen im Präsens und
einen im Futur. Es könnte auch sein, daß in einer Sprache der
Imperativ ganz fehlt und die allgemeine Funktion "Aufforderung" durch den Infinitiv oder durch den Interrogativ mitüber-
nommen wird. In dieser Sprache hätte man dann *Gehen!* oder
Gehst du (nicht)?, *Willst du (nicht) gehen?* und müßte Kontext
und Situation zu Rate ziehen, um in einem bestimmten Diskurs
die Textfunktion "Aufforderung" zu identifizieren.

3. Im Diskurs finden wir die Verwendung der sprachlichen Mittel
   für die Konstitution des Sinns, d.h. des dem Diskurs eigenen
   Inhalts. Wir haben hier z.B. die tatsächliche individuelle Aufforderung mit den zusätzlichen Merkmalen, die sie jeweils charakterisieren. Auf der Ebene des Diskurses ist zu klären, ob es
   sich um eine ernsthafte oder eine ironische Aufforderung handelt oder ob eine Aufforderung zu Möglichem oder zu Unmöglichem vorliegt. Eine Aufforderung zu Unmöglichem ist beispielsweise die berühmte Aufforderung des Archimedes:

> Gebt mir einen Stützpunkt außerhalb der Erde, und ich werde
> euch die Erde heben!

Die Aufforderung zu Unmöglichem hat hier einen besonderen
Sinn: sie dient zur Veranschaulichung der Hebelwirkung.

Nicht nur von einem textlinguistischen Gesichtspunkt, sondern
auch vom phonetischen, grammatischen und lexikalischen Gesichtspunkt aus muß man also die drei Ebenen berücksichtigen und fragen, welche allgemeinen Funktionen es im Sprechen schlechthin
gibt, ob diese Funktionen in einer bestimmten Sprache auf eine bestimmte Weise realisiert sind und wie sie gestaltet sind und wie die
Funktionen und die Mittel zu ihrem Ausdruck im Diskurs zur Konstitution von Sinn verwendet werden.

Auch wenn die Textlinguistik wie die anderen Disziplinen an allen drei Ebenen des Sprachlichen Anteil hat, so unterscheidet sie sich doch in einem wichtigen Punkt: Sie kann nämlich in rationaler Hinsicht nur eine "Allgemeinheit nach unten", aber keine "Allgemeinheit nach oben" für sich in Anspruch nehmen. Ihr Gegenstand bildet nämlich (bezüglich der Allgemeinheit) die unterste, d.h. die am weitesten determinierte Stufe der Manifestationen des Sprachlichen überhaupt. Der Text ist etwas Individuelles. Hierin unterscheidet sich die Textlinguistik von der Grammatik, d.h. der Wissenschaft von den Einzelsprachen. Die Grammatik kann eine gewisse Allgemeingültigkeit sowohl nach oben als auch nach unten geltend machen. Sie ist allgemeingültig nach unten, weil die festgestellten und gerechtfertigten einzelsprachlichen Verfahren für viele oder auch für alle Texte einer bestimmten Art gelten, und sie ist allgemeingültig nach oben, weil diese Verfahren einigen, vielen oder auch allen Sprachen gemeinsam sein können. Für die Textlinguistik dagegen, die die individuelle Ebene des Sprachlichen zum Gegenstand hat, kann es dagegen nur eine Allgemeingültigkeit nach oben geben: Man kann nämlich nur feststellen, was verschiedenen Texten gemeinsam sein kann. Die Allgemeingültigkeit der Textlinguistik betrifft somit nur die möglichen Gemeinsamkeiten einiger, vieler, oder - im Grenzfall - aller Texte [vgl. 1980: *Textlinguistik*, 151-152].

3. Die Natur der sprachlichen Kompetenz

3.0. Fragestellung

Wir kommen nun zum zweiten Problem der sprachlichen Kompetenz, nämlich zu dem ihres Wesens oder ihrer Natur. Für die sprachliche Kompetenz haben wir auch die Begriffe "Sprechenkönnen", "Fähigkeit zum Sprechen" oder einfach "sprachliches Wissen" verwendet. Bei der Diskussion des Umfangs dieses Wissens sind wir zu dem Ergebnis gekommen, daß drei Formen zu unterscheiden sind: das elokutionelle Wissen, das idiomatische Wissen und das expressive Wissen. Die Frage nach der Natur dieses Wissens setzt natürlich die Anerkennung von verschiedenen Formen nicht voraus. Sie ist bisher nur gestellt worden in bezug auf ein noch nicht differenziertes Wissen, d.h. auf ein sprachliches Wissen, das die verschiedenen Arten umfaßt und das oft mit dem idiomatischen Wissen identifiziert worden ist. Man hat vor allem gefragt: Was bedeutet es, eine Sprache sprechen zu können? Was ist die Natur dieser Fähigkeit bzw. dieses Wissens? Wir werden den Begriff "Natur des sprachlichen Wissens" zunächst so diskutieren, wie er bisher dargestellt worden ist. Wir werden aber die Ergebnisse der Diskussion auf das differenzierte sprachliche Wissen beziehen und nicht bloß auf das idiomatische Wissen.

Es gibt in der Sprachwissenschaft grundsätzlich zwei Auffassungen von der Natur des sprachlichen Wissens. Die ältere Auffassung, die schon oft ausdrücklich formuliert und in diesem Jahrhundert vor allem von Saussure vertreten worden ist, betrachtet das Sprechenkönnen als eine unbewußte Fähigkeit. Die früher nicht so explizit vertretene, aber vor allem durch Chomsky bekannt gewordene Gegenposition besagt, daß die Sprecher eine intuitive Kenntnis der Regeln ihrer Sprache haben. Wir wollen diese Positionen in den beiden nächsten Abschnitten diskutieren. Im Anschluß daran wird unsere eigene Auffassung zu entwickeln sein.

3.1.   Die Sprachkompetenz als unbewußtes Wissen

3.1.1. Die Auffassung Saussures

F. de Saussure vertritt im *Cours de linguistique générale* die Auffassung, daß die Sprachkompetenz eine unbewußte Fähigkeit sei. Er sagt:

> ...dieses System [der Sprache] ist ein komplizierter Mechanismus; man kann es nur durch Nachdenken fassen; sogar diejenigen, welche es täglich gebrauchen, haben keine Ahnung davon. [Saussure 1916/1967, 86]

Die Auffassung, die hier zum Ausdruck kommt, ist sehr viel älter. Sie hat im Grunde ihren Ausgangspunkt in der Lehre von der göttlichen Inspiration der Sprache, die in einfachen Worten so zusammengefaßt werden könnte: Die Sprachen sind allzu kompliziert und übersteigen in dieser Hinsicht die Fähigkeiten des Menschen. Man kann sie sich deshalb nicht als etwas vom Menschen selbst Geschaffenes vorstellen, sondern muß annehmen, daß sie von Gott inspiriert oder eingegeben worden sind. Wir finden diese Lehre beispielsweise bei dem Spanier L. Hervás im 18. Jh. ausdrücklich formuliert. Die Autoren, die heute die Sprachfähigkeit als unbewußte Fähigkeit auffassen, berufen sich natürlich nicht mehr auf die göttliche Inspiration. Wir werden aber noch sehen, daß es hier Zusammenhänge gibt.

Daneben bestand übrigens jahrhundertelang die andere und sicherlich richtigere Auffassung, daß zwar die Sprachfähigkeit schlechthin, d.h. die Fähigkeit, Sprache zu schaffen, dem Menschen durch seine Natur gegeben ist, daß aber die Einzelsprachen von den Sprechern in den Sprachgemeinschaften geschaffen werden. Schon Dante hat in der *Divina Commedia* Anfang des 14. Jh. diese Auffassung ausdrücklich formuliert:

> Opera naturale è c'huom favella;
> ma cosí o cosí, natura lascia
> poi fare a voi, secondo che v'abbella [Paradiso 26, V. 130-32]
> [Natur gebeut dem Menschen, daß er rede;
> Ob aber diese oder jene Sprache,
> Das überläßt sie euch und eurer Willkür -
> Übers. K. Witte, Berlin 1917]

Wir werden sehen, daß es falsch und unannehmbar ist, die Sprachkompetenz als unbewußte Fähigkeit aufzufassen. Es läßt sich sogar
zeigen, daß Widersprüche auftreten, wenn man diese Auffassung etwas näher betrachtet.

3.1.2. Das sprachliche Wissen als sicheres Wissen

Die These, daß das sprachliche Wissen ein unbewußtes Wissen sei,
geht von dem Faktum aus oder trägt ihm wenigstens implizit Rechnung, daß die Sprecher einerseits einen sehr komplizierten Mechanismus im Sprechen tatsächlich anwenden, daß sie sich aber andererseits keine Gedanken über diesen Mechanismus machen und seine Fakten und Regeln nicht ausdrücklich formulieren können. Wir
wollen dieses grundlegende Faktum etwas näher betrachten, damit
wir abschätzen können, ob die richtigen Folgerungen gezogen worden sind. Schauen wir uns zunächst ein Beispiel an:

In einem alten französischen Film tritt Gérard Philippe als Franzö-
sischlehrer in England auf. Er ist weder Grammatiker noch Lehrer
von Beruf, muß aber leben und gibt darum Französischstunden. Er
hat einer Schülerin zu erklären, daß es im Französischen anders als
im Englischen einen Unterschied zwischen dem maskulinen und
dem femininen Possessivpronomen gibt. Ich weiß nicht mehr genau,
ob es sich gerade um diese Beispiele handelte; jedenfalls gehörten sie
in diese Kategorie. In einem Fall verbessert er seine Schülerin, die
mon table gesagt hat:

> Nein, nicht *mon table*, sondern *ma table*, c'est du féminin.

Er gibt also eine Erklärung dafür, warum nicht *mon*, sondern *ma*
steht. In einem anderen Fall verbessert er seine Schülerin, weil sie
ma enfance gesagt hat:

> Nein, nicht *ma enfance*, sondern *mon enfance*, c'est du féminin.

Er begründet also die Form *mon enfance* damit, daß es sich um ein
Femininum handle, obwohl er kurz zuvor *mon* genau aus diesem
Grund abgelehnt hatte.

Was lehrt uns dieses Beispiel? Was sind die Fakten, von denen die
beiden Stellungnahmen ausgehen? Der Sprecher, Gérard Philippe,
weiß ganz genau, daß er *ma table* und nicht *mon table* zu sagen hat,

und er weiß auch ganz genau, daß er *mon enfance* und nicht *ma enfance* zu sagen hat und daß man es im Französischen so sagt. Er kann
aber diese sichere Kenntnis nicht erklären, kann nicht das tatsächliche Warum angeben. Er weiß zwar irgendwie, daß *mon* Maskulinum
und *ma* Femininum ist, kann aber mit diesem Wissen nicht erklären,
warum man *mon enfance* sagt. Ein Linguist könnte dagegen beispielsweise die folgende Erklärung geben:

> *Mon* ist die "neutrale" Form, die für das Maskulinum eintritt und für
> das Femininum dann, wenn das folgende Wort mit Vokal anlautet; *ma*,
> das Femininum, erscheint dagegen nur dann, wenn das folgende Wort
> in der Nominalgruppe nicht mit Vokal anlautet.

Das *mon* in *mon enfance* ist also nicht, wie Gérard Philippe meint,
durch das Genus von *enfance* bedingt. Würde zwischen das Possessivpronomen und das Substantiv ein konsonantisch anlautendes Adjektiv treten, so würde wieder *ma* erscheinen, und dieses wäre
tatsächlich durch das Genus bestimmt.

Aus unserem Beispiel könnte man nun durchaus den Schluß ziehen, daß die Sprecher zwar tatsächlich von dem Mechanismus der
Sprache einen alltäglichen Gebrauch machen, daß sie ihn aber nicht
kennen, d.h. daß sie sich der Regeln ihrer eigenen Sprache nicht bewußt sind. Wir müssen aber noch einen Schritt weiter gehen. Wenn
Gérard Philippe sagt: "Nein, nicht so, sondern so", so bringt er implizit zum Ausdruck: "Die Franzosen sagen es so" oder "So sagt
man im Französischen". Er bezieht sich also auf eine Gemeinschaft.
Wir machen das übrigens alle Tag für Tag, wenn wir beispielsweise
feststellen: "Nein, im Deutschen heißt dies so und so", d.h. "die
Deutschen sagen es so und so". Er bezieht sich also auf ein Wissen,
das in dieser Hinsicht objektiv für jeden Sprecher ist, weil es das
Wissen einer Gemeinschaft ist in der Hinsicht, daß andere Sprecher
über dasselbe oder ungefähr dasselbe Wissen verfügen.

Auf diese Tatsache bezieht sich die berühmte Formel Saussures
für die *langue*, die im Gegensatz zur *parole* einheitlich, homogen sei.
In der Rede habe man bei den verschiedenen Individuen immer etwas wenigstens teilweise anderes, eine unendliche Variation:

$$1 + 1' + 1'' + 1''' + \ldots$$

In der Sprache habe man dagegen ein und dasselbe für alle Mitglieder der Sprachgemeinschaft:

$$1 + 1 + 1 + 1 \ldots = I \text{ [vgl. Saussure 1916/1976, 23].}$$

Dies ist das eine Faktum, auf das sich die These vom unbewußten sprachlichen Wissen bezieht. Das andere Faktum besteht darin, daß der einzelne Sprecher auch in seiner Tätigkeit als Sprecher unsicher sein kann, daß er manchmal nicht genau weiß, wie er sich als Sprecher zu verhalten hat. So weiß er beispielsweise nicht immer, ob das eine oder das andere in seiner Sprache "korrekt" ist oder ob mehrere Varianten zulässig sind, z.B. ob *benützen* oder *benutzen*, *Generäle* oder *Generale* oder beides korrekt ist. Die beiden Fakten zeigen, daß das sprachliche Wissen existiert, weil es sich manifestiert; sie zeigen aber auch, daß dieses Wissen beim Individuum nicht unbedingt ein sicheres und vollständiges Wissen ist. Saussure zieht nun aus diesen Fakten den Schluß, daß das sprachliche Wissen nicht ein Wissen der Individuen sei, sondern ein kollektives Wissen.

3.1.3. Das kollektive Bewußtsein bei Saussure

Saussure ist der Auffassung, daß sich die individuellen Sprecher auf eine Gemeinschaft beziehen, wenn sie etwas als korrekt annehmen, als nicht korrekt ablehnen oder wenn sie unsicher sind, ob etwas korrekt ist oder nicht. Das sichere sprachliche Wissen befindet sich für Saussure nicht beim Individuum, sondern bei der "Masse". Hier zeigt sich nun der Parallelismus zwischen der traditionellen Auffassung der göttlichen Inspiration und Saussures Annahme eines kollektiven Bewußtseins. In der Tradition betrachtete man die Sprache als Geschenk Gottes, weil sie für den Menschen zu kompliziert sei. Das Wissen, mit dem man den Mechanismus der Sprache schafft, wird also auf eine dem Menschen weit überlegene Macht verlagert. Analog betrachtet Saussure die Sprache als für den einzelnen zu kompliziert. Er verlagert das sichere und vollkommene sprachliche Wissen auf die "Masse" und ihr "kollektives Bewußtsein":

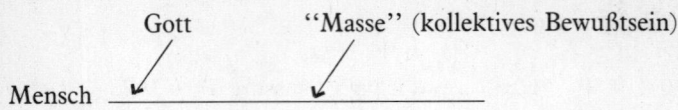

Die Fakten, auf die sich Saussure bei seiner Stellungnahme beruft, sind richtig festgestellt. Es ist tatsächlich so, daß das sprachliche Wissen für jeden Sprecher ein gemeinschaftliches Wissen ist, d.h. ein Wissen, das auch anderen Individuen gehört, und es ist auch richtig, daß dieses Wissen unter Umständen unsicher sein kann. Trotzdem ist die Lösung Saussures falsch und widersprüchlich. Die Fakten besagen nämlich überhaupt nicht, daß die Tätigkeit des Sprechens unbewußt wäre; und ein kollektives Bewußtsein im eigentlichen Sinne gibt es nicht. Das sog. kollektive Bewußtsein ist nur der Name einer Dimension des individuellen Bewußtseins. Kollektiv ist - um es ein wenig paradox auszudrücken - jeder von uns und nicht irgendein kollektives Wesen.

Die Behauptung, daß ein Wissen unbewußt sei, ist eine contradictio in adiecto. Der Gedanke, das sprachliche Wissen nicht beim Individuum, sondern im kollektiven Bewußtsein anzusiedeln, ist bloß eine Verlegenheitslösung. Man erkennt zwar, daß das sprachliche Wissen ein (weitgehend) sicheres Wissen ist und daß das Individuum dieses Wissen nicht rechtfertigen kann, zieht aber die falschen Schlüsse. In dem Buch *Synchronie, Diachronie und Geschichte* haben wir mit vielen Argumenten gezeigt, daß das "kollektive Bewußtsein" ein sophistischer Begriff ist [1958/1974, 25-37]. Dieser Begriff wurde vor allem von dem französischen Soziologen E. Durkheim vertreten, kam aber auch schon früher als vorwissenschaftlicher Begriff immer wieder vor. Nach meiner Auffassung hat man den Begriff des "kollektiven Bewußtseins" nur deswegen geschaffen, weil man von einem Individuum ausging, das eigentlich außerhalb der Gemeinschaft steht, d.h. von einem asozialen Individuum. Betrachtet man dagegen das Individuum selbst als sozial, so braucht man diesen Begriff überhaupt nicht. Durkheim übersieht, daß die sozialen Fakten a u c h Fakten von Individuen sind, und zwar von Individuen, die die Dimension der Alterität aufweisen, d.h. von

Individuen, die Mit-Menschen sind und z.B. als Sprechende Mit-Sprechende.

Die Idee vom obligatorischen Charakter der sozialen Fakten, d.h. die Idee, daß die sozialen Fakten dem Individuum aufgezwungen würden, daß das Individuum sie nicht modifizieren und noch weniger schaffen könne, beruht auf allerlei Verwechslungen. In Wirklichkeit sind die sozialen Fakten obligatorisch nicht im Sinne eines Zwangs, sondern im ursprünglichen Sinne des lateinischen Wortes *obligatio*, das eine frei angenommene Verpflichtung bedeutete. Die sozialen Fakten sind also v e r p f l i c h t e n d , aber kein Zwang. Außerdem stimmt es nicht, daß die Individuen die sozialen Fakten nicht ändern. Diese Idee beruht auf der Verwechslung zwischen *omnes* und *cuncti*, d.h. zwischen allen Individuen getrennt genommen und den Individuen zusammen genommen. Es ist zwar richtig, daß ein einzelnes Individuum das soziale Faktum nicht schafft und nicht ändert. Das soziale Faktum gehört nämlich zugleich anderen Individuen an, so daß nur dann eine Modifizierung dieses Faktums eintreten kann, wenn sie von den anderen Individuen dieser Gemeinschaft angenommen wird. Man könnte die Feststellung, daß ein Individuum das soziale Faktum nicht ändert, für jedes einzelne Individuum einer Gemeinschaft wiederholen. Eine solche Feststellung bedeutet aber immer, daß man jedes Individuum für sich getrennt berücksichtigt hat. Man sagt eigentlich nur, daß das soziale Faktum von e i n e m Individuum nicht geändert wird, wenn die anderen Individuen der Gemeinschaft diese Änderung nicht übernehmen. Die Feststellung, daß das einzelne Individuum das soziale Faktum nicht ändert, ist zwar richtig für *omnes*, d.h. für jedes Individuum getrennt genommen bzw. für alle, aber alle individuell betrachtet. Sie gilt aber nicht für *cuncti*, d.h. für alle zusammen:

omnes   cuncti

ⓧ ⓧ ⓧ ⓧ ⓧ   (x x x x x)

Das einzelne Individuum kann nämlich sehr wohl die Initiative zur Modifizierung der sozialen Fakten ergreifen. Es wird aber nur dann ein neues soziales Faktum schaffen, wenn seine Modifikation von anderen Individuen aufgegriffen wird. Ein individuelles Faktum wird gerade dadurch zu einem sozialen Faktum, daß es von einem anderen Individuum und weiterhin von anderen Individuen eventuell bis hin zur ganzen Gemeinschaft übernommen wird. Die Art, wie soziale Fakten geschaffen werden, ist nämlich die Übernahme durch andere Individuen. Das Schaffen von sozialen Fakten vollzieht sich also bei den Individuen selbst.

Insbesondere in der Theorie des Sprachwandels hat man sich des öfteren auf das kollektive Wissen und das kollektive Schaffen von sozialen Fakten bezogen. Man hat angenommen, daß Neuerungen auf einmal in einer ganzen Gemeinschaft entstehen würden. Dies ist sicher nicht ohne empirische Berechtigung. Zum einen kann man meist nicht bis zu den ersten Individuen vordringen, die etwas Neues geschaffen haben. Wir können die neuen Fakten erst feststellen, wenn sie gemeinschaftlich geworden sind. Zum anderen kann das neue Faktum gemeinschaftlichen Bedürfnissen entsprechen. Es ist darum möglich, daß mehrere Individuen in der gleichen historischen Situation zu gleichen Lösungen kommen. Schon Hegel hat bemerkt, daß im eigentlichen Sinn nur das Individuum schafft, daß man aber metaphorisch sagen kann, die Völker würden etwas schaffen, weil das vom Individuum Geschaffene der Einstellung oder Situation einer ganzen Gemeinschaft entsprechen kann. In diesem Fall schafft das Individuum sozusagen als Vertreter der Gemeinschaft. Bei der Sprache ist dies schon ursprünglich so. Das, was sprachlich geschaffen wird, ist von Anfang an auch "für andere" geschaffen, d.h. zum Miteinandersprechen, und es wird in einer bestimmten Sprache wie Deutsch, Englisch, Französisch usw. geschaffen, entspricht somit bereits beim Ursprung im Individuum der gemeinschaftlichen Sprache.

Es hat also schon eine gewisse empirische Berechtigung, wenn man vom kollektiven Wissen und vom kollektiven Schaffen spricht. Man muß sich aber darüber im klaren sein, daß es sich hier nur um eine metaphorische Redeweise handeln kann. Der italienische Philosoph Stefanini hat dies prägnant mit den folgenden Worten zum Ausdruck gebracht:

> I figli di genitori ignoti non sono certo figli di un ente collettivo [Die Kinder unbekannter Eltern sind sicherlich nicht Kinder eines kollektiven Wesens]. [Stefanini 1955, 122]

So viel zur Kritik der Auffassung, die Sprachkompetenz sei ein unbewußtes Wissen. Eigentlich liegt hier eine Verwechslung zwischen unbewußtem Wissen und intuitivem Wissen vor. Wie unser Beispiel mit Gérard Philippe gezeigt hat, ist das sprachliche Wissen zwar ein sicheres Wissen und als solches durchaus bewußt, es ist aber ein Wissen, das nicht genügend begründet werden kann. Dies ist, wie wir in den nächsten Abschnitten sehen werden, gerade für das intuitive Wissen charakteristisch.

3.2. Die Sprachkompetenz als intuitives Wissen

3.2.1. Die Auffassung Chomskys und ihre Quellen

Die zweite Auffassung von der Natur des sprachlichen Wissens wird von N. Chomsky vertreten. Sie besagt, daß der naive Sprecher eine intuitive Kenntnis von seiner Sprache besitzt. An diese Auffassung wird die methodische Folgerung geknüpft, daß es nicht nur zulässig, sondern sogar notwendig sei, das intuitive sprachliche Wissen zur Grundlage für die Beschreibung der sprachlichen Kompetenz zu machen. Der Linguist habe dabei entweder von seinem eigenen intuitiven Wissen als naiver Sprecher auszugehen, oder er habe andere naive Sprecher zu fragen, ob sie diesen oder jenen Ausdruck für "korrekt" in ihrer Sprache halten.

Die Idee, daß das sprachliche Wissen ein intuitives Wissen sei, geht wahrscheinlich auf B. Croce zurück, der die Sprache allgemein als Form der intuitiven Erkenntnis auffaßt [vgl. Croce 1902]. Unseres Erachtens hat Chomsky diese Idee über E. Sapir kennengelernt [vgl. Sapir 1921/1961, 117], der Croce besonders schätzte und sich ausdrücklich auf ihn bezieht. In der Sprachwissenschaft existierte die Idee schon vor Croce, allerdings in einer weitgehend unbegründeten Form.[1] Sie findet sich in der psychologisierenden Linguistik,

---

1 Einer vergleichbaren Position, die wir für sehr wichtig halten, begegnet man auch in der Phänomenologie, auch wenn es sich dabei eher um eine

insbesondere in der Phonemtheorie von Baudouin de Courtenay, der
das Phonem, d.h. die phonische Einheit in einer Sprache, als eine
Lautvorstellung betrachtete [vgl. Baudouin de Courtenay 1895, 9].
Möglicherweise hat auch Baudouin de Courtenay Sapir unmittelbar
beeinflußt. Denn auch Sapirs Phonemtheorie ist noch eine psycholo-
gisierende Theorie so wie die von Baudouin de Courtenay (und die
von Trubetzkoy in ihren Anfängen). Wir dürfen also den folgenden
ideengeschichtlichen Zusammenhang annehmen:

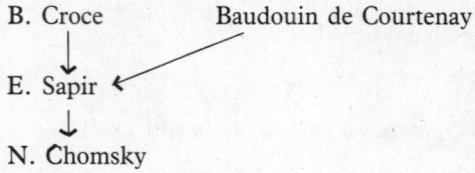

Chomsky hat seine Position formuliert als ausdrückliche Gegenposition zu einer sprachwissenschaftlichen Richtung, die das Problem
der Natur des sprachlichen Wissens nicht nur ausdrücklich nicht
stellt, sondern sogar die Problemstellung für unzulässig hält. Es handelt sich dabei um all die Bereiche der Linguistik oder der Sprachtheorie, die auf dem Behaviorismus aufbauen. Dies ist der Fall im
Bloomfieldismus, dieser sehr wichtigen Ausrichtung der nordamerikanischen Linguistik, und - weniger explizit - in Teilen der englischen Linguistik. In diesen Bereichen gilt der Bezug auf das Wissen
der Sprecher und auf die Introspektion als Methode oder als Grundlage der Methode für unzulässig. Stattdessen wird - grob gespro-

---

philosophische als um eine sprachwissenschaftliche Stellungnahme handelt. In dem Aufsatz ''Phénoménologie et linguistique'' wird sie von dem
Holländer H. Pos ausdrücklich formuliert. Pos bezieht sich auf den Hus-
serlschen Begriff des ''Urwissens'', des ''savoir originaire'', d.h. auf das
ursprüngliche, vorwissenschaftliche Wissen, das der Mensch in bezug
auf sich selbst und seine eigenen Tätigkeiten besitzt, und vertritt die Auffassung, daß das sprachliche Wissen ein Wissen von dieser Art sei. Allerdings wird die Natur des sprachlichen Wissens hier nur negativ bestimmt
durch die Opposition zum wissenschaftlichen, d.h. zum reflexiven Wissen der Linguisten in bezug auf die Sprachen [vgl. Pos 1938].

chen - folgende Auffassung vertreten: Wir brauchen uns eigentlich
um die Natur des sprachlichen Wissens nicht zu kümmern, sondern
können uns damit begnügen, das Verhalten der Sprecher als solches
zu beschreiben. Nur das Verhalten der Sprecher ist objektiv, d.h. in-
tersubjektiv feststellbar und damit wissenschaftlich beschreibbar.
Das, was der Sprecher weiß und meint, weiß oder meint er gerade
als Nichtwissenschaftler. Es ist darum methodisch gefährlich, von
diesem nichtwissenschaftlichen Wissen auszugehen. Auch das, was
der Sprachwissenschaftler in bezug auf die Sprache und auf seine eigene Sprache weiß, bevor er die Sprache wissenschaftlich untersucht
hat, weiß und meint er nur als Nichtwissenschaftler, und deshalb
muß er bei der wissenschaftlichen Untersuchung dieses Wissen aus-
klammern. Die Wissenschaft kann nur das äußere Verhalten feststellen und in diesem Verhalten Regelmäßigkeiten identifizieren.
Das Problem der Natur des sprachlichen Wissens kann folglich in
diesem Rahmen gar nicht gestellt werden.

In verschiedenen Schriften, vor allem aber in der berühmt ge-
wordenen Besprechung von B. Skinners *Verbal Behavior* (1957) hat
N. Chomsky seine Auffassung vom sprachlichen Wissen und seinem
methodischen Wert bei der Ausarbeitung einer generativen Grammatik herausgearbeitet. Hier erscheint die These Chomskys in bezug
auf die Natur des sprachlichen Wissens als direkte, klare und eindeutige Opposition gegen den Behaviorismus, und hier erscheinen
auch die Schlußfolgerungen über den methodischen Wert des
sprachlichen Wissens bei der Ausarbeitung einer Grammatik
[Chomsky 1959].

3.2.2. Die Stellungnahmen der naiven Sprecher

Wir halten die Auffassung Chomskys, daß das sprachliche Wissen
ein intuitives Wissen ist, für im Grunde richtig. Die Anwendung
dieser Idee in der generativen Grammatik und ihre sprachtheoretische Motivierung zeigen jedoch, daß sie einer tatsächlichen Begründung entbehrt. Sie beruht eher auf einer Verwechslung des intuitiven Wissens des naiven Sprechers mit dem reflexiven Wissen des
Linguisten und damit letztlich doch auf einer Verkennung der tatsächlichen Natur des sprachlichen Wissens. Wir können uns hier auf

die beiden wichtigsten Argumente beschränken, weil wir dies an anderer Stelle ausführlicher begründet haben.

Was die Anwendung betrifft, so bezieht sich die generative Grammatik des öfteren auf die ausdrücklichen Stellungnahmen der Sprecher. Sie nimmt an, daß sie dem intuitiven Wissen entsprechen. Dies ist jedoch nicht der Fall. Die ausdrücklichen Stellungnahmen der Sprecher sind nicht mehr bloß intuitives Wissen, sondern schon Versuche oder Ansätze in Richtung auf ein reflexives Wissen. Wenn die Sprecher zu ihrer Sprache Stellung nehmen, sind sie schon "Linguisten", und als naive Sprecher sind sie normalerweise sehr schlechte Linguisten, wie das Beispiel mit Gérard Philippe gezeigt hat, der das *mon* in *mon enfance* damit begründet, daß es sich um ein Femininum handle. Sobald die Stellungnahmen der Sprecher einen Kommentar enthalten, sind sie keine unmittelbare Manifestation des intuitiven Wissens mehr. Das intuitive Wissen zeigt sich in der Tätigkeit des Sprechens und Verstehens selbst. Um es zu ermitteln, muß man beobachten, wie die Sprecher sprechen und wie sie das Sprechen anderer interpretieren. Man muß freilich ihre Reaktionen beobachten, aber nicht die Reaktionen, die einen Kommentar darstellen, sondern nur die Reaktionen, die die bloße Annahme oder Ablehnung einer Ausdrucksweise beinhalten.

Aus einem empirischen Grund genügt es aber nicht, die Reaktionen im Einzelfall festzustellen. Man muß notwendigerweise immer eine Reihe von Fällen heranziehen, weil der Sprecher und auch der Linguist sich im Einzelfall irren können. Der Einzelfall ist an sich ein Faktum der Rede. Die Rede realisiert zwar die entsprechende Kompetenz, sie realisiert sie aber nur in bestimmten Kontexten und Determinationen und nicht in allen Kontexten, in denen ein Ausdruck erscheinen könnte. In empirischer Hinsicht denkt sich der Sprecher das Beispiel, das ihm vorgelegt wird, in einem bestimmten Kontext, und in diesem Kontext kann der Ausdruck annehmbar oder nicht annehmbar sein. Auch der Linguist ist als Sprecher tätig, wenn er Beispiele anführt, auch er realisiert seine Kompetenz in einem bestimmten Zusammenhang und denkt nicht an alle möglichen Kontexte. Hierzu ein Beispiel, das ich immer wieder anführe: Ein deutscher Linguist behauptet, der Satz

Heinrich Heine ist ein deutscher Dichter, der ein Lyriker ist

sei im Deutschen ungrammatisch, d.h. in keinem Kontext zulässig. Ich habe diesen Satz mit meinen Assistenten geprüft, und jeder hat als erste Reaktion gesagt, dieser Satz sei im Deutschen nicht möglich. Warum? Meine Assistenten haben bei dieser Beurteilung nicht an alle möglichen Kontexte gedacht. Tatsächlich gibt es Kontexte, in denen dieser Satz völlig korrekt ist, z.B.:

A: Es gibt keine deutschen Dichter, die Lyriker sind.
B: Doch, Heinrich Heine ist ein deutscher Dichter, der ein Lyriker ist.

Normalerweise denkt man sich aber einen Ausdruck in einem ganz bestimmten Kontext und entscheidet eigentlich nur aufgrund dieses individuell angenommenen Kontextes.

In einem Vortrag in Spanien hat ein katalanischer Linguist eine Reihe von Beispielen dieser Art für das Spanische angeführt und an ihnen gezeigt, daß Regeln, die andere Linguisten formuliert hatten, unzutreffend bzw. unzulänglich sind. Diese Regeln waren deshalb unbefriedigend, weil die für unmöglich ("ungrammatisch") gehaltenen Konstruktionen in bestimmten Kontexten doch als vollkommen grammatisch erscheinen können, so z.B. die Regel, gemäß der das spanische Verb *contar* 'zählen', 'aufzählen' nicht mit einem Objekt im Singular kombiniert werden könne, weil nur mehrere Objekte zählbar seien. Es ist nun zwar richtig, daß man nur mehrere Objekte zählen kann und daß sich *contar* notwendigerweise auf mehrere Objekte bezieht. Dies bedeutet aber überhaupt nicht, daß dieses Verb nicht mit dem Singular erscheinen kann.

Denn es kann dem deutschen Verb *mitzählen* entsprechen, d.h. 'etwas in einer Menge, mit anderen Sachen zusammen zählen'. Es ging um das Beispiel:

contar el cuchillo,

das auf den ersten Blick als unmöglich erscheint. Die Konstruktion ist aber sehr wohl möglich, wenn *contar* die Bedeutung 'mitzählen' annimmt. Im Deutschen haben wir für solche Fälle das Verb *mitzählen*; das Spanische macht jedoch diesen Unterschied nicht und läßt auf für das Mitzählen das Verb *contar* zu, z.B.:

¿Contaste el cuchillo? ('Hast du auch das Messer mitgezählt?')
¡Cuenta el cuchillo! ('Zähl das Messer mit!')

Und die Redebedeutung (Bedeutungsvariante) 'mitzählen' ergibt
sich gerade aus dem Gebrauch mit dem Objekt im Singular, d.h. aus
der Tatsache, daß ein Verb, das sich seiner Sprachbedeutung nach
notwendigerweise auf mehrere Objekte bezieht, mit einem Singular
konstruiert wird. Anders gesagt: der Singular schließt hier 'unter
mehreren Objekten' mit ein. Die falsche Regel war also dadurch zu-
standegekommen, daß die Grammatiker bei der Realisierung ihrer
Kompetenz die Konstruktion von *contar* nur in bestimmten Kontexten betrachtet hatten [vgl. auch oben 2.3.1.].

Man kann sich auf die Reaktionen der Sprecher nur dann sicher
verlassen, wenn es um Fakten geht, die grundsätzlich kontextfrei
sind oder für alle Kontexte gelten. Solche Fakten betreffen in den
Einzelsprachen das phonische und das morphologische System, d.h.
die Formen selbst. So kann man Beispiele wie *Häuse* oder *Bäumer
anstelle von *Häuser* oder *Bäume* verwenden, um festzustellen, ob sie
angenommen werden oder nicht. Man kann aber ''unmöglich'' Beispiele heranziehen, bei denen es um Kombinationen von Inhalten
geht. Denn diese Kombinationen könnten, auch wenn sie in den üblichen Kontexten abgelehnt werden, für ganz bestimmte Kontexte
ohne weiteres doch das richtige sein. Mit D. D. Bolinger kann man
sagen, daß es nicht so sehr darum geht, Konstruktionen als unmöglich abzulehnen, sondern eher darum, für Konstruktionen passende
Kontexte zu finden [Bolinger 1975; vgl. auch 1980: *Textlinguistik*,
16].

3.2.3. Die Motivierung des intuitiven Wissens

Der zweite Einwand, der gegen Chomskys Auffassung von der Natur des sprachlichen Wissens zu machen ist, betrifft die Motivierung
dieses Wissens. Bei Chomsky erfolgt nämlich die Motivierung des
sprachlichen Wissens durch den ''Innatismus'', d.h. durch die Annahme angeborener Ideen. Die meisten Generativisten nehmen zu
diesem Problem nicht ausdrücklich Stellung, so daß man annehmen
darf, daß sie Chomskys Auffassung stillschweigend akzeptieren. In
welchem Umfang bei der Sprache angeborene Ideen, d.h. ein ange-

borenes Wissen, anzunehmen sei, ist eigentlich nie genau gesagt worden. Es wird immer wieder behauptet, daß angeborene Ideen sehr wahrscheinlich oder notwendig seien und daß man sie brauche, wenn man die Konstruktion von einzelsprachlichen Systemen erklären wolle. Außerdem wird immer wieder gesagt, daß der alte Streit zwischen der rationalistischen Annahme der angeborenen Ideen und der empiristischen Annahme, daß das Wissen nur auf Erfahrung beruhe, noch nicht entschieden sei und daß man auf die vorempiristische Auffassung zurückkommen müsse, nach der der Mensch über gewisse angeborene Ideen verfüge.

In dieser Stellungnahme zeigt sich zweierlei. Zum einen zeigt sich - was nicht besonders schlimm wäre - schlichte Unkenntnis der tatsächlichen Lage in der philosophischen Diskussion. Die angeborenen Ideen in dem Sinn, den sie vor J. Locke hatten, dürfen als längst begraben gelten. Sie sind insbesondere überwunden durch die Diskussion der Bedingungen der Erkenntnis überhaupt durch Kant und durch die Annahme der Synthese a priori, die dann später durch Hegel zur eigentlichen Dimension der Erkenntnis gemacht wurde (Hegel faßt nämlich die Erkenntnis als kreativ, als bildend auf).

Zum zweiten zeigt sich - und das ist das wichtigere - die grundsätzliche Unbeholfenheit einer im Grunde positivistischen Auffassung, der menschlichen Kreativität gerecht zu werden. Chomsky und seine Anhänger sind nicht bereit, die Kreativität einfach als Faktum festzustellen und zu akzeptieren, sondern versuchen, sie auf etwas anderes zurückzuführen, was keine Kreativität mehr ist. Im allgemeinen hat das positivistische Denken besondere Schwierigkeiten mit der Kreativität, d.h. mit der Tatsache, daß der Mensch Kultur schafft. Man versucht zum einen, die Kreativität zu leugnen und auf die Erfahrung zurückzuführen. Hier steht man jedoch vor der Schwierigkeit zu erklären, wie es zu den besonderen Kombinationen der Erfahrung kommt und worin die Wahl besteht, die der Mensch gegenüber der Erfahrung doch stets trifft. Die Tatsache bleibt ausgeklammert, daß der Mensch - schon bei der Bildung der Begriffe - stets über die Erfahrung hinausgeht und Universelles schafft (wir kommen darauf zurück). Wenn andererseits das positivistische Denken die Kreativität doch anerkennt, so versucht es, sie positivistisch zu erklären, d.h. auf Fakten der gleichen Art zurückzuführen. So wird das sprachliche Wissen nicht auf die besonderen Möglichkeiten des Menschen zurückgeführt, sprachliches Wissen zu schaffen, sondern wiederum auf ein Wissen: ein sprachliches Wissen, das angeboren sei.

Nach unserer Auffassung ist die Kreativität dagegen ein primäres Faktum, das der besonderen Beschaffenheit des Menschen entspricht. Auch im Falle der Sprache geht der Mensch stets über die Erfahrung hinaus und schafft sozusagen Projekte des Möglichen. So ist es beispielsweise bei der Bildung der Begriffe. Wie wir an anderer Stelle sagten, geht es bei der Begriffsbildung nicht darum, die Gemeinsamkeiten der Gegenstände einer Klasse zu abstrahieren. Ginge man so vor, müßte die Abgrenzung der Klasse vorher schon gegeben sein. Denn sonst wäre es nicht erklärlich, daß man das Gemeinsame gerade nur bei Gegenständen der gleichen Klasse feststellt und nicht bei allerlei Gegenständen.

Wie kommen wir z.B. zum Begriff "Baum"? Wir kommen sicherlich zu diesem Begriff aufgrund von Bäumen, die wir gesehen haben. Wir erkennen aber in einem Baum, den wir tatsächlich erfahren haben, die Möglichkeit einer Art des Seins, auf die wir dann die anderen Bäume zurückführen. Wir stellen zwar Gemeinsamkeiten zwischen den Gegenständen fest, die wir als Bäume identifizieren. Diese Feststellung der Gemeinsamkeiten beruht aber darauf, daß wir die Gegenstände, die wir neu erfahren, auf die Art des Seins, d.h. auf die unendliche Möglichkeit "Baum", die wir eigentlich konstruiert haben, zurückführen.

Genauso ist es bei der Erlernung der Bedeutungen in der Sprache. Man sagt sehr oft, daß man die Bedeutungen aus den Kontexten deduziert und daß sie je nach Kontext verschieden sind. Dies betrifft jedoch nicht die Natur der Bedeutungen, sondern nur die Art, wie man sie lernt. Man lernt Bedeutungen sicher in bestimmten Verwendungen. Das, was man erfährt und feststellt, ist jedoch immer eine besondere Anwendung der Bedeutung. Das, was man lernt, ist dagegen die unendliche Möglichkeit der Anwendung auf mögliche, aber noch nicht erfahrene Fakten dieser Art, d.h. die unendliche Möglichkeit der Bezeichnung, die gerade notwendigerweise über das schon Festgestellte hinausgeht. So haben wir z.B. das Wort *Baum* als Bezeichnung für diesen oder jenen Baum tatsächlich erfahren, d.h.

wir haben erfahren, daß das Wort zur Bezeichnung bestimmter Gegenstände angewandt wird. Wir lernen aber die unendliche Möglichkeit, Fakten, die wir neu erfahren, auf die Bedeutung *Baum* zurückzuführen; und wir führen die Bezeichnung (das zu Bezeichnende) auf eine Bedeutung zurück, wenn wir uns fragen, ob ein neu erfahrenes Faktum ein 'Baum' ist oder nicht.

Das Lernen erfolgt zwar immer und notwendigerweise in Kontexten und Situationen. Es ist aber kreativ, d.h. es schafft Bedeutungen, die nicht unbedingt denen entsprechen, die in einer bestimmten Einzelsprache traditionell sind. Mehr noch: die Bedeutungen, die das Kind lernt, sind meist nicht oder doch nur zufällig den Bedeutungen der Erwachsenen gleich. Das Erlernen der Sprache durch das Kind ist einerseits ein kontinuierliches Schaffen von Bedeutungen, d.h. ein Schaffen von Projekten und Systemen, und andererseits ein kontinuierlicher Verzicht auf das Geschaffene oder eine Modifizierung des Geschaffenen, damit es der Sprache der Erwachsenen angepaßt wird. Unter diesem Gesichtspunkt müßte man das Erlernen der Sprache durch das Kind untersuchen, d.h. als eine stetige kreative Tätigkeit und als ein Opfer: Das Kind opfert das, was es selbst geschaffen hat, wenn es feststellt, daß es nicht wirksam ist in der Kommunikation mit den Erwachsenen oder mit anderen Kindern. Ist das, was das Kind geschaffen hat, aber wirksam, d.h. wird es von den Erwachsenen übernommen, dann bleibt es in der Tradition der Sprache, wenigstens in der sprachlichen Tradition einer Familie. Wir alle kennen aus der Erfahrung Bedeutungen, die von Kindern geschaffen wurden und im kleinen Kreis der Familie weiterleben, weil sie von ihr übernommen worden sind. In diesem Fall verzichtet das Kind nicht auf die neu geschaffenen Bedeutungen. Der Verzicht kommt vielleicht später, wenn es in die Schule kommt oder wenn es feststellt, daß in anderen Familien diese Bedeutungen nicht gelten.

Eine sehr weit verbreitete Auffassung besteht darin, daß das Ziel der Spracherlernung gegeben ist, etwa die Beherrschung der Erwachsenensprache, und daß sich das Kind diesem Ziel allmählich und fortschreitend annähert. Diese Auffassung ist jedoch sowohl theoretisch als auch empirisch falsch. Die Annäherung an die Sprache der Erwachsenen erfolgt nicht von einem Nichtwissen her und durch progressives Lernen, sondern stets durch das Schaffen von

Projekten der Sprache und durch die fortschreitende Anpassung dieser Projekte an die Sprache der Erwachsenen. Sagt man z.B. zu einem Kind "Das ist ein Ochse", dann kann es eine Bedeutung bilden - und das ist das übliche -, die keineswegs der Bedeutung *Ochse* in der Sprache der Erwachsenen entspricht. Es kann z.B. eine Bedeutung sein, die den Ochsen, die Kuh und das Kalb u.a. einschließt, oder die noch sehr viel mehr umfaßt, nämlich alle großen Tiere oder alle Tiere von bestimmten Dimensionen. So kann das Kind, wenn es ein Pferd sieht, beispielsweise sagen: "Das ist ein Ochse". Seine Mutter wird ihm wahrscheinlich widersprechen: "Nein, das ist kein Ochse, das ist ein Pferd", und das Kind wird die Bedeutung, die es geschaffen hat, modifizieren, d.h. es wird auf das Geschaffene verzichten.

3.3.   Das sprachliche Wissen als technisches Wissen

3.3.1. Das Bekannte und das Erkannte

Die Natur des sprachlichen Wissens wird in der Sprachwissenschaft nur selten oder überhaupt nicht als Problem erkannt. Wie wir gesehen haben, wird im allgemeinen zwischen Wissen und Unwissen unterschieden. Saussure nimmt an, daß die Sprecher kein Wissen über den Mechanismus der Sprache besitzen. Chomsky geht zwar von einem intuitiven Wissen der Sprecher aus, unterscheidet aber die Züge des intuitiven Wissens nicht von denen des reflexiven Wissens. Nur Hermann Paul hat in seinen *Prinzipien der Sprachgeschichte* [Paul 1920, 50-54] das Problem gesehen und sogar versucht, Stufen und Arten des sprachlichen Wissens zu unterscheiden. Allerdings kommt er zu keiner befriedigenden Lösung.

Ausführlicher wurde das Problem von mir selbst gestellt, und zwar 1957 in der ersten spanischen Auflage meines schon mehrfach erwähnten Buches *Synchronie, Diachronie und Geschichte* [1958/1974, 49-51]. Ich habe dort auch Beispiele herangezogen, wie sie später in der Transformationsgrammatik verwendet wurden.

Um die Natur des sprachlichen Wissens zu erfassen, kann man von der Unterscheidung Hegels zwischen "bekannt" und "er-

kannt'' ausgehen. Hegel unterscheidet mit diesen beiden Ausdrük-
ken zwischen dem nicht begründeten Wissen und dem begründeten
oder vollkommen begründeten Wissen, d.h. dem Wissen, das zwar
vom nicht begründeten Wissen ausgeht, auf dieses Wissen aber zurückkommt und es begründet. In diesem Sinne ist das (noch) nicht
begründete Wissen also das "Bekannte" und das reflexive Wissen
das "Erkannte", weil es auf sich selbst zurückkommt und es fun-
diert.[1] Wendet man Hegels Begriffe auf das sprachliche Wissen an,
so kann man unterscheiden zwischen dem Wissen der Sprecher, die
keine Begründungen kennen, und dem Wissen der Linguisten, denen auch die Gründe bekannt sind. Die Aufgabe der Linguisten besteht gerade darin, das nicht begründete, nicht wissenschaftliche
Wissen der Sprecher zu einem reflexiven, einem wissenschaftlichen
Wissen zu machen. In diesem Sinne folgen die Linguisten bewußt
oder unbewußt dem Rat von Hegel: "Alle Kenntnis muß Erkenntnis werden."

3.3.2. Die Stufen der Erkenntnis bei Leibniz

Viel differenzierter als die Unterscheidung Hegels und darum für die
Bestimmung der Natur des sprachlichen Wissens viel hilfreicher ist
die Unterscheidung von Stufen der Erkenntnis, die G. W. Leibniz
1684 in der kleinen, aber epochemachenden Abhandlung "Meditationes de cognitione, veritate et ideis", d.h. "Überlegungen zur Erkenntnis, zur Wahrheit und zu den Ideen" [Leibniz 1684/1965]
getroffen hat. Ich meine es nicht als Scherz, wenn ich immer wieder
sage, daß man diese für die Begründung verschiedener Disziplinen
im humanwissenschaftlichen Bereich außerordentlich wichtige Abhandlung eigentlich auswendig lernen müsse.

---

1 Für Hegel ist das reflexive Wissen das Wiedererkannte, das mit Begründung Erkannte. Berühmt ist ein Bild von Hegel, unter das er den folgenden Spruch geschrieben hat:

   Alle Kenntnis muß Erkenntnis werden.
   Wer mich kennt, wird mich hier erkennen.

In diesem Wortspiel kommt die Idee der Übertragung des Bekannten auf
die Ebene des Erkannten prägnant zum Ausdruck.

Leibniz setzt sich in seiner Abhandlung mit den Ideen zum Wissen und zur Erkenntnis auseinander, die insbesondere bei Descartes im "Discours de la méthode" erscheinen. Nach Descartes ist die Klarheit der Ideen ein Anzeichen für das sichere und das methodisch gesicherte Wissen. Im Gegensatz dazu unterscheidet Leibniz eine Reihe von Stufen in der Erkenntnis. Innerhalb der *cognitio*, der Erkenntnis, unterscheidet er zunächst zwischen einer *cognitio obscura* und einer *cognitio clara*, d.h. einer dunklen und einer klaren Erkenntnis. Hier könnte man noch meinen, es ginge wie bei Descartes um die Klarheit der Ideen. Leibniz zeigt aber, daß innerhalb der *cognitio clara* weitere Unterscheidungen notwendig sind, wenn man zur Charakterisierung des wissenschaftlichen Wissens gelangen will. Die Aufgabe, die er sich stellt, besteht nämlich gerade darin: das wissenschaftliche Wissen zu charakterisieren und abzugrenzen. Indirekt haben aber seine Unterscheidungen Auswirkungen gehabt, die weit über dieses Ziel hinausgingen.

Innerhalb der *cognitio clara* unterscheidet Leibniz nämlich eine *cognitio confusa* und eine *cognitio distincta*, d.h. eine undeutliche und eine deutliche Erkenntnis. Die *cognitio confusa*, die undeutliche Erkenntnis, darf nicht mit der *cognitio obscura*, der dunklen Erkenntnis verwechselt werden; sie ist eine Art der *cognitio clara*, d.h. der klaren Erkenntnis. Innerhalb der *cognito distincta*, der deutlichen Erkenntnis, unterscheidet Leibniz schließlich zwischen der *cognitio inadaequata* und der *cognitio adaequata*, d.h. der nicht angemessenen und der angemessenen Erkenntnis. In der folgenden Graphik sind die Stufen der Erkenntnis bei Leibniz noch einmal zusammengefaßt:

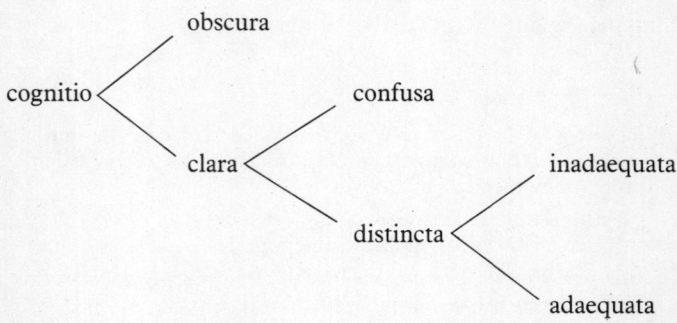

Die Stufen der Erkenntnis werden nach folgenden Kriterien unterschieden:

— Die *cognitio obscura* ist eine *cognitio*, die nicht einmal den Gegenstand der Erkenntnis erkennen läßt. Es ist die Art des vagen Wissens oder der vagen Erkenntnis, die wir haben, wenn uns etwas bekannt vorkommt, wenn wir aber den Gegenstand, den wir schon irgendwo gesehen zu haben glauben, doch nicht erkennen. Sagen wir beispielsweise von einer Person: "Ja, sie kommt mir bekannt vor, ich habe sie schon einmal gesehen. Aber wo? Wer ist diese Person?", so haben wir eine *cognitio obscura*. Die dunkle Erkenntnis dringt also nicht einmal zur Identifizierung des Gegenstandes vor.

— Die *cognitio clara* ist hingegen eine *cognitio*, die eben die Identifizierung des Gegenstandes zuläßt. Bei dieser Erkenntnis erkenne ich einen Gegenstand und weiß, was dieser Gegenstand ist, oder ich erkenne eine Person und weiß, wer sie ist. Dies gilt für alle Arten der *cognitio clara*, die weiter unterschieden werden. Die Ausdrücke *clara* und *klar* werden nicht im umgangssprachlichen Sinne verwendet, sondern sind fachsprachlich als die Merkmale der Erkenntnis definiert, die den Gegenstand erkennen läßt.

— Die *cognitio confusa* innerhalb der *cognitio clara* heißt *confusa* nicht deshalb, weil sie etwa dunkel wäre - tatsächlich ist sie klar -, sondern weil sie keine Begründung hat (und unter Umständen auch keine Begründung braucht). Es handelt sich um eine sichere Erkenntnis - das ist eben der Sinn von *clara* -, aber um eine nicht begründete. Dieser Erkenntnisart entspricht z.B. die ästhetische Erkenntnis. Sie läßt beispielsweise unmittelbar erkennen, daß etwas "schön" oder "nicht schön" ist, ohne daß auf dieser Stufe begründet würde, warum etwas schön ist, und auch ohne daß diese Begründung notwendig wäre. Diese Erkenntnisart hat man in den Abhandlungen zur Ästhetik bzw. zur Philosophie der Kunst immer wieder mit Begriffen wie "Ich weiß nicht, was", "Je ne sais quoi" abgegrenzt oder abzugrenzen versucht. Der Begriff des "Je ne sais quoi", der insbesondere in der Ästhetik des 18. Jh. in Spanien und Frankreich entwickelt wurde, will gerade besagen, daß man nicht begründen kann, warum einem etwas als schön vorkommt. Auf diesen Begriff bezieht sich auch die Volksweisheit, daß man über den Geschmack nicht streiten kann, d.h. daß der Geschmack seine eigene Sicherheit hat, daß er aber nicht begründet werden kann und man darum über Geschmacksurteile nicht mit Gründen diskutieren kann. Der Philosoph A. G. Baumgarten hat 1735 und 1750 gerade mit Bezug auf diese Erkenntnisart, d.h. auf die *cognitio clara confusa*, die Ästhetik als besondere und abgegrenzte philosophische Disziplin begründet, und zwar mit direktem und ausdrücklichem Hinweis auf die Unterscheidung bei Leibniz. Baumgartens Idee besteht nämlich darin, daß die Ästhetik dem klaren, aber undeutlichen Urteil entspricht, d.h. einem sicheren intuitiven Urteil, das ohne Begründung bleibt. Der Kunstgegenstand ist im Falle der Poetik, an der Baumgarten an erster Stelle seine Theorie entwickelt hat, die *oratio confusa perfecta*, d.h. der Text, der unmittelbar als vollkommen erkannt wird und nicht aufgrund von Schlüssen, Begründungen und Überlegungen. Das Urteil, durch das etwas als ästhetisch wertvoll erkannt wird, entspricht somit der *cognitio clara confusa* [vgl. Baumgarten 1983].

— Die *cognitio clara distincta* ist die sichere Erkenntnis, die darüber hinaus begründet ist oder begründet werden kann (bzw. will). Sie hat als Begründung nicht bloß etwas nicht weiter Bestimmtes, d.h. das ''Je ne sais quoi'', sondern etwas Objektives und objektiv Annehmbares. Die *cognitio distincta* entspricht allerdings noch verschiedenen Arten der begründeten Erkenntnis, so daß hier eine weitere Unterscheidung einzuführen ist. Leibniz unterscheidet darum zwischen einer *cognitio inadaequata* und einer *cognitio adaequata*. Die Termini verraten, worin das Ziel von Leibniz besteht. Er will zur *cognitio clara distincta adaequata* gelangen, d.h. zur wissenschaftlichen und philosophischen Erkenntnis. Wir brauchen uns aber hier an der Negativität des Terminus *inadaequata* nicht zu stören.

— Die *cognitio inadaequata* ist teilweise bzw. unmittelbar eine *cognitio*, die zwar wissenschaftlich nicht angemessen ist, aber auch nach Leibniz der Erkenntnis der Techniker und Fachleute in ihrem Bereich entspricht und sich als praktisch nützlich erweist.

Eine solche Erkenntnis ist beispielsweise die der Gärtner in bezug auf die Pflanzen. Die Gärtner wissen, warum man die Bäume auf eine bestimmte Art schneiden muß, und sie können auch eine unmittelbare Begründung dafür angeben. Sie sagen z.B. durchaus richtig, daß die Bäume mehr Früchte tragen, wenn sie so und so geschnitten werden. Sie wissen auch, wann und wozu die Pflanzen gegossen werden müssen, d.h. sie können eine durchaus stichhaltige Begründung geben. Was sie aber nicht geben können, ist eine Begründung der Begründung. Der Gärtner braucht als Gärtner nicht zu wissen, welche chemischen Prozesse in den Pflanzen ablaufen. Es genügt ihm zu wissen, was man machen muß und was man damit erreicht. Oft wird in diesem Zusammenhang die Art der Erkenntnis angeführt, die für die Weinprüfer gilt. Diese Erkenntnis ist absolut sicher und hat eine Begründung. Die Weinprüfer sagen z.B., daß ein Wein gut ist oder nicht und zu einem bestimmten Jahrgang gehört, und sie begründen ihr Urteil damit, daß der Wein einen bestimmten Geschmack hat.[1]

— Die *cognitio adaequata* ist eine *cognitio*, die nicht nur *clara* und *distincta*, d.h. sicher und begründet ist, sondern bei der auch die Begründungen wiederum begründet werden. Die Begründungen gehen bei dieser Erkenntnisart wenigstens tendenziell bis hin zur allerletzten Begründung. Am Ende steht ein Prinzip, ein Postulat oder eine Hypothese, wo dann keine weitere Begründung mehr möglich ist. Die zwei- oder mehrfach begründete *cognitio*, die *cognitio*, bei der die Gründe wiederum begründet werden, ist eine *cognitio*, die auf sich selbst zurückkommt und

---

[1] In diesem Zusammenhang kann man die berühmte Erzählung von Sancho im "Don Quijote" anführen. In dieser Erzählung streiten sich zwei Weinprüfer darüber, welchen Geschmack ein bestimmter Wein hat. Der eine sagt: "Der Wein ist gut, schmeckt aber irgendwie nach Eisen." Der andere sagt: "Nein, der Wein ist gut, schmeckt aber irgendwie nach Leder." Zu einer Lösung kommen sie nicht. Als das Faß ausgetrunken ist, findet man auf dem Boden einen Schlüsselbund in einer Lederhülle. Beide hatten recht; der Wein schmeckte tatsächlich nach Leder und Eisen. Die Begründungen waren also beide stichhaltig. Den Weinprüfern war aber die Begründung der Begründung unbekannt geblieben, nämlich der Schlüsselbund im Weinfaß.

systematisch nach den Gründen der Gründe fragt. Es ist die reflexive, d.h. die auf sich selbst zurückkommende Erkenntnis, die Erkenntnis im engeren Sinne bei Hegel. Dieser Erkenntnisart entspricht die wissenschaftliche und philosophische Erkenntnis.

Die verschiedenen Stufen der *cognitio clara*, der sicheren Erkenntnis,
sind gerade auch im Bereich der Ästhetik festzustellen. Man kann
unterscheiden zwischen der Erkenntnisart der Person von gutem Geschmack, der Erkenntnisart des Fachmanns, z.B. des Kunstkriti-
kers, der Bilder identifizieren und auf bestimmte Maler zurückführen kann, und der Erkenntnisart des Kunstanalytikers, der das Urteil des Kritikers weiter begründen kann (Bei dieser Untersuchung
kann es nicht um verschiedene Personen, sondern nur um verschiedene Rollen gehen, die auch von der gleichen Person übernommen
werden können).

Der spanische Dichter und Philologe Dámaso Alonso hat im Rahmen der theoretisch-methodischen Begründung seiner Stilistik (in
dem Buch *Poesía española* [Alonso 1952]) drei Stufen der Erkenntnis
bei der Analyse eines literarischen Werkes unterschieden. Die erste
Stufe der Erkenntnis, die wohl der *cognitio clara confusa* entspricht,
ist die des Lesers, der ein literarisches Kunstwerk genießt und akzeptiert oder ablehnt, ohne sein Urteil begründen zu können. Die
zweite Stufe der Erkenntnis, etwa die *cognitio clara distincta inadaequata*, ist die des Kritikers, der sagen kann, warum er ein Werk für
gut oder schlecht hält: Er geht über das Urteil des Lesers hinaus und
begründet es, kann aber noch keine analytische Begründung geben.
Die dritte Stufe der Erkenntnis (die *cognitio clara distincta adaequata*)
ist im Idealfall die Stufe des Stilisten, der die Züge des Werkes analysieren und identifizieren kann, die auf den Kritiker den in seiner
Kritik dargelegten Eindruck gemacht haben.

3.3.3. Τέχνη γραμματική (*ars grammatica*)

Wir haben nun zu fragen, wie das sprachliche Wissen in die Stufen
der Erkenntnis bei Leibniz einzuordnen ist. Es ist klar, daß das
sprachliche Wissen ein Tunkönnen ist, d.h. ein Wissen, das sich an
erster Stelle im Tun, im Sprechen, manifestiert, und daß es beim

Sprechen und Verstehen ein vollkommen sicheres Wissen ist, aber ein Wissen, das entweder gar nicht begründet wird oder für das höchstens erste unmittelbare Gründe angegeben werden, jedoch keine Begründungen für die Gründe selbst. Charakterisiert man das sprachliche Wissen so, so erscheint es als komplex und entspricht zwei Stufen der Erkenntnis bei Leibniz. Es ist in beiden Fällen zwar eine *cognitio clara*, ein sicheres Wissen. Einerseits ist es aber *cognitio clara confusa*, d.h. ein Wissen ohne Begründung, und andererseits eine *cognitio clara distincta inadaequata*, d.h. ein nur unmittelbar begründbares Wissen. Da die hier gemeinte unmittelbare Begründung eigentlich in jedem Fall möglich ist, wenn danach gefragt wird, so kann man das sprachliche Wissen, insbesondere die Kenntnis der Sprache, als eine *cognitio clara distincta inadaequata* einstufen. Wir bezeichnen diese Art des Wissens auch als "technisches Wissen", warum, werden wir gleich sehen.

Die Griechen nannten das Tunkönnen, wozu auch das Sprechenkönnen gehört, τέχνη. Eine τέχνη ist ein Wissen, das sich im Tun, in der Tätigkeit, im Machen zeigt. Genau dies will das Wort sagen, wenn es sich im Titel von Grammatiken findet. Bei einer τέχνη γραμματική handelt es sich um das Wissen, w i e man etwas macht. Ins Lateinische wird das Wort τέχνη mit *ars* übersetzt. *Ars* bedeutet noch nicht *Kunst* im modernen Sinne, sondern im alten, auch deutschen Sinne einer Fähigkeit, die sich beim Tun oder Machen zeigt. Ein Titel wie *Ars grammatica* bezieht sich auf das Wissen, das in dem entsprechenden Werk Gegenstand der Beschreibung ist. Die alten, in der traditionellen Sprachwissenschaft noch üblichen Diskussionen darüber, ob die Grammatik eine Kunst oder eine Wissenschaft sei, entbehren eigentlich jeder Begründung, wenn man den tatsächlich gemeinten Inhalten Rechnung trägt.

Denn erstens beziehen sich die Wörter τέχνη oder *ars* nicht auf die B e s c h r e i b u n g, sondern auf das B e s c h r i e b e - n e. Die τέχνη γραμματική oder *ars grammatica* ist Gegenstand der Beschreibung: Sie ist nicht die Grammatik selbst, sondern das, was von ihr beschrieben wird.[1]

---

1 Bei Termini wie "Grammatik" liegt eine Zweideutigkeit vor, die sich auch in anderen Bereichen findet. Solche Termini können sich zugleich

Zweitens ist bei dem Terminus *ars grammatica* zu beachten, daß hier die Kunst im alten Sinne gemeint ist, d.h. das Machenkönnen schlechthin. Die moderne Bedeutung von Kunst besteht erst seit der Romantik. Sie bezieht sich nur auf die "schönen Künste", d.h. die Musik, die Literatur, die Bildhauerei, die Malerei, die Architektur usw.

Wir können nun eine Antwort geben auf die Frage, die wir am Anfang gestellt haben. Wir hatten gefragt, ob das sprachliche Wissen

---

1 auf den Gegenstand einer Wissenschaft oder einer wissenschaftlichen Beschreibung und auf die Wissenschaft selbst beziehen. Einerseits gibt es die Grammatik einer Sprache, von der man sagen kann - und die naiven Sprecher sagen es oft -, daß sie leicht oder schwierig sei, und andererseits gibt es die Grammatik, die das grammatische System einer Sprache beschreibt und von der man sagen kann, daß sie richtig oder falsch, adäquat oder nicht adäquat sei. Wir müssen also unterscheiden zwischen der Grammatik$_1$, die in der Sprache selbst enthalten ist, und der Grammatik$_2$, die die Grammatik$_1$ beschreibt. Sagt man, daß eine Sprache keine Grammatik besitze, so bezieht man sich auf die Grammatik$_2$, die Beschreibung. Würde man diese Behauptung auf die Grammatik$_1$ beziehen, so würde man behaupten, daß eine Sprache keine grammatische Strukturierung aufweise. Eine solche Behauptung wäre jedoch absurd. Einen ähnlichen Gebrauch hat übrigens auch das Wort *Geschichte*. Unter *Geschichte* versteht man einerseits das, was geschieht, und andererseits die Darstellung dessen, was geschieht oder geschehen ist. Die Römer machten hier den Unterschied zwischen den *res gestae*, d.h. der Geschichte, die geschieht, und der *historia rerum*, d.h. der Beschreibung dessen, was geschehen ist. Ein Titel wie *Res gestae divi Augusti* bezieht sich auf das, was geschehen ist; *res gestae* ist nicht der Name für die Beschreibung. Auch im Deutschen hat man in neuerer Zeit versucht, zwischen der G e s c h i c h t e als dem, was geschieht, und der H i s t o r i e als der Beschreibung dessen, was geschehen ist, zu unterscheiden.

Man kann sich in diesem Zusammenhang auch fragen, was der Titel des Werkes von Hermann Paul *Prinzipien der Sprachgeschichte* eigentlich bedeutet. Wir haben den Titel immer als doppeldeutig interpretiert: es geht dem Autor einerseits um das, was mit der Sprache geschieht, und andererseits um die Feststellung dessen, was mit ihr geschieht. Paul will einfach sagen: Der Gegenstand der Sprachwissenschaft ist das, was mit der Sprache geschieht, ist die Sprache als Geschehen. Die Sprachwissenschaft stellt fest, was geschieht, sowie die Formen und Modalitäten dieses Geschehens. Interpretiert man den Titel dagegen bloß als Beschreibung oder Feststellung der Geschichte, so gelangt man zu einer falschen Interpretation des Sinns dieses großartigen Buches.

eine δόξα ist, d.h. eine bloße Meinung, ein unsicheres Wissen, ob
sie eine τέχνη ist, d.h. ein sicheres Wissen, jedoch ein Wissen, das
sich im Machen selbst manifestiert, oder ob sie eine ἐπιστήμη ist,
d.h. eine Wissenschaft, ein begründetes reflexives Wissen. Unsere
Antwort lautet: Die sprachliche Kompetenz ist weder δόξα noch
ἐπιστήμη; sie ist τέχνη, d.h. ein technisches Wissen. Ein Titel wie
Ars grammatica Latina bringt also zum Ausdruck, daß es sich um ein
Werk über das grammatische Tunkönnen der Lateinsprechenden
bzw. um das grammatische Tunkönnen handelt, das sich in der lateinischen Sprache manifestiert.

3.3.4. Die Deduktion der Kompetenz aus der Performanz

Kann man nun auch im einzelnen und in concreto zeigen, daß das
sprachliche Wissen ein technisches Wissen ist, d.h. ein Wissen, das
sich im Tun manifestiert? Ja, man kann es zeigen, und zwar dadurch, daß man die Sprecher beobachtet, wie sie mit ihrer Sprache
umgehen, insbesondere wie sie darin Neues schaffen.

Das Neue, das die Sprecher schaffen, mag auf den ersten Blick als
abweichend erscheinen. Schaut man jedoch genauer hin, so stellt
man stets fest, daß auch das Neue bestehenden Regeln einer Sprache
bzw. einer Interpretation solcher Regeln entspricht. Betrachten wir
dazu zwei Beispiele:

Auf den ersten Blick scheint der Ausdruck *die zue Tür* im Deutschen abweichend zu sein. Man hat zu Recht den Eindruck, daß im
Deutschen Adjektive nicht direkt von Präpositionen abgeleitet werden können. Tatsächlich geht es jedoch nicht um den Gebrauch von
zu als Präposition, sondern zuerst um den Gebrauch, bei dem eine
Präposition als Verbalpräfix ein Partizip vertreten kann, der im
Deutschen einer allgemeinen Regel entspricht, z.B.:

> Darf ich mal durch? (Darf ich mal durchgehen?)
> Die Tür ist zu (Die Tür ist zugeschlossen)

Die Konstruktion *Die Tür ist zu* wird nun genauso aufgefaßt wie die
Konstruktion *Die Tür ist rot*, *Die Tür ist geschlossen* usw. So wie man
zu *Die Tür ist rot*, *Die Tür ist geschlossen* die attributiven Konstruktionen *die rote Tür*, *die geschlossene Tür* bildet, so bildet man zu *Die Tür
ist zu* die Konstruktion *die zue Tür*. Wir warten auf den Tag, an dem

man auch *die aufe Tür* sagt; einige behaupten sogar, dieser Tag sei
längst gekommen. Das neu Geschaffene beruht also auf der Anwendung einer bereits bestehenden Regel, der nur eine neue Interpretation gegeben wird.

Im Französischen kommt es vor, daß man in *quatre officiers* zwischen *quatre* und *officiers* ein [z] der "Liaison" einschiebt:

[katrə-z-ɔfisje] (quatre-z-offiziers)

Quatre hat aber kein im Auslaut getilgtes *-s*, das in der Liaison wiederhergestellt werden könnte, wie etwa bei *les, nos* usw. in *les amis*
[lezami], *nos amis* [nozami], und der "Offizier" heißt *officier* und
nicht **zofficier*. Auch hier scheint also auf den ersten Blick ein
Sprachfehler vorzuliegen. Tatsächlich entspricht aber *quatre-z-
officiers* der Uminterpretation einer Regel des Französischen, und
zwar der Regel der "Liaison" zwischen einem "getilgten", aber
wiederherstellbaren auslautenden *-s* und dem vokalischen Anlaut eines in derselben Wortgruppe folgenden Wortes, wie eben in *les amis,
les hommes* [le-z-ɔm], *bons amis* [bõ-z-ami], wo *-z-* zwar strenggenom-
men das wiederhergestellte *-s* von *les, bons* vertritt und bei diesen
Formen den Plural markiert, jedoch wegen Oppositionen wie *l'ami
- les amis* [lami - lezami], *l'homme - les hommes* (lɔm - lezɔm), und
noch mehr wie *bon ami - bons amis* [bonami - bõzami], wo *amis, hommes* kein akustisch realisiertes Pluralzeichen aufweisen, eben als Pluralzeichen für d i e s e Formen (bzw. für die ganze Wortgruppe)
interpretiert werden kann. In Übereinstimmung mit dieser Interpretation fügt man dann auch dort, wo im Auslaut kein *-s* [z] steht,
ein a n l a u t e n d e s [z] als Pluralzeichen ein. Mindestens für gewisse Sprecher des Französischen gibt es nun dadurch die neue Regel, daß man bei vokalisch anlautenden Wörtern Pluralformen mit
[z] im Anlaut bilden kann. Und wir finden dann diesen Plural nicht
nur in Verbindungen wie *quatre-z-officiers*, sondern auch ohne Verbindung in "falschen" Graphien wie *zieux* (für *yeux*, 'Augen'), die
unter Umständen auch entsprechend realisiert werden. In einer bestimmten Verbindung ist dieser Plural sogar schon "normal" geworden. In Konstruktionen wie den folgenden schreibt schon die
normale Grammatik für den Plural die "Liaison" vor (die im Singular nicht eintritt)

Vous êtes Italien, Allemand ('Sie sind ein Italiener, Deutscher')
Vous êtes [z] Italiens, Allemands ('Sie sind Italiener, Deutsche'),

obwohl die materiellen Bedingungen sonst in beiden Fällen genau die gleichen sind (*êtes Ita-*). Tatsächlich haben wir hier also eine neue Form des Plurals, die es erlaubt, (in solchen Verbindungen) zwischen *Italien* und *Italiens* zu unterscheiden, und was als Pluralzeichen funktioniert, ist nicht das akustisch nicht realisierte *-s* von *Italiens*, sondern das zu diesem Zweck wiederhergestellte und als anlautendes *z-* uminterpretierte *-s* von *êtes*.

Solche Beispiele zeigen, daß sich auch in dem sprachlichen Schaffen, das auf den ersten Blick von den bestehenden Normen abzuweichen scheint, ein "Wissen-Wie", eine eindeutige Kompetenz manifestiert: eine ihrer selbst sichere τέχνη, die auch über das schon in der Sprache Geschaffene hinausgehen kann.

Allerdings wird oft behauptet, man könne die Kompetenz nicht aus der "Performanz" deduzieren, weil die "Performanz" einerseits allerlei Abweichungen, Unvollkommenheiten und Fehler aufweise, und weil in ihr andererseits völlig regelmäßig gebildete Sätze nicht erscheinen würden, da sie nichtssagend seien, z.B. Sätze wie *Der Montag kommt vor dem Dienstag, Der Dienstag kommt vor dem Mittwoch* usw. Diese Argumente sind aber nicht stichhaltig, wie wir im folgenden sehen werden.

3.3.5. Das Problem der Abweichungen in der Performanz

Die Behauptung, daß in der "Performanz", d.h. im konkreten Sprechen, unendliche Schwankungen, Unregelmäßigkeiten, Abweichungen und Fehler auftreten, ist aus mehreren Gründen an sich schon nicht überzeugend; außerdem hat die Feststellung solcher Fakten nicht das Gewicht, das ihr beigemessen wurde.

Zum einen gibt es Bereiche, in denen die Regelmäßigkeit innerhalb ein und derselben funktionellen Sprache fast vollständig ist und in denen eventuelle Abweichungen von den Sprechern selbst als Versprecher interpretiert und korrigiert werden. Beobachtet man das Tun der Sprecher, dann muß man auch das Sich-Versprechen beobachten und die Art, wie es korrigiert wird. Denn gerade auch in der Korrektur manifestiert sich das sprachliche Wissen. Die Bereiche, in denen kaum beliebige Unregelmäßigkeiten auftreten, sind die Phonetik bzw. die Phonologie der Sprache und - weitgehend - die Morphologie. Nur weil man sich auf die Syntax konzentrierte und die syntaktischen Konstruktionen unzulänglich rechtfertigte, konnte man zu dem Glauben kommen, daß die Abweichungen die Regelmäßigkeiten übertreffen und daß man in der Performanz so gut wie nur Abweichung feststellen könne.

Zum zweiten muß man berücksichtigen, daß die Schwankungen, die man in der Performanz, der konkreten Rede, feststellt, oft noch nicht festgestellten Regeln entsprechen oder tatsächlich auf mehrere Möglichkeiten hinweisen können. Es gibt nämlich den Fall, daß das eine ebensogut der Regel entspricht wie das andere. Chomsky [1957, 95] hat Beispiele angeführt wie [ekinámiks] und [iykinámiks] (*economics*) und gesagt, daß beide Aussprachen selbst im gleichen Sprachstil annehmbar seien. Er hat daraus gefolgert, daß man hier keine Regelmäßigkeit feststellen könne und noch weniger phonologische, d.h. distinktive Oppositionen, weil [e] mit [iy] frei alternieren würde. Dies ist jedoch sophistisch, weil freie (und doch begrenzte!) Variation in einem Fall keineswegs freie Variation in jedem Fall bedeutet. Man kann im Englischen zwar [ekinámiks] und [iykinámiks] ohne Einfluß auf die Bedeutung sagen, aber nicht z.B. für [pen] (*pen* 'Feder') [pin] (*pin* 'Nadel') oder [pain] (*pine* 'Fichte'). Die Regelmäßigkeit, die sich in einer phonologischen Opposition ausdrückt, gilt in der Tat für das Sprachsystem als solches, nicht für alle Einheiten, die die entsprechenden Phoneme enthalten: Sie besagt nur, daß in gewissen Fällen - oder wenigstens in einem Fall - eine Unterscheidung gemacht wird (und gemacht werden muß), und nicht, daß diese Unterscheidung in jedem Fall funktioniert. Außerdem gilt die freie phonematische Variation, die das Englische in gewissen Positionen zuläßt, nicht für jede Sprache; in den romanischen Sprachen wäre z.B. eine solche Variation auch in unbetonter Stellung nicht zulässig. Man darf nicht eine Eigenschaft des Englischen als für alle Sprachen gültig annehmen.

Die Regel für die Bildung eines bestimmten Wortes kann also durchaus fakultative Varianten, d.h. sowohl das eine wie das andere zulassen. Dies heißt aber keineswegs, daß die Regel in der Phonologie der Sprache, d.h. für die Bildung jedes Wortes solche Varianten zuläßt. Auch im Deutschen kann man z.B. *benutzen* und *benützen* sagen. Dies besagt aber nicht, daß /u/ und /ü/ keine phonematischen Einheiten des Deutschen sind. Die stehen nur in diesem Fall, d.h. für die Konstruktion dieses Wortes, nicht in Opposition zueinander. Dürfte man sie überall so verwenden, hätte man eine andere Regel, nach der [u] und [ü] in der Phonologie des Deutschen nur Varianten wären. Die Variation ist also ohne weiteres möglich, sie kann aber gerade als Variation einer Regel entsprechen.

Zum dritten muß man bedenken, daß die Abweichungen dort, wo sie tatsächlich festgestellt werden können, statistisch gesehen grundsätzlich zahlreicher sein müssen als die Regelmäßigkeiten. Eine Regelmäßigkeit ist eine Einbahnstraße, eine einzige Linie; Abweichungen von dieser Linie sind aber mindestens in zwei verschiedene Richtungen möglich:

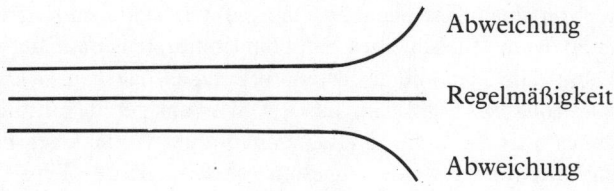

Die Abweichungen zeigen gerade deshalb keine Regelmäßigkeit, weil sie in verschiedene Richtungen gehen. Geht eine Abweichung dagegen nur in eine bestimmte Richtung, dann ist sie keine Abweichung mehr, sondern eine neue Regelmäßigkeit.

Die Tatsache, daß es in bestimmten Bereichen des Sprechens Variation und Abweichung gibt, kann uns also nicht daran hindern, die Kompetenz in der Performanz festzustellen.

3.3.6. Das Problem der nicht-realisierten Möglichkeiten der Kompetenz

Der zweite Einwand gegen die Ableitung der Kompetenz aus der Performanz besagt, daß nicht alles Richtige tatsächlich vorkommt. Der bloßen Feststellung muß man natürlich zustimmen. Es kommt noch sehr viel mehr nicht vor, als man üblicherweise annimmt, weil

das Sprechen auch von der Kenntnis der Sachen abhängt und weil
man das virtuell Mögliche und Regelmäßige sehr oft nicht sagt, da
es entweder unserer Erfahrung der außersprachlichen Wirklichkeit
widerspricht oder aufgrund der Kenntnis der Sachen im voraus
angenommen wird, so daß man es nicht ausdrücklich zu sagen
braucht.

Wir sprechen sicher selten von *grünen* oder *blauen Pferden*, weil
wir solche Pferde in der außersprachlichen Wirklichkeit nicht kennen. In sprachlicher Hinsicht sind die Ausdrücke *grünes Pferd* und
blaues Pferd aber keineswegs abweichend. Wir verwenden sie ohne
weiteres, wenn solche Pferde - z.B. in der Malerei - geschaffen werden. Die Pferde von Paul Gauguin sind natürlich *grüne Pferde*, und
die Pferde von Franz Marc sind *blaue Pferde*. Wir haben keine
Schwierigkeiten, solche Ausdrücke anzuwenden.

Umgekehrt sagen wir z.B. nicht von einem Menschen, er sei *köp-
fig*, oder von einem Tier, es sei *beinig*, weil wir schon im voraus annehmen, daß ein Mensch einen Kopf hat (mindestens im materiellen
Sinne) und daß Tiere Beine haben. Wir sagen dagegen *dickköpfig*
oder *zweibeinig* bzw. *vierbeinig* usw., weil es uns gerade auf die Art
des Kopfes oder die Zahl der Beine ankommt. Weiter oben haben
wir schon die immer wieder angeführten Beispiele des Typs

eine Frau mit Beinen
ein Kind mit Augen
ein Fluß mit Wasser

besprochen und festgestellt, daß sie deshalb nicht verwendet werden, weil sie dem Normalen und Üblichen in der außersprachlichen
Wirklichkeit entsprechen [vgl. 2.3.2.].

Die Feststellung, daß nicht alles Regelmäßige auch vorkommt, ist
also richtig. Bei der Ermittlung des sprachlichen Wissens geht es jedoch nicht um die Konstruktionen, die tatsächlich gebildet werden,
sondern um Typen von Konstruktionen und um Verfahren zu ihrer
Bildung. Solche Typen und Verfahren können aber sehr wohl im
Sprechen festgestellt werden.

Die Idee, daß man sich auf das beschränken müsse, was in einem
Corpus erscheint, entspricht einer Vorsichtsmaßnahme gewisser
Linguisten. Man muß sie jedoch richtig interpretieren und verste-

hen, daß auch diese Linguisten nicht ein Corpus als solches beschreiben, sondern aus ihm die Regelmäßigkeiten der entsprechenden Sprache (einschließlich ihrer Satztypen) deduzieren wollen. Zugleich muß man sich fragen, warum etwas auf der phonischen Ebene, auf der morphologischen Ebene oder auf der Ebene der komplexen Konstruktionen nicht erscheint. Der Grund, warum etwas nicht erscheint, kann auf der Ebene des Sprechens im allgemeinen liegen, d.h. mit der Kenntnis der Sachen ūnd den Prinzipien des Denkens zusammenhängen. Es kann aber auch sein, daß bestimmte Konstruktionen in bestimmten Texttraditionen ausgeschlossen sind.

Auf der Ebene der Einzelsprache muß man berücksichtigen, daß die Sätze erst im Sprechen gebildet werden und daß das sprachliche Wissen darum nicht aus den jeweiligen konkreten Sätzen besteht. Die Feststellung, daß nicht alle möglichen konkreten Sätze vorkommen, besagt darum gar nichts. Man muß vielmehr fragen, ob alle Satztypen einer Sprache im Sprechen vorkommen und ob die Regeln zur Konstruktion von Sätzen aus dem Sprechen deduziert werden können. Stellt man die Frage so, so wird man zu dem Ergebnis kommen, daß dies tatsächlich der Fall ist.

3.3.7. Die Reaktionen des Sprechers auf ihm unbekannte sprachliche Ausdrücke

Bei den Stellungnahmen der Sprecher gegenüber dem Gesprochenen muß man, wie wir oben schon gesagt haben [vgl. 3.2.2.], scharf trennen zwischen dem Sprecher als Sprecher und dem Sprecher als Linguisten, wenn es um die Natur des sprachlichen Wissens geht. Denn der Linguist hat schon eine gewisse wissenschaftliche Kenntnis von der Sprache oder strebt eine solche an. So wie man das sprachliche Wissen vor allem dann erkennen kann, wenn der Sprecher Neues schafft, d.h. wenn er sein Wissen als Verfahren zum Schaffen von Neuem anwendet, so bietet auch die Reaktion der Sprecher auf das, was für sie neu ist, einen geeigneten methodischen Zugang zum sprachlichen Wissen.

In *Synchronie, Diachronie und Geschichte* haben wir bemerkt, daß ein Sprecher des Spanischen Formen wie *mögöröp* oder *stramd* als nichtspanisch erkennen würde, d.h. sich nicht einmal fragen würde,

was sie (in seiner Sprache) bedeuten könnten. Dagegen würde er bei
Wörtern wie *nurro* oder *llambada* sich fragen, was sie bedeuten, d.h.
er würde sie als - ihm unbekannte - spanische Wörter akzeptieren
[vgl. 1958/1974: *Synchr., Diachr. und Gesch.*, 50-51]. An solchen
Beispielen zeigt sich das intuitive Wissen in bezug auf die spanische
Wortkonstitution und die Distribution der Phoneme im Spanischen.
Nurro und *llambada* enthalten nur Phoneme, die im Spanischen tatsächlich vorkommen, in der in dieser Sprache üblichen Distribution.
Mögöröp enthält dagegen das Phonem /ö/, das es im Spanischen nicht
gibt, und entspricht nicht der spanischen Phonemdistribution, die
ein /p/ im Auslaut nicht zuläßt. *Stramd* enthält zwar nur Phoneme
aus dem Inventar des Spanischen, entspricht aber nicht den Regeln
der spanischen Phonemdistribution. Im Spanischen kann nämlich
kein Wort auf zwei Konsonanten auslauten, es sei denn - und auch
diese Regel setzt sich erst in unserer Zeit durch - , daß der zweite
Konsonant ein /s/ ist. Und /s/ + Konsonant kann im Spanischen
nicht im Anlaut stehen; in diesem Fall muß vor dem *s* ein *e* erscheinen (das ganze Wort müßte demnach im Spanischen etwa *estrán* lauten). Der naive Sprecher kann diese Begründungen natürlich nicht
geben, aber das ist auch nicht seine Aufgabe. Er lehnt solche Wörter
ab, weil er sie aufgrund seines sprachlichen Wissens als nichtspanisch erkennt.

Ähnliche Beispiele kann man übrigens auch für das Deutsche geben. Ich weiß nicht, ob *Schumpf* oder *Schrampf* oder *entbranden* im
Deutschen existieren. Man würde diese Formen aber als deutsch erkennen und sich fragen, was sie bedeuten. Dagegen würde man Formen wie *džidži, boadao, mã, sõ* als nicht-deutsch ablehnen. Der
Linguist könnte die Ablehnung damit begründen, daß diese Formen
Phoneme enthalten, die es im Gemeindeutschen nicht gibt, oder daß
Phoneme in einer Distribution vorkommen, die im Deutschen nicht
zulässig ist.

Die Regeln der Wortkonstitution können sehr ins einzelne gehen
und sogar die Gestalt der verschiedenen Wortklassen betreffen. So
kann z.B. im Lateinischen kein Substantiv, kein Verb und kein Adjektiv auf /d/ auslauten. Lautet nun eine Form auf /d/ aus, so ist sie
als Pronomen (z.B. *id*), als Konjunktion (z.B. *sed*), als Adverb (z.B.
haud) oder als Fremdwort identifizierbar.

Die Stellungnahme des Sprechers gegenüber dem Neuen kann natürlich auch ganze Sätze und ganze Konstruktionen betreffen. Bei gewissen französischen Dichtern, z.B. bei Jacques Prévert und Henri Michaux, treten Sätze auf, die zwar grammatisch wohlgeformt sind, aber konstruierte Wörter enthalten, die es im Französischen nicht gibt und die darum unverständlich sind. Obwohl man die Wörter nicht versteht, akzeptiert man aber die Texte als gut konstruiertes Französisch.

Zur Erläuterung des formalen Mechanismus der syllogistischen Deduktion findet man in Lehrbüchern der Logik Beispiele des Typs

Piroten karulieren elatisch.

Obwohl man die Wörter *Piroten*, *karulieren* und *elatisch* nicht versteht, nimmt man an, daß sie Bedeutung haben. Und man versteht die grammatische oder logische Form des Satzes, d.h. man erkennt, daß bestimmte Dinge, nämlich *Piroten*, etwas tun, und zwar *karulieren*, und daß sie es auf eine bestimmte Weise tun, nämlich *elatisch* [vgl. auch Carnap 1934, 2-3]. Das sprachliche Wissen in seiner ihm eigenen Natur zeigt sich gerade darin, daß wir die Konstruktion verstehen, auch wenn wir die lexikalischen Bedeutungen der Wörter nicht kennen.

3.3.8. Zur Abgrenzung von technischem und reflexivem Wissen

Wir haben gesagt [3.3.2.-3.], daß das sprachliche Wissen als technisches Wissen von den Sprechern auch begründet werden kann. Es ist jedoch nicht ganz leicht, die Grenze zu ziehen zwischen der Begründung durch den Sprecher als solchen und einer Begründung, bei der schon das reflexive Wissen des Sprechers als eines Linguisten eine Rolle spielt. Nach unserer Auffassung ist die Grenze zwischen diesen beiden Arten des Wissens folgendermaßen zu ziehen: Nur die tatsächlich unmittelbare Begründung gehört zum technischen Wissen, jede weitere Begründung (d.h. die Begründung der Begründung) ist bereits reflexiv.

Die unmittelbare Begründung tritt in zwei Formen auf. Zum einen kann der Sprecher auf die Frage "Warum sagen Sie es so?" zur Antwort geben: "Weil man es so sagt." Er bezieht sich bei dieser

Antwort auf eine Gemeinschaft und ihre gemeinschaftliche Tradition, d.h. er begründet sein Sprechen historisch und beruft sich darauf, daß er Mitglied einer Sprachgemeinschaft sei. Dies zeigt sich deutlicher noch in Formulierungen wie: "Weil man es bei uns so sagt", "Weil man es im Deutschen so sagt" usw. Da eine Sprache als historische Tradition überliefert wird, ist die historische Motivation die erste unmittelbare Begründung für ihr So-und-so-Sein.

Bei der zweiten unmittelbaren Begründung gibt der Sprecher auf die Frage "Warum sagen Sie es nicht auf diese andere Weise?" die Antwort: "Weil dies etwas anderes bedeuten würde." Mit dieser Antwort bezieht sich der Sprecher auf die andere objektive Motivation der Sprache, nämlich auf die funktionelle Motivation. Er bringt nämlich zum Ausdruck, daß seine Ausdrucksweise gerade der Funktion entspricht, die er meint, und keiner anderen.

Der Sprecher wird jedoch schon zum Linguisten, wenn er zu formulieren versucht, welches diese Funktionen genau sind, denn in diesem Fall unternimmt er eine Abgrenzung der Bedeutung. Er identifiziert damit die Funktion nicht nur als diese oder jene, sondern gibt schon so etwas wie eine Definition. Der Sprecher wird auch dann zum Linguisten, wenn er sich bei der historischen Begründung der Sprache auf eine bestimmte, schon abgegrenzte Sprachgemeinschaft bezieht. Er grenzt nämlich in diesem Fall den Umfang der Tradition ab, d.h. er sagt, daß die Grenzen eines sprachlichen Faktums gerade diese und keine anderen seien: Damit wird er schon zum Dialektologen.

Die Sprecher als Sprecher können also ihr sprachliches Wissen unmittelbar in historischer und funktioneller Hinsicht motivieren. Meist erfolgt diese Motivation jedoch stillschweigend: Sie manifestiert sich einfach darin, daß die Sprecher bereit sind, das Sprechen der anderen aufzunehmen und zu interpretieren. Diese Bereitschaft schließt das Urteil ein, daß man es so sagen kann, d.h. daß das Sprechen dem zu Erwartenden entspricht.

3.3.9. Zum Umfang des technischen Wissens bei den einzelnen Sprechern

Was wir bisher gesagt haben, betrifft die N a t u r des sprachlichen Wissens bei einem Sprecher, der das zu erwartende Wissen besitzt, der mit seiner Sprache kreativ umgehen kann und der in der Lage ist, das Sprechen der anderen als abweichend oder nicht abweichend zu beurteilen. Es betrifft jedoch nicht den Umfang oder das A u s- m a ß des Wissens, das bei einem konkreten Sprecher tatsächlich anzutreffen ist.

Chomsky hat recht, wenn er von einem idealen Sprecher ausgeht, der als Sprecher und als Hörer seine Sprache vollkommen be- herrscht, d.h. völlige Sicherheit im sprachlichen Tun, sowohl im Sprechen als auch im Verstehen, zeigt [vgl. Chomsky 1965, 3]. Nur so kann man sich nämlich unmittelbar auf die Natur des sprachli- chen Wissens beziehen und die Kompetenz tatsächlich beschreiben. Er hat jedoch nicht mehr recht, wenn er die Natur des sprachlichen Wissens mit dessen Ausmaß gleichsetzt und die verschiedenen Arten nicht unterscheidet.

Umgekehrt ist Hockett im Unrecht, wenn er in seinem Buch *The state of the art* [Hockett 1968] der Natur der sprachlichen Kompetenz als eines sicheren Wissens das Ausmaß des Wissens gegenüberstellt und - im Gegensatz zu Chomsky - die Natur auf das Ausmaß zurück- führt. Hockett bezieht sich nämlich auf die konkreten Sprecher, die zwar manches mit Sicherheit, manches aber nur vage oder unsicher wüßten. Was Hockett sagt, betrifft nur das Ausmaß dessen, was mit Sicherheit bekannt ist. Es betrifft nicht die Natur oder die Art dieses Wissens. Denn auch wenn der Sprecher unsicher ist, bleibt die im- plizite Natur des sprachlichen Wissens die des sicheren Wissens. Die Unsicherheit besteht nämlich gerade gegenüber einem Wissen, das an sich sicher ist. Wenn der Sprecher sagt: "Ich bin mir nicht ganz sicher, ob dies so oder so ist", so bezieht er sich auf etwas, was fest- steht (was "so oder so i s t "), d.h. auf ein sicheres Wissen, das er anstrebt, aber womöglich noch nicht erreicht hat. Auch wenn wir das sprachliche Wissen seiner Natur nach für ein sicheres Wissen halten, so müssen wir doch - was das Ausmaß dieses Wissens bei den konkreten Sprechern betrifft - verschiedene Abstriche machen.

Zum einen ist das Wissen nicht auf allen Ebenen des Sprachlichen in gleichem Ausmaß vorhanden. Die sichere Kompetenz betrifft an erster Stelle die Einzelsprache, d.h. die gemeinschaftliche Technik des Sprechens für alle Texte. Diese Kompetenz wird beim normalen Sprecher ziemlich früh erreicht. Normalerweise beherrscht ein Kind im Alter von etwa sieben Jahren das System der Einzelsprache, wenn auch noch nicht die Sprachnorm im einzelnen und mögliche Varietäten. Ganz anders verhält es sich bei den beiden anderen Stufen des sprachlichen Wissens, d.h. beim elokutionellen Wissen und beim expressiven Wissen.

Das elokutionelle Wissen, d.h. das Wissen, wie man kongruent und kohärent spricht, ist seinem Wesen nach zwar nicht anders als das einzelsprachliche Wissen. Auch hier gibt es eine ideelle Norm, und es können Abweichungen von dieser Norm als solche identifiziert werden. Das Ausmaß des elokutionellen Wissens ist aber bei den konkreten Sprechern sehr unterschiedlich, auch wenn jeder Sprecher in gewisser Hinsicht die ideelle Norm anstrebt. Die Norm des elokutionellen Wissens wird nur allmählich erreicht; sie fällt keineswegs mit der schon erreichten Kompetenz in der Einzelsprache zusammen. Es gibt sehr viele Individuen, die den Nullgrad der bloßen (aber stetigen!) Annehmbarkeit beim elokutionellen Wissen nie erreichen. Es gibt sogar Gemeinschaften, in denen das elokutionelle Wissen bei sehr vielen Sprechern mangelhaft ist. Eine solche Gemeinschaft ist beispielsweise die spanischsprechende Gemeinschaft, wo Mängel im elokutionellen Wissen noch auf der Stufe der Universität auftreten und wo - wie man mit Recht sagt - auch manche Akademiker "falsch" oder "schlecht" schreiben. Diese Akademiker schreiben nicht etwa das S p a n i s c h e schlecht, sondern sie schreiben inkohärent oder inkongruent. Umgekehrt ist ein sicheres elokutionelles Wissen in der französischen Sprachgemeinschaft bei mehr Sprechern anzutreffen als anderswo. Dies ist manchmal so interpretiert worden, als ob das Französische eine besonders klare oder "logische" Sprache wäre. Wir haben aber bereits gesehen, daß der Begriff "Klarheit" nicht auf eine Einzelsprache anwendbar ist. Und H. Weinrich hat in einem sehr schönen Aufsatz gezeigt, daß es nicht um die Klarheit der französischen Sprache geht, sondern um die Klarheit der Franzosen, d.h. um die Tatsache, daß die Franzosen

klar sprechen [vgl. Weinrich 1961]. Er verwendet zwar nicht den Begriff des "elokutionellen Wissens", bezieht sich aber auf diese Ebene des Sprachlichen.

Was wir über das elokutionelle Wissen gesagt haben, gilt in gleichem, vielleicht in noch höherem Maße auch für das expressive Wissen. Dieses wird erst allmählich erreicht und so gut wie nie für alle
Textsorten. Seine Ausbildung ist Gegenstand einer sprachlichen Erziehung, in der vermittelt wird, wie man Texte konstruiert oder
erzeugt.

Wie schon angedeutet, muß man auch bei der einzelsprachlichen
Kompetenz, dem idiomatischen Wissen, Abstriche machen, wenn es
um ihr Ausmaß bei den konkreten Sprechern geht. Erstens beherrscht der Sprecher nur diejenige Sprache, die er in seinem
Sprachverkehr verwendet, und nicht die ganze Sprache der Gemeinschaft. Man muß hier berücksichtigen, daß eine historische Sprache
verschiedene Varietäten umfaßt und daß ein Sprecher nicht alle diese Varietäten beherrschen kann. Er kennt nicht alle funktionellen
Sprachen, sondern nur eine mehr oder weniger große Auswahl davon. Manche funktionellen Sprachen kennt er nur in bestimmten
Grenzen oder, wie man manchmal sagt, nur passiv. Es sind verschiedene Grade des Wissens unterscheidbar, vom sicheren Wissen, wie
es der Natur der Kompetenz entspricht, über ein vages und unbe-
stimmtes Wissen bis hin zum völligen Unwissen.

Zweitens kennt der Sprecher bei der Sprache, die er selbst spricht,
zwar das System ihrer Möglichkeiten, wenn er mit ihr kreativ umgehen kann. Er kennt aber nur bedingt die Norm, d.h. das tatächlich
schon Realisierte und den Umfang des schon Realisierten. Das tatsächlich Realisierte lernt der Sprecher während seines ganzen Lebens von den anderen, den Mitsprechenden. Im Hinblick auf die
Norm hört also die Spracherlernung nie auf.

Selbst beim System, d.h. bei den Möglichkeiten der Sprache,
kann es Unsicherheiten geben. Diese Unsicherheiten betreffen aber
nicht die Regeln des Sprachsystems selbst, sondern ihre Anwendung. In dieser Hinsicht hat Hockett recht, wenn er sagt, daß eine
Sprache kein absolut kohärentes System sei, sondern ein System mit
schwankenden Grenzen [vgl. Hockett 1967]. Diese Feststellung darf
jedoch nicht auf das System von Regeln bezogen werden, sondern

auf die Möglichkeit ihrer Anwendung in bestimmten Fällen, wenn
es konkurrierende Regeln gibt. Betrachten wir dazu einige Beispiele.

Im Spanischen gibt es das Diminutivsuffix *-illa*. Ein Kind, das das
System des Spanischen kennt, kann *-illa* in *ardilla* 'Eichhörnchen'
als Diminutivsuffix interpretieren und zu diesem Wort eine Grund-
form **arda* bilden. Die Form *ardilla* ist aber in der Tradition des
Spanischen kein Diminutiv, das zu **arda* gebildet wäre, sondern
fällt nur zufällig mit einer Diminutivform zusammen. Die Kenntnis
des Systems führt hier zu einer falschen Bildung in der Norm. Das
Kind muß lernen, daß auf *ardilla* die Diminutivregel nicht anwendbar ist.

Im Alter von sechs bis sieben Jahren besaß meine Tochter eine gute intuitive Kenntnis des Systems des Italienischen. Diese Kenntnis
verleitete sie nun dazu, fast alle auf *-one* endenden Wörter als Wörter
mit Augmentativsuffix aufzufassen und folglich zurückzubilden. So
sagte sie z.B.: "Das ist ja gar kein *limone*, sondern ein *limo*, es ist
ja gar nicht groß". In Wirklichkeit enthält *limone* 'Zitrone' gar kein
Augmentativsuffix. Analog gebrauchte sie *termosifo* für *termosifone*
'Heizkörper'. Sie wandte also eine Regel des Systems auf Fälle an,
auf die sie nicht angewandt werden durfte.

Im Deutschen gibt es die Regel, daß man mit dem Präfix *ge-* Kollektiva im Neutrum bilden kann, z.B.: *das Geäst, das Gebälk, das
Gebein* oder *das Geplauder, das Gemurmel, das Getrampel*. Könnte
man heute noch solche Kollektiva aus Substantiven bilden, so wäre
das Ergebnis sicher ein Neutrum, z.B. *das Gehaar* zu *Haar*. Trotzdem gibt es eine Reihe von Fällen, auf die die Regel, daß Kollektiva
mit dem Präfix *ge-* Neutra sind, nicht angewandt werden darf, z.B.
der Geschmack, der Geruch, der Gedanke, der Gehalt (das Gehalt hat
eine andere Bedeutung) oder auch *die Gestalt*. Hier handelt es sich
um "Ausnahmen", d.h. um Fälle, für die eine andere Regel gilt.

In diesem Bereich der konkurrierenden Regeln sind natürlich
Schwankungen möglich; hier kann es Unsicherheiten geben, die
sehr lange bestehen bleiben. Dies heißt jedoch nicht, daß das
sprachliche Regelwissen als solches unsicher ist, sondern nur, daß es
unter Umständen fraglich sein kann, welche Regel man tatsächlich
anzuwenden hat.

3.4. Die Aufgaben der Linguistik

3.4.1. Das sprachliche Wissen als Gegenstand der beschreibenden Linguistik

Das sprachliche Wissen ist seiner Natur nach eine *cognitio clara distincta inadaequata*, d.h. ein technisches Wissen in dem von uns definierten und abgegrenzten Sinne. Was bedeutet dies nun für die Linguistik? Es bedeutet, daß die Linguistik ein Wissen über ein Wissen ist, ein reflexives Wissen, das ein intuitives oder technisches Wissen zum Gegenstand hat. Die erste Aufgabe der Linguistik besteht also darin, das sprachliche Wissen ausdrücklich zu formulieren; ihre zweite Aufgabe ist, es zu begründen. Die Linguistik ist also nichts anderes als die *cognitio clara distincta adaequata*, die dem Wissen der Sprecher entspricht. Die Lingustik sagt das, was die Sprecher schon wissen, sie sagt es aber auf einer höheren Stufe der Erkenntnis. Dies bedeutet keineswegs, daß die Linguistik ein tautologisches Unternehmen wäre. Mit der Linguistik verhält es sich nicht anders als mit allen Wissenschaften, die ein Wissen zum Gegenstand haben. Diese Wissenschaften sind deshalb nicht tautologisch, weil sie einerseits ein Wissen ausdrücklich formulieren und abgrenzen und andererseits dieses Wissen begründen.

Wir haben gesehen, daß auch die Sprecher ihr Wissen begründen können, und zwar auf zweifache Weise. Die Begründung des Typs "Weil dies nicht das gleiche ist", "Weil dies etwas anderes bedeuten würde" ist die Begründung durch die Funktion, d.h. durch die Bedeutung der sprachlichen Formen und Verfahren. Die Begründung des Typs "Weil wir es so bzw. nicht so sagen" ist die Begründung durch die Gemeinschaft, die historische Begründung, die sich auf die Tradition des Wissens bezieht. Für den Sprecher ist beides Begründung, sowohl das "Wozu?", d.h. die Funktion, als auch das "Warum?", d.h. die Tradition.

Für den Linguisten stellen sich die Verhältnisse dagegen ganz anders dar. Der Linguist stellt fest, daß die Begründung durch die Funktion eigentlich gar keine Begründung ist, sondern zum Objekt selbst gehört. Die Begründung durch das "Wozu?" ist nicht Begründung der ganzen sprachlichen Erscheinung, sondern nur Begründung der materiellen Formen und Verfahren durch die Inhalte. Es gibt zwar auch in der Linguistik die Fragestellung, für die die Inhalte etwas Äußeres sind und die Sprache nur in den materiellen Formen und Verfahren besteht. Bei näherer Betrachtung zeigt sich jedoch, daß die Inhalte Modalitäten der Abgrenzung der möglichen Erfahrung sind und keineswegs diese Erfahrung selbst, d.h. daß sie ihrem Wesen nach sprachlich sind und nicht außersprachlich.

Das "Wozu?", auf das sich der naive Sprecher beruft, betrifft in dieser Hinsicht eine innere Relation in der Sprache, nämlich die Relation zwischen dem Ausdruck und dem Inhalt. Dieses "Wozu?" entspricht einer inneren Finalität, wie sie nicht nur für die Sprache charakteristisch ist, sondern für alle menschlichen Tätigkeiten, die finalistisch, d.h. durch ihren Zweck bestimmt sind. Bei den Kulturgegenständen, d.h. bei dem, was durch "freie", d.h. schöpferische menschliche Tätigkeit geschaffen wird, fällt nämlich ihre innere Finalität mit ihrem Sein zusammen.

Man muß hier allerdings unterscheiden zwischen der genannten inneren Finalität und der äußeren, nicht zum Objekt gehörenden Finalität. Das Sprechen ist auch eine Handlung und hat als Handlung eine Finalität, einen jeweiligen Zweck. Man sagt z.B. etwas, um die Wahrheit zu behaupten, um jemanden zu loben, um Einwände vorzubringen, um jemanden zu beleidigen usw. Hier handelt es sich aber um die jeweilige Finalität der Sprechakte als Handlungen, nicht um die innere Finalität der Sprache, d.h. um dasjenige "Wozu?", das in der Sprache selbst schon gegeben ist. In der Sprache geht es z.B. nicht um die Tatsache, daß etwas als beleidigend in einem Redeakt funktioniert, sondern darum, daß ein Ausdruck als solcher schon die Möglichkeit der Beleidigung enthält.

In dieser Hinsicht ist die Bedeutung das "Wozu?" der Sprache, d.h. ihrer Formen und Verfahren. Die Sprache ist eigentlich mit diesem "Wozu?" gleichzusetzen. Sie ist nicht Ausdruck v o n Bedeutungen, sondern sie i s t Bedeutung mit Ausdruck. Die erste Begründung, die der naive Sprecher gibt, wird also vom Linguisten auf das Objekt selbst zurückgeführt. Das Wissen des Sprechers wird nicht geleugnet, sondern es wird im Gegenteil gezeigt, worin dieses Wissen besteht. Die Intuition der Sprecher in bezug auf das "Wozu?'' wird auf die reflexive Ebene gehoben und ausdrücklich formuliert.

Die Unterscheidung zwischen dem technischen Wissen der Sprecher und dem reflexiven Wissen der Linguisten gibt der beschreibenden Linguistik, die in unserer Zeit von vielen weitgehend mit der Sprachwissenschaft schlechthin gleichgesetzt wird, ihre volle Berechtigung. Denn ihre Aufgabe besteht darin, das Wissen der naiven Sprecher zu reflektieren und auf einer höheren Stufe der Erkenntnis zu formulieren.

3.4.2. Die reflexive Begründung des sprachlichen Wissens in der Sprachgeschichte

Die zweite Begründung, die der naive Sprecher geben kann, die Begründung durch das ''Warum?'', betrifft nicht mehr die Funktion oder Bedeutung, d.h. die innere Finalität der Sprache. Denn wenn man die Frage nach dem ''Warum?'' beantwortet, indem man eine sprachliche Erscheinung auf eine gemeinschaftliche Tradition zurückführt, bezieht man sich sowohl auf die Formen als auch auf die ihnen entsprechenden Inhalte. Wenn man im einfachsten Fall sagt: ''Wir sagen *Tisch*, weil man es im Deutschen so sagt'', drückt man nicht nur aus, daß man die Form als solche gebraucht, sondern auch, daß diese Form für einen bestimmten Inhalt steht. Man bezieht sich also, in der üblichen Schreibweise, auf *Tisch*: 'Tisch', d.h. auf eine Form mit einem Inhalt, der mehr oder weniger dem von franz. *table*, ital. *tavola* oder span. *mesa* entspricht. Die Frage nach dem ''Warum?'' betrifft also Formen und Inhalte zugleich.

Im Gegensatz zu der ersten Stellungnahme des naiven Sprechers liegt hier also eine tatsächliche Begründung vor und nicht nur die Feststellung einer inneren Relation. Denn die Tatsache, daß es bestimmte Formen mit bestimmten Inhalten gibt, wird durch die Sprachgemeinschaft und dadurch durch die Tradition und die Sprachgeschichte begründet. Während bei der Angabe des ''Wozu?'' der Linguist nichts anderes weiß als der Sprecher, das intuitive Wissen der Sprecher also immer Maßstab für die Richtigkeit der Feststellungen der Linguisten bleibt, geht der Linguist hier über das sprachliche Wissen der Sprecher hinaus und begründet die Begrün-

dung durch die Sprachtradition weiter, indem er diese Tradition
selbst und ihre Entwicklung im einzelnen feststellt.

Zu einer bestimmten Zeit konnte man darum zwar nicht auf der
höchsten theoretischen Ebene, wohl aber auf der Ebene der Praxis
der Linguisten, die Sprachwissenschaft mit der Sprachgeschichte
gleichsetzen. Denn nur in der Sprachgeschichte fand man ein Wissen, das nicht zugleich auch Wissen der Sprecher war. Bei dieser
Gleichsetzung vernachlässigte man jedoch die andere Aufgabe der
Sprachwissenschaft, das technische Wissen der Sprecher in ein reflexives Wissen zu überführen.

3.4.3. Die Natur des sprachlichen Wissens und die sprachwissen-
schaftliche Methode

Man nimmt oft an, daß die Natur des sprachlichen Wissens die Methode der Sprachwissenschaft bedingt. Im etymologischen Sinne ist
die Methode ein Weg, um irgendwohin zu gelangen; gerade dies bedeutet μέθοδος primär im Griechischen. Heute versteht man unter
der Methode ein Gefüge von Verfahren und Operationen, um einen
bestimmten Zweck zu erreichen; dieser Zweck ist in der Wissenschaft das gesicherte Wissen. Die Methode ist praktisch bedingt (wie
übrigens jeder Weg), d.h. durch ihre Anwendbarkeit und durch ihre
Zweckmäßigkeit. Ihre Zweckmäßigkeit liegt vor allem darin, daß sie
uns direkt zum Ziel führt, d.h. daß sie ein Weg und kein Umweg
ist. Man könnte von Tübingen nach Stuttgart auch über den Südpol
fahren; dies wäre aber weder sinnvoll noch bequem, und darum
wählen wir doch den direkten Weg. Die Methode setzt also voraus,
daß wir schon wissen, wohin wir wollen; sie ist der Weg, der uns am
schnellsten und sinnvollsten zu dem Punkt führt, den wir erreichen
wollen.

Was bedeutet dies im Falle des sprachlichen Wissens? Um den
richtigen Weg wählen zu können, muß man wissen, was erreicht
werden kann. Die Kenntnis der Natur des sprachlichen Wissens
reicht aber in dieser Hinsicht keineswegs aus. Wüßten wir über
Stuttgart nur - um auf unser grobes Beispiel zurückzukommen -,
daß es sich um eine große Stadt irgendwo handelt, dann könnten wir
den Weg dorthin noch nicht sinnvoll wählen. Die Natur des sprach-

lichen Wissens bedingt nur die a l l g e m e i n e Art der Methode, noch nicht die Methode selbst. Das, was die Methode tatsächlich bedingt, ist das Objekt. Wir wissen über das Objekt nur, daß es ein Wissen ist, und wir kennen unsere Aufgabe, dieses Wissen zu einem reflexiven zu machen und es zu begründen. Um die Methode für dieses Objekt zweckmäßig wählen zu können, müssen wir aber etwas mehr wissen. Wir müssen nicht nur die Natur dieses Wissens kennen, sondern auch seinen Gehalt. Dies ist das dritte allgemeine Problem der sprachlichen Kompetenz, das uns im nächsten Kapitel beschäftigen wird.

4. Der Gehalt der sprachlichen Kompetenz

4.0. Vorbemerkung

Wir kommen nun zum dritten allgemeinen Problem der sprachlichen Kompetenz, zum Gehalt des sprachlichen Wissens. Die Antwort auf die Frage nach der Natur des sprachlichen Wissens ist zunächst nur eine allgemeine, eine generische Behauptung. Sie sagt uns noch nicht, was man weiß, d.h. was die Sprache eigentlich ausmacht. Wir müssen darum fragen, welches die Fakten sind, die die Sprache als solche ausmachen. Drei Teilfragen sind zu beantworten:

1. Kennt man Formen und Inhalte und ihre Strukturen?
2. Kennt man Operationen zur jeweiligen Bildung von Formen und Inhalten?
3. Kennt man Regeln zur Durchführung bestimmter Operationen, die zur Bildung von Formen und Inhalten dienen?

Mit anderen Worten: Die Frage nach dem Gehalt des sprachlichen Wissens ist die Frage danach, worin eine Sprache eigentlich besteht: in Formen und Inhalten, in Operationen oder in einem System oder mindestens einer Menge von Regeln. Wir werden zunächst sehen, wie man diese Frage bisher gestellt hat und welche Lösungen man vorgeschlagen hat.

Das Problem des Gehalts des sprachlichen Wissens hängt eng mit dem Problem der Strukturierung des sprachlichen Wissens zusammen, das wir als letztes allgemeines Problem der sprachlichen Kompetenz behandeln werden. Wir werden darum hier nur auf das eingehen, was für das dritte Problem spezifisch ist, und von dem Zusammenhang mit dem vierten Problem vorerst absehen.

4.1. Die traditionelle Fragestellung: Analogie oder Anomalie?

4.1.1. Die Analogie

Die Frage nach dem Gehalt des sprachlichen Wissens ist bisher fast nur für die Einzelsprache gestellt worden. Man fragte, was man weiß, wenn man z.B. Deutsch kann. Die ältere Sprachwissenschaft beschäftigte sich mit der ersten Teilfrage und fragte nach den Formen und Inhalten und ihrer Struktur.

Unter Struktur ist jeweils nichts anderes zu verstehen als die Form der inneren Relationen in einem bestimmten Bereich von Fakten. Fragt man nach der Struktur der Formen und Inhalte, so fragt man danach, welche inneren Relationen zwischen den Formen und welche zwischen den Inhalten bestehen:

$$\underbrace{\text{Formen}}_{\text{``Struktur''}} \quad \underline{\quad\quad} \quad \underbrace{\text{Inhalte}}_{\text{``Struktur''}}$$

Die Tatsache, daß Fakten strukturiert sind, bedeutet überhaupt nicht, wie man leider so oft annimmt, daß sie e i n e   b e s t i m m t e   A r t von Strukturierung aufweisen, z.B. eine regelmäßige oder strenge Strukturierung: Die Struktur ist nämlich nichts anderes als die tatsächliche Form der inneren Relationen.

Die Frage nach der Struktur betrifft außerdem die Art des Verhältnisses zwischen Formen und Inhalten, d.h. die Frage, ob dieses Verhältnis regelmäßig oder unregelmäßig ist. Die älteste Grammatik stellte dieses Problem als Problem der Analogie. Die Analogisten betrachteten die Analogie als das Gestaltungsprinzip der Sprache; im Gegensatz dazu betonten die Anomalisten die Unregelmäßigkeit oder Anomalie.

Was ist nun eigentlich die Analogie in diesem ursprünglichen Sinne? Die Analogie ist die analoge Gestaltung des Ausdrucks gegenüber der Gestaltung des Inhalts. Sie besteht in der Regelmäßigkeit des Ausdrucks, nicht etwa in der Ähnlichkeit des Ausdrucks und des Inhalts. Gemeint ist die Proportionalität von Ausdruck und Inhalt, etwa in folgender Form:

$$\text{Ausdruck} \quad \frac{X}{Y} \quad \begin{array}{c}\text{in demselben Ver-}\\\text{hältnis wie}\end{array} \quad \frac{X'}{Y'} \quad \text{Inhalt}$$

Wenn Analogie vorliegt, steht X in demselben Verhältnis zu Y wie
X' zu Y'. Der Strukturierung des Ausdrucks entspricht eine ähnli-
che Strukturierung des Inhalts. Die Ähnlichkeit betrifft aber jeweils
die Ähnlichkeit auf einer Ebene, nicht die Ähnlichkeit auf beiden
Ebenen. Ist span. *casas* beispielsweise die Pluralform von *casa*
'Haus' (d.h. *casa* mit Plural), dann ist *mesas* die Pluralform von *mesa*
'Tisch':

$$\text{Ausdruck} \quad \frac{casa + s}{mesa + s} \quad \text{wie} \quad \frac{\text{'casa'} + \text{'Pl.'}}{\text{'mesa'} + \text{'Pl.'}} \quad \text{Inhalt}$$

Wir haben also bei der Analogie Regelmäßigkeiten, d.h. analogische
Motivierung des Ausdrucks durch die Verhältnisse im Inhalt. Das
Deutsche ist beispielsweise insoweit analog, als die Tempora, die
Pluralformen, das Genus usw. regelmäßig gebildet werden.

Bei der Analogie handelt es sich zwar um eine Motivation. Diese
Motivation hat aber nichts mit der Motivation der sprachlichen Zeichen im eigentlichen Sinne zu tun. Unter der Motivation eines
sprachlichen Zeichens versteht man die unmittelbare Motivation
durch den Inhalt und letzten Endes durch die bezeichneten Sachen,
d.h. durch ein Kausal- oder ein Ähnlichkeitsverhältnis mit den Sachen selbst. Diese Art der Motivation gibt es beim sprachlichen Zeichen eigentlich nicht. Die sprachlichen Zeichen sind in dieser
Hinsicht willkürlich oder, wie man sagt, "arbiträr". Es gibt hier nur
die historische Motivation. Das Wort *Tisch* ist nicht dem Tisch ähnlich und steht auch nicht in einem Kausalverhältnis zu dem Inhalt
'Tisch', sondern entspricht einfach der deutschen Tradition, d.h.
der Tradition "Deutsch".

Merkwürdigerweise spricht aber gerade F. de Saussure, der die
Auffassung vom arbiträren Charakter des sprachlichen Zeichens vor
allem vertreten hat, von einer partiellen Motivierung, wie sie beispielsweise in der Wortbildung auftritt, z.B. dt. *Tisch - Tischler*. In
diesem Fall wäre *Tischler* durch *Tisch* partiell motiviert [vgl. Saussure 1916/1967, 156-159]. Hier handelt es sich aber gerade nicht um
die Motivation der Zeichen durch den Inhalt, sondern es handelt

sich um die Motivation der Struktur des Zeichens durch die Struktur des Inhalts. Die Ähnlichkeit besteht jeweils nur auf einer Ebene.

Wenn im Französischen eine Entsprechung zwischen *pomme* 'Apfel' und *pommier* 'Apfelbaum' besteht, dann wird - analoge Gestaltung vorausgesetzt - auch eine Entsprechung zwischen *poire* 'Birne' und *poirier* 'Birnbaum' bestehen. *Pomme* und *-ier* bleiben dabei natürlich ''arbiträr''. Motiviert ist hier nur die Strukturierung, die Kombination der beiden Einheiten. Sie ist motiviert dadurch, daß die Kombination der Ausdrücke der Kombination der Inhalte p r o - p o r t i o n a l ist. Für die Einheiten selbst gibt es keine andere Motivation als die historische. Nur durch die sprachliche Tradition kann man begründen, daß für die Inhalte 'pomme', 'poire' und 'was etwas trägt oder erzeugt' die Ausdrücke *pomme*, *poire* und *-ier* stehen.

Die Analogisten vertreten also die Auffassung, daß die Struktur der sprachlichen Formen bzw. Ausdrücke motiviert, d.h. begründet ist durch die Struktur der sprachlichen Inhalte.

4.1.2. Die Anomalie

Die Anomalisten verkennen die Analogien eigentlich nicht, heben aber die vielen Ausnahmen hervor, die es gerade auch in der Grammatik gibt. Vor allem beziehen sie sich jedoch auf den Ausdruck im Wortschatz, wo der Ähnlichkeit der Inhalte untereinander kaum eine Ähnlichkeit der entsprechenden Formen bzw. des entsprechenden Ausdrucks entspricht. So gebe es z.B. - wir führen wieder deutsche Beispiele an - keinerlei Ähnlichkeit zwischen dem Inhalt 'Haus' und dem Inhalt 'Maus'; gleichwohl seien die Zeichen *Haus* und *Maus* materiell ähnlich. Umgekehrt gebe es eine Ähnlichkeit zwischen 'Haus', 'Gebäude' und 'Wohnung'; die materiellen Zeichen seien aber völlig verschieden. Ebenso seien die Inhalte von *Maus* und *Ratte* einander ähnlich, die materiellen Zeichen aber absolut unähnlich. Man könne also nicht von einer Ähnlichkeit im Inhalt auf eine Ähnlichkeit im Ausdruck schließen.

Auf dem Gebiet der Grammatik verweisen die Anomalisten vor allem auf die Ausnahmen und auf die reduzierten Paradigmata insbesondere bei der Flexion. Sie führen Beispiele an wie lat. *iecur*

'Leber', das den Genitiv nicht, wie man erwarten würde, mit
*iecuris, sondern unregelmäßig mit iecinoris bildet.

4.1.3. Grammatik und Wortschatz

Aufgrund der Tatsache, daß der (primäre) Wortschatz im allgemeinen keine Regelmäßigkeit aufweist und sich regelmäßige bzw. analogische Bildungen vor allem in der Grammatik (einschließlich der
"Grammatik des Wortschatzes", d.h. der Wortbildung) finden,
kam man mit der Zeit dazu, den Wortschatz als das Gebiet der Anomalie und die Grammatik (einschließlich der Wortbildung) als das
Gebiet der Analogie zu bezeichnen. Überträgt man diese Auffassung
von der Struktur der Formen und Inhalte auf den Gehalt der sprachlichen Kompetenz und die Bedingungen ihrer Erlernung, so muß
man folgendes feststellen:
    Das sprachliche Wissen in bezug auf den (primären) Wortschatz
besteht in der Kenntnis von bestimmten Formen und Inhalten, die
man getrennt lernen muß; das grammatische Wissen besteht dagegen in der Kenntnis von Mustern, eigentlich schon von Regeln, nach
denen grammatische Formen für den Ausdruck von grammatischen
Inhalten gelernt werden, so daß die Grammatik exemplarisch gelernt
werden kann.
    Das Wort "Analogie" wird vor allem auf den Bereich angewandt,
in dem in unserer Tradition die Regelmäßigkeit der Formen an erster Stelle festgestellt werden konnte, d.h. auf die Flexion. Man hat
darum die Analogie mit der Flexion oder der Flexionslehre gleichgesetzt.
    In der traditionellen Grammatik gibt es aber, wie schon angedeu-
tet, ein Gebiet, das sowohl zum Bereich der Analogie als auch zum
Bereich der Anomalie gehören könnte, nämlich das Gebiet der Wortbildung. Die Grammatiken, die ja die Regelmäßigkeiten einer Sprache beschreiben wollen und nicht selten das Wort "Regeln" im Titel
führen, beziehen oft auch die Wortbildung in einer bestimmten
Sprache in ihre Beschreibung ein, betrachten sie also als zur Grammatik gehörend. Die antiken Grammatiker betrachteten, soweit wir
darüber unterrichtet sind, auch die Wortbildung als zur Analogie gehörend, d.h. sie identifizierten die Analogie nicht mit der Gramma-

tik im engeren Sinne, sondern mit der Regelmäßigkeit als Proportionalität überhaupt, d.h. nicht nur mit der Regelmäßigkeit in der Flexion, sondern auch mit der Regelmäßigkeit in der Wortbildung.

Der römische Grammatiker Varro unterscheidet in *De lingua Latina* zwischen zwei Arten der Analogie, nämlich einer Analogie, die auch im Sprachgebrauch vorhanden ist, und einer bloß virtuellen, aber nicht tatsächlich zur Schaffung von Formen angewandten Analogie:

> Quod si analogia sequenda est nobis, aut ea observanda est quae est in consuetudine aut quae non est [Varro VIII.17.33, ed. Kent 1938, 2/396] [Wenn wir also der Analogie folgen müssen, so müssen wir entweder die Analogie beachten, die in Gebrauch ist, oder die Analogie, die nicht in Gebrauch ist.]

Für die zweite Art der Analogie führt er gerade Beispiele aus der Wortbildung an:

> Primum cum dicatur ut ab ove et sue ovile et suile, sic a bove bovile non dicitur. ...
>
> Ne in his quidem, quae saepius quid fieri ostendunt, servatur analogia: nam ut est a cantando cantitans, ab amando amitans non est et sic multa. [Varro VIII.30,54 und 32.60, ed. Kent 1938, 412 und 418] [Erstens: Obwohl von *ovis* 'Schaf' und *sus* 'Schwein' *ovile* 'Schafstall' und *suile* 'Schweinestall' gesagt wird, sagt man nicht *bovile* 'Rinderstall' von *bos* 'Rind'. ...
>
> In den (Wörtern) aber, die angeben, daß etwas häufiger geschieht, wird die Analogie nicht beachtet. Denn es gibt zwar von *cantans* 'singend' *cantitans* 'häufiger singend', aber nicht von *amans* 'liebend' *amitans*, und so bei vielen anderen.]

Die Unterscheidung von Analogie und Anomalie fällt also nicht mit der Unterscheidung von Grammatik und Wortschatz zusammen, sondern geht eigentlich durch die ganze Sprache hindurch. Zur Analogie gehören nicht nur die realisierten Regelmäßigkeiten, sondern auch die bloß möglichen, wie wir sie hauptsächlich in der Wortbildung finden.

In der traditionellen Sprachwissenschaft, vor allem aber in der traditionellen Grammatik, haben wir es grundsätzlich mit zwei Auffassungen zu tun, auch wenn diese nicht ausdrücklich formuliert werden. Die eine Auffassung unterscheidet zwischen der Grammatik als dem Bereich des Regelhaften und dem Wortschatz als dem Bereich

der Anomalie, die andere Auffassung zwischen der Analogie als der
Regelmäßigkeit oder Proportionalität des Verhältnisses von Inhalt
und Ausdruck und der Anomalie als der Unregelmäßigkeit dieses
Verhältnisses, und zwar unabhängig vom jeweiligen Bereich:

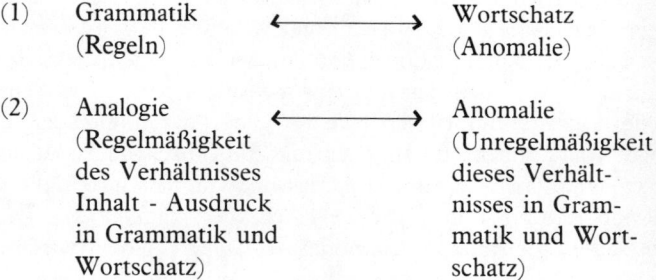

(1)   Grammatik   ◄————————►   Wortschatz
      (Regeln)   (Anomalie)

(2)   Analogie   ◄————————►   Anomalie
      (Regelmäßigkeit   (Unregelmäßigkeit
      des Verhältnisses   dieses Verhält-
      Inhalt - Ausdruck   nisses in Gram-
      in Grammatik und   matik und Wort-
      Wortschatz)   schatz)

Die neuere Sprachwissenschaft knüpft, wie wir gleich sehen werden,
an die alte Auffassung an, daß der Gehalt des sprachlichen Wissens
aus Formen und Inhalten sowie ihren Strukturen bestehe, führt aber
bald über sie hinaus.

4.2.   Die neuere Fragestellung: Zeichen oder Verfahren?

4.2.1. Die Grundpositionen bei Saussure und Chomsky

Die Auffassungen in der neueren Sprachwissenschaft hängen damit
zusammen, auf welchen Bereich der Sprache man sich konzentriert.
Bleibt man bei der Betrachtung der Einzelsprache unterhalb der
Ebene des Satzes, so neigt man dazu, sie als ein Gefüge von Formen
und Inhalten sowie ihrer Strukturen anzusehen, d.h. als ein Gefüge
gegebener Einheiten. Konzentriert man sich dagegen auf den Satz
und die Satzbildung, so neigt man eher dazu, die Einzelsprache als
ein System von Regeln zur Durchführung bestimmter Operationen
anzusehen. In diesem Fall betrachtet man sie primär als Regelsystem
und faßt nur die Grundformen, die im Satz kombiniert werden, d.h.
den Wortschatz, als Gefüge von Formen und Inhalten auf. Ob man

die Einzelsprache als Gefüge von Formen und Inhalten oder als Regelsystem auffaßt, hängt also davon ab, was man primär als Aufgabe
der Grammatik ansieht, die Beschreibung des Satzes oder die Beschreibung der Einheiten unterhalb der Satzebene.

F. de Saussure kann als wichtigster Vertreter der ersten Ausrichtung angesehen werden. Denn er betrachtet die Einzelsprache, die
langue, als ein *dépôt* oder Lager von Zeichen, d.h. von Formen und
Inhalten. Die Kombinationen von Zeichen einschließlich des Satzes
rechnet er nicht mehr zur *langue*, sondern zur *parole*. Für Saussure
ist der Satz eine Einheit der Rede und gehört darum nicht zu diesem
Lager von Formen und Inhalten, das die Einzelsprache ausmacht.
Es ist symptomatisch für die Auffassung von Saussure, daß er nur
gewisse Kombinationen zur *langue* rechnet, nämlich die fixierten
Syntagmen wie franz. *Bonjour* oder dt. *Guten Tag* oder wiederholte
Rede wie franz. *au fur et à mesure*, bei der man nur den Gesamtinhalt
'allmählich' kennt und *fur* für sich sonst nicht kennt. Nach dieser
Auffassung gehört eigentlich nur das Fixierte zur *langue*, und es ist
darum konsequent, sie als - wenn auch strukturiertes - Gefüge von
Formen und Inhalten aufzufassen und nicht als System von Regeln
[vgl. Saussure 1916/1967, 23 und 125-127]. Saussure betrachtet die
Sprache also im Grunde ''lexikalisch'', d.h. vom Wortschatz her.
Allgemeiner noch: er faßt sie statisch auf (wenn man von seinen Aus-
führungen zur Analogie absieht [vgl. unten 4.2.2.]), wie sich in der
Idee zeigt, daß die *langue* in der Synchronie wie die Projektion eines
Körpers auf eine Ebene aufzufassen sei [vgl. Saussure 1916/1967,
103-104].

N. Chomsky ist dagegen entschiedener Vertreter der zweiten Ausrichtung. Er hat eher eine syntaktische und dynamische Auffassung
von der Sprache und damit auch vom Gehalt der sprachlichen Kompetenz. Dies geht daraus hervor, daß er sich auf die Bildung der Sätze, d.h. auf die syntaktischen Operationen konzentriert. Sein Begriff
der ''Generierung'' wird in mathematischem Sinne verstanden als
Anweisung für Operationen, durch die etwas zustande kommt. Die
primäre Einheit der Grammatik ist für ihn der Satz, und darum erscheint ihm die Einzelsprache primär als System von Regeln für die
Satzbildung. Formen und Inhalte oder - besser noch - Formen, die

als solche getrennt von ihrem Inhalt gegeben sind, findet er nur im
Wortschatz oder auf einer bestimmten Ebene des Wortschatzes.

4.2.2. Virtuelle sprachliche Formen bei Saussure

Obwohl Saussures Sprachauffassung im allgemeinen statisch und lexikalisch ist, findet man in seinem Kapitel über die "Analogie" [vgl.
Saussure 1916/1967, 192-201] auch sehr wichtige Ansätze für die andere Ausrichtung. Hier erkennt nämlich Saussure Fakten als zur
Synchronie des Französischen gehörend an, die es zwar nicht gibt,
die aber möglich wären, z.B. die Formen *firmamental, intervention-
naire, répressionnaire*. Obwohl er diese Formen selbst neu gebildet
hat, zählt er sie - wenigstens ihrer Möglichkeit nach - zur synchronischen *langue*: Er betrachtet sie als schon gegeben.
    Was heißt es, daß es diese Formen im Französischen schon gibt?
Es gibt *firmament* und es gibt ein Suffix vom Typ *-al*, und ebenso
gibt es *intervention* und *répression* und ein Suffix des Typs *-aire*. Die
Kombination gab es aber vor Saussure nicht, und wahrscheinlich ist
sie auch später gerade auf diesen Text beschränkt geblieben. Wenn
Saussure sagt, daß diese Formen zur Synchronie des Französischen
gehören, dann sagt er eigentlich, daß sie im Französischen v i r -
t u e l l, als Möglichkeit, vorhanden sind. Dies besagt, daß es einerseits die Zeichen vom Typ *firmament* und *-al* im Französischen gibt
und andererseits ein bestimmtes Verfahren der Wortbildung.
    Dadurch, daß Saussure die Formen, die analogisch gebildet wer-
den können, zum Sprachzustand rechnet, eröffnet er den Weg zu einer anderen Auffassung der Sprache oder wenigstens bestimmter
Fakten in der Sprache. Diese andere Aufffassung erkennt in der
Sprache nicht nur Gefüge von Formen und Inhalten, sondern auch
Systeme von Verfahren. Die Kombinationen sind zwar bloß virtuell,
konkret sind aber die Bestandteile der Kombinationen und die Verfahren, die sie ermöglichen. Rechnet man nun das Virtuelle zur Einzelsprache, so geht es nicht mehr nur um bestimmte Arten der
Wortbildung, sondern um alles, was durch das Vorhandensein von
Verfahren ermöglicht wird. Kein Deutscher hat alle Formen aller
deutschen Verben wenigstens einmal gehört, keiner hat alle Pluralformen je gehört. Niemand hat alle Diminutivformen kennenge-

lernt, so daß er sie einfach übernehmen und wiederholen könnte. Die Kompetenz der einzelnen Sprecher besteht hier also in der Kenntnis von Verfahren. Die Analogie beschränkt sich nicht auf die Wortbildung und die lexikalische und grammatische Morphologie, sondern betrifft eigentlich alle Regelmäßigkeiten in der Sprache, sowohl die materiellen als auch die inhaltlichen.

4.2.3. Die dynamische Sprachauffassung Humboldts

Im Grunde ist eine Sprache ein System von Analogien, wie sich gerade bei den virtuellen oder möglichen Formen zeigt. Sobald man wie Saussure in dem genannten Fall das Virtuelle zur Sprache rechnet, geht man von einer statischen zu einer dynamischen Sprachauffassung über. Für diesen Übergang hat man gute Gründe, weil die virtuellen Formen auch von den naiven Sprechern anerkannt werden. Für die dynamische Sprachauffassung ist die Sprache nicht etwas Erzeugtes, sondern Erzeugung, genauer ein System von Regelmäßigkeiten der Erzeugung.

W. von Humboldt hat diese Auffassung in seiner Schrift *Ueber die Verschiedenheit des menschlichen Sprachbaues und ihren Einfluss auf die geistige Entwicklung des Menschengeschlechts* (1836) folgendermaßen formuliert:

> Denn die Sprache kann ja nicht als ein da liegender, in seinem Ganzen übersehbarer oder nach und nach mittheilbarer Stoff, sondern muss als ein sich ewig erzeugender angesehen werden, wo die Gesetze der Erzeugung bestimmt sind, aber der Umfang und gewissermassen auch die Art des Erzeugnisses gänzlich unbestimmt bleiben. [Humboldt 1963, 431]

Für Humboldt handelt es sich offensichtlich nicht nur um die Erzeugung von Sätzen, sondern um die Erzeugung von sprachlichen Fakten überhaupt. Es geht um Regelmäßigkeiten beim sprachlichen Schaffen schlechthin.

4.2.4. Die Rolle der Operationen in der generativen Transformationsgrammatik

Bei Saussure haben wir eine primär statische, vom Zeichen ausgehende Auffassung, die über die Analogien den Weg zu den Verfahren eröffnet. Bei Chomsky haben wir umgekehrt eine primär dynamische Auffassung; aber auch Chomsky muß zugeben, daß es etwas gibt, was nicht Operation ist, sondern gemachte Elemente enthält, nämlich den Wortschatz oder das "Lexikon" (worunter alle schon "gemachten" Formen, nicht nur die lexikalischen, verstanden werden).

In der Transformationsgrammatik besteht allerdings die Neigung, viel mehr aktuelle Operationen in der Sprache zu sehen, als dies sonst üblich ist. Bei E. Bach werden z.B. die kategoriellen Bedeutungen erst bei der Satzbildung, d.h. im aktuellen Sprechen, zugewiesen [vgl. Bach 1968]. Bach nimmt nämlich an, das englische Wort *man* habe als Tiefenstruktur oder Grundstruktur der Satzbildung etwas, was noch nicht Substantiv sei und was als Substantiv, als Adjektiv oder als Verb im Satz erscheinen könne. Im Englischen erscheint *man* jedoch normalerweise gerade mit der kategoriellen Bedeutung "Substantiv". In der Tiefenstruktur, die Bach annimmt, wäre das Englische aber eigentlich nicht anders als das Nootka, eine nordamerikanische Indianersprache. Das Nootka scheint nämlich die einzige bekannte Sprache zu sein, in der die Lexikoneinheiten noch nicht kategoriell bestimmt sind, sondern erst im Satz als Substantiv, Verb oder Adjektiv determiniert werden. Würde sich engl. *man* oder dt. *Mensch* so verhalten wie *meweh-* 'Mensch' im Nootka, so hätte man folgende Verhältnisse:

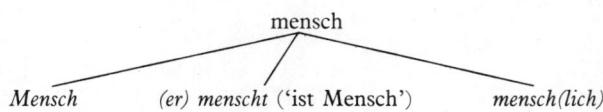

(Nur lexikalische Bedeutung 'diese Art Wirklichkeit', aber noch nicht 'Substantiv', 'Adjektiv' oder 'Verb')

mensch

Mensch   *(er) menscht* ('ist Mensch')   *mensch(lich)*

(Zuweisung der kategoriellen Bedeutung 'Substantiv' usw. im Satz)

Bach nimmt an, daß es sich hier um etwas Universelles handelt. Tatsächlich ist das Englische aber anders als das Nootka; *man* gehört schon als gemachtes Zeichen zur Kategorie "Substantiv".

Allerdings kann man hier zwischen der Technik der Beschreibung und der Objektivität der Beschreibung unterscheiden. Als Technik der Beschreibung könnte dieses Vorgehen annehmbar sein, wenn es sich als bequem, einfach oder aufschlußreich erwiese. Objektiv ist es aber unzutreffend, daß es im Wortschatz des Englischen keine kategoriellen Bedeutungen gebe.

Wir brauchen dieses Beispiel hier nicht weiter zu diskutieren (Näheres findet sich in "Die sprachlichen (und die anderen) Universalien" [1975: "Universalien"]). Es sollte uns nur zeigen, daß die Transformationsgrammatik den Anteil der Operationen beim sprachlichen Wissen überschätzt, so wie umgekehrt Saussure den Anteil der schon gegebenen Zeichen überschätzt hat.

4.2.5. Ergebnis: Zeichen und Verfahren

Fassen wir unsere Überlegungen zusammen: Saussure geht von den Zeichen aus, betrachtet die Einzelsprache als Gefüge von Formen und Inhalten und neigt dazu, mehr als existierendes Faktum anzusehen, als dies tatsächlich der Fall ist. Chomsky geht dagegen vom Satz aus, betrachtet die Sprache als System von Regeln zur Erzeugung von Sätzen und neigt darum dazu, auch dort noch Operationen anzusetzen, wo schon gemachte Einheiten vorliegen. Das folgende Schema mag dies verdeutlichen:

Saussure

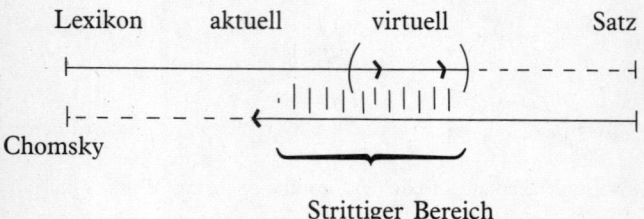

Strittiger Bereich

Im allgemeinen hat Saussure seine Auffassung der Sprache, d.h. der *langue*, kohärent formuliert: die *langue* ist für ihn ein Gefüge von Formen und Inhalten; Kombinationen gehören nur dann zur *langue*, wenn sie fixiert sind. Alle übrigen Kombinationen gehören nicht zur *langue*, sondern zur Rede. Ein Widerspruch tritt nur bei der Behandlung der Analogie auf, wo er virtuelle bzw. mögliche Formen als in der *langue* existierend annimmt. Insoweit Saussure kohärent ist, hört für ihn die Sprache früher auf als für Chomsky. Dort, wo er widersprüchlich ist, eröffnet er den Weg für die Auffassung, die wir bei Chomsky finden.

Für Chomsky ist die Sprache ihrem Gehalt nach Operation, und zwar auch dort noch, wo etwas nicht nur virtuell, sondern aktuell existiert. Trotzdem bleibt immer noch ein Rest, der das Lexikalische an sich umfaßt, auch wenn es noch nicht als Substantiv, Verb oder Adjektiv gegeben ist. Der lexikalische Inhalt, der sich auf eine bestimmte Realität, z.B. die Realität ''Tier'' oder die Realität ''Baum'', bezieht, muß außerhalb der Operationen bleiben und als etwas Gemachtes angesehen werden, auf das die Operationen angewandt werden.

Was ist nun das Ergebnis dieser Überlegungen? Bei keiner dieser beiden Fragestellungen kann man nur eine Art des Gehalts der sprachlichen Kompetenz annehmen. Stillschweigend oder ausdrücklich wird zwar das eine hervorgehoben und betont, zugleich wird aber zugegeben, daß es auch das andere gibt. Wir müssen also festhalten, daß der Gehalt der sprachlichen Kompetenz weder auf bloße Zeichen noch auf bloße Operationen reduziert werden kann, sondern daß es beides gibt, Zeichen und Operationen.

Die Zeichen, die im Sprechen neu gebildet werden, beruhen auf Operationen bzw. Verfahren, und diese setzen etwas voraus, mit dem operiert werden kann, nämlich die lexikalischen Einheiten, die nicht mehr zur Grammatik gehören.

Die Frage nach dem Umfang dessen, was außerhalb der Grammatik bleiben muß, ist eine interne Frage der generativen Grammatik. Es gibt ''Lexikalisten'', die vieles auch im Bereich der Wortbildung in das Lexikon aufnehmen wollen, und es gibt ''Syntaktizisten'', die möglichst viel zur Syntax, d.h. zu den Kombinationen und damit auch zu den Operationen rechnen wollen.

Wir werden im nächsten Abschnitt sehen, daß das technische Wissen der naiven Sprecher sowohl Zeichen als auch Verfahren umfaßt

und daß sich dieses Wissen auch in den noch nicht reflexiven Begründungen dieser Sprecher zeigt.

4.3.   Der Gehalt des sprachlichen Wissens auf den drei Ebenen des Sprachlichen

4.3.1. Die Urteile der naiven Sprecher

Fragt man den naiven Sprecher implizit nach dem Gehalt des
sprachlichen Wissens, so wird man zwei Arten von Antworten erhalten. Die eine Antwort entspricht etwa der Form ''Das gibt es nicht
im Deutschen'', ''Das ist kein deutsches Wort''. Sie bezieht sich auf
schon Existierendes, d.h. auf Zeichen aus Formen und Inhalten. Die
andere Antwort hat die Form ''So sagt man'' bzw. ''So sagt man
nicht'' oder ''So muß man es sagen'' bzw. ''So kann man es nicht
sagen''. Bei ihr bezieht man sich implizit auf einen Vorgang, eine
Operation oder Modalität des Sagens mit einer ihr innewohnenden
Norm. Der naive Sprecher unterscheidet also wenigstens ansatzwei-
se zwischen Zeichen und Verfahren, ohne allerdings genauere Unterscheidungen treffen zu können. Außerdem kann man nicht damit
rechnen, daß alle Sprecher in vergleichbaren Fällen zu dem gleichen
Urteil kommen.
   Die Urteile, die die Grenze zwischen Zeichen und Verfahren betreffen, unterscheiden sich in zweierlei Hinsicht. Das Urteil kann
zum einen von der Sprachgemeinschaft und letztlich von der Sprache selbst abhängen. So neigen beispielsweise die Franzosen viel
mehr dazu, ''ça n'existe pas'' zu sagen, d.h. ein Nichtexistenzurteil
zu fällen, als beispielsweise die Deutschen oder die Italiener. Umgekehrt wird man bei den Ungarn oder Türken viel seltener solche Urteile über ihre Sprache finden. Es läßt sich zeigen, daß die einzelsprachliche Struktur selbst diese Urteile nahelegt.
   Zum andern hängt das Urteil vom Grad der Reflexivität bei den
naiven Sprechern ab. Sprecher, die über ihre Sprache nachdenken,
neigen nämlich - grob gesagt - eher dazu, Existenz- und Nichtexi-
stenzurteile zu fällen. Am deutlichsten zeigt sich dies darin, daß die
Puristen und die normativen Grammatiker dazu neigen, alles für

nichtexistent zu halten, was bestimmten Normen nicht entspricht
oder bei bestimmten Autoritäten, z.B. den klassischen Schriftstellern, nicht erscheint.

Schon in der ersten Hälfte des 16. Jh. hat der spanische Philosoph
und Rhetoriker Juan Vives diese Einstellung auf eine sehr scharfsin-
nige Weise kritisiert. In der Sektion "De causis corruptarum arti-
um" seines großen pädagogischen Werkes *De disciplinis* (1531) weist
er nämlich darauf hin, daß man die einfachsten Sätze im Lateinischen nicht bilden könnte, wenn man den Normen der Puristen und
normativen Grammatiker folgen würde. Kombinationen wie *Petrum
diligo* 'Ich mag Peter' oder *Rem mihi gratam vos tres feceritis* 'Ihr drei
würdet mir einen großen Gefallen tun' könnten nach diesen Normen
nicht gebildet werden, weil sie bei den Klassikern nicht belegt sind.
Er bemerkt zu Recht, daß die klassischen Schriftsteller nicht alles
geschrieben haben können, was im Lateinischen möglich ist [vgl.
1971: "Vives", 243]. Es ist kennzeichnend, daß sich Vives nicht auf
die einzelnen Wörter bezieht, sondern auf die Kombinationen, wenn
er die Haltung der Puristen ad absurdum führt. Schon Vives hat also
mindestens intuitiv erkannt, daß Urteile über die Nichtexistenz von
Kombinationen, d.h. von Syntagmen und Sätzen, sinnlos sind.

Die von Vives kritisierte Haltung lebte allerdings noch lange weiter; teilweise findet man sie heute noch bei gewissen normativen
Grammatikern. Berühmt geworden ist die puristische Einstellung im
Wörterbuch der Florentiner "Accademia della Crusca", das 1612
zum ersten Mal erschien. Dieses Wörterbuch verzeichnet nämlich
nur das, was bei den Klassikern des 14. Jh. tatsächlich vorkommt.
Das Kriterium hat zum Teil absurde Folgen. So erscheinen beispielsweise die belegten Zahlen im Wörterbuch, nicht aber Zahlen,
die zufällig bei keinem der Klassiker vorkommen. Zwei Zahlen zwischen 30 und 40 blieben unbelegt und wurden nicht aufgenommen.
Im 19. Jh. konnte darum Vincenzo Monti im Namen dieser beiden
Zahlen scherzhaft den Antrag stellen, sie in das Wörterbuch aufzunehmen und ihnen dadurch ein Existenzrecht in der Sprache zu ver-
schaffen.

Der naive Sprecher macht bei seinen Urteilen keinen Unterschied
zwischen dem Sprechen im allgemeinen, der Einzelsprache und dem
Text oder Diskurs. Auch die Linguisten berücksichtigen diese Un-

terscheidung leider meist nicht und diskutieren den Gehalt der
Kompetenz nur in bezug auf die Einzelsprache. Wir haben aber gesehen, daß sich die verschiedenen Ebenen des sprachlichen Wissens
aus dem Verhalten des Sprechers deduzieren lassen. Die negativen
Urteile, die der Sprecher über das Sprechen anderer, manchmal
auch über sein eigenes Sprechen fällt, liefern uns nämlich den Zugang zum Gehalt des sprachlichen Wissens auf der Ebene des Sprechens im allgemeinen und der Ebene des Diskurses [vgl. oben 2.3.
und 2.5.].

4.3.2. Der Gehalt des elokutionellen Wissens

Der naive Sprecher kennt auf der Ebene des Sprechens im allgemeinen noch keine gemachten Einheiten. Er kennt aber Verfahren, d.h.
er weiß, wie man spricht, und er kennt diese Verfahren zugleich mit
der ihnen innewohnenden Norm, d.h. er weiß intuitiv, welches die
Normen des Sprechens im allgemeinen sind. Dieses Wissen zeigt
sich gerade in den negativen Urteilen über das Sprechen anderer.
  Die Norm, die diesen Verfahren innewohnt, ist die Norm der
Kongruenz mit den Prinzipien des Denkens, die nicht mit denen des
logischen Denkens identifiziert werden dürfen, und mit der allgemeinen Kenntnis der Sachen. Die Norm der Kongruenz zeigt sich
auch - indirekt - in der Verhaltensnorm der Toleranz: Der Sprecher
erwartet, daß die anderen sinnvoll und kongruent sprechen. Er lehnt
darum auch das Inkongruente nicht einfach ab, sondern akzeptiert
es wenigstens provisorisch und versucht, es als sinnvoll und kongruent zu interpretieren. Wir haben also auf der Ebene des Sprechens im allgemeinen einerseits die Norm der Kongruenz und die
Verhaltensnorm der Toleranz, und wir haben andererseits ein Verfahren der Interpretation des Sprechens anderer, dem diese beiden
Normen innewohnen.
  Das Verfahren der toleranten Interpretation ist ein Verfahren des
Verstehens, auf das sich der naive Sprecher auch bei seinem Sprechen verläßt. Er erwartet nämlich, daß er tolerant interpretiert wird.
Bei der Diskussion des Umfangs des elokutionellen Wissens haben
wir darauf hingewiesen, daß Inkongruenzen durch die einzelsprach-
liche Tradition und durch den Zweck des Diskurses aufgehoben

werden können [vgl. oben 2.3.5. und 2.3.6.]. Die Verfahren, mit denen eine Einzelsprache die Inkongruenz aufhebt, sind als einzelsprachliche Verfahren beim idiomatischen Wissen zu behandeln. So kann man z.B. den Ausdruck *Ich habe niemanden nicht gesehen* nur dann als verstärkte Verneinung und nicht - wie es die allgemeine Norm der Kongruenz fordert - als Bejahung gebrauchen und verstehen, wenn dies einem Verfahren der verwendeten Einzelsprache, genauer: der verwendeten funktionellen Sprache, entspricht. Es gibt aber auch allgemeine Verfahren der Aufhebung, die nicht an eine bestimmte Einzelsprache oder an bestimmte Texte oder Textsorten gebunden sind. Ein solches Verfahren ist z.B. die intentionelle metaphorische Aufhebung, d.h. die Metapher, wie man normalerweise verkürzt sagt.

Zwei berühmte Beispiele für das Verfahren der metaphorischen Aufhebung haben wir bereits diskutiert, nämlich das Beispiel Steinthals *Diese runde Tafel ist viereckig* und das Beispiel Voßlers aus Goethes Faust *Grau, teurer Freund, ist alle Theorie / Und grün des Lebens goldner Baum*. Die naiven Sprecher wissen, daß es das Verfahren der metaphorischen Aufhebung gibt. Sie interpretieren darum die Beispiele nicht als inkongruentes Sprechen, d.h. sie verstehen nicht, daß die Tafel zugleich rund und viereckig sei, daß eine Theorie grau angestrichen sei, daß das Leben ein Baum sei oder einen Baum hätte und daß ein Baum zugleich ganz grün und ganz golden sei, sondern gewähren dem Sprechen einen Toleranzbonus und interpretieren unter der Voraussetzung der Kohärenz. Darum beziehen sie die Bedeutungen *rund* oder *viereckig*, *grau*, *Baum*, *grün* und *golden* nicht auf die üblichen Bezeichnungen, sondern übertragen sie auf etwas anderes, z.B. auf die symbolischen Werte, die mit den bezeichneten Gegenständen, Formen und Farben verbunden sind, wie wir im einzelnen oben [2.3.6.] bereits ausgeführt haben. Die Norm der Kongruenz ist also für den naiven Sprecher primär und ebenso das Verfahren der toleranten Interpretation.

4.3.3. Der Gehalt des idiomatischen Wissens

Was ist der Gehalt des sprachlichen Wissens auf der Ebene der Einzelsprache? Wir haben gesehen, daß die Frage nach dem Gehalt nor-

malerweise nur für diese Ebene gestellt wurde und daß die Interpretation der vorliegenden Antworten zu dem Ergebnis führt, daß
es für den Sprecher beides gibt, nämlich sowohl Zeichen aus Form
und Inhalt als auch Verfahren. Was für den Sprecher gilt, gilt natürlich auch für den Linguisten. Er hat festzustellen, was auf der einzelsprachlichen Ebene vorgegebene Einheit ist und was Verfahren.
Man kann nämlich nicht mit Kohärenz annehmen, daß alles Einzelsprachliche Verfahren ist. Allerdings bilden die vorgegebenen Einheiten weitgehend nur die Grundlage für die Durchführung der
sprachlichen Tätigkeit, d.h. für die Durchführung der Verfahren.

Sehen wir uns zunächst die Ausdrucksebene allein an, d.h. die
Ebene der Sprachlaute. Gegenüber dem Lautlichen gibt es grundsätzlich drei Gesichtspunkte:

1. den akustischen, d.h. den physikalischen Gesichtspunkt,
2. den auditiven Gesichtspunkt, der die Physiologie des Hörvor-
    gangs betrifft,
3. den artikulatorischen Gesichtspunkt, der die Artikulation, die
    Produktion von Lauten betrifft.

Niemand hat bisher behauptet, daß der physikalische Gesichtspunkt
dem Wissen der Sprecher am besten entsprechen würde. Denn der
naive Sprecher weiß absolut nichts von den Schallwellen u.ä., d.h.
von den physikalischen Eigenschaften der Laute. Außerdem sind
diese Eigenschaften nicht für die Sprachlaute spezifisch. Es gab dagegen eine Diskussion darüber, ob der auditive oder der artikulatorische Gesichtspunkt dem Wissen der Sprecher besser entspricht. Ein
ausgezeichneter und berühmter Phonetiker, Bertil Malmberg, hat in
einer Polemik die These vertreten, gerade der auditive Gesichtspunkt entspreche dem Wissen der Sprecher, weil alle Sprecher hören, d.h. die Sprachlaute durch das Hören wahrnehmen würden, der
Mechanismus der Artikulation ihnen aber völlig unbekannt sei. Das
Argument ist aber sophistisch, denn in dem Sinne, in dem die Sprecher den Mechanismus der Artikulation nicht kennen, kennen sie
den Mechanismus des Hörens noch viel weniger, weil das Hören
eher passiv ist. Freilich kennen die Sprecher, die natürlich als solche
keine Physiologen sind, die Mechnismen der Artikulation nicht aus
wissenschaftlicher Sicht. Sie kennen sie aber als Handelnde, d.h. sie

wissen in intuitivem oder technischem Sinne, wie man die Sprachlaute bildet. Außerdem ist das Hören nicht unabhängig von der Artikulation. Man kann experimentell feststellen, daß der Sprecher
grundsätzlich gerade das auditiv wahrnimmt, was er selbst artikulie-
ren kann. Er hört sogar Laute, die der andere Sprecher gar nicht realisiert hat, wenn sie in seinem eigenen Lautsystem vorhanden sind.
Es ist also der artikulatorische Gesichtspunkt, der am ehesten dem
Wissen der Sprecher entspricht.

Das Wissen, wie man die eigenen Artikulationsorgane zu bewegen
hat, um einen bestimmten unmittelbaren Zweck zu erreichen, ist
zwar noch kein reflexives Wissen; es ist aber ein technisches Wissen,
das Operationen oder Verfahren zum Gegenstand hat.

Erschöpft sich hier das sprachliche Wissen in der Kenntnis der Ar-
tikulationsverfahren? Wir müssen diese Frage verneinen. In der Artikulation will der Sprecher nicht beliebige Laute realisieren, sondern Laute als Bestandteile der Formen seiner Sprache. Er will
ideelle Einheiten realisieren, nämlich Phoneme, die gerade nicht mit
den Verfahren zu ihrer Realisierung zusammenfallen. Dies zeigt sich
u.a. darin, daß die Realisierung der Phoneme in verschiedenen
Lautkontexten verschieden ist, obwohl der Sprecher diese Verschiedenheit nicht als solche beabsichtigt. Es zeigt sich auch darin, daß
konstante Aspekte der Realisierung für den naiven Sprecher nicht zu
dem ideellen Gebilde gehören, das er realisieren will. So wird z.B.
im Deutschen jedes /p/, /t/ und /k/ mit Aspiration realisiert, d.h. als
[pʰ], [tʰ] und [kʰ]. Der Sprecher will z.B. ein /k/ realisieren, d.h.
den Laut, der von /g/, /X(ch)/ oder /p/ usw. verschieden ist, d.h. ein
bestimmtes Phonem; er will nicht etwa die Aspiration als Artikula-
tionsverfahren anwenden. Sehr viele Deutsche wissen gar nicht, daß
sie diese Aspiration ständig realisieren. Sie wird nur wahrgenom-
men, wenn ein Sprecher hier übertreibt und besonders auffallend ar-
tikuliert. Wenn der Vorsitzende einer großen deutschen Partei *in der
Tat* [tʰaːtʰ] oder *Brandt* [tʰ] sagt, fällt es schon einmal auf. Unsere
kurze Diskussion führt also zu dem Ergebnis, daß es auf der phonetischen Ebene beides gibt, nämlich Ausdrucksformen, die man realisieren will, und Verfahren zu ihrer Realisierung.

In letzter Zeit ist eine Theorie über die Nicht-Existenz der Phoneme entstanden. Diese Theorie behauptet nicht nur, daß man Phone-

me in methodischer Hinsicht, d.h. für eine bestimmte Beschreibung, nicht brauche, wie es beispielsweise in einer Form der Transformationsgrammatik der Fall ist, die statt der Ebene der Phoneme
einerseits höhere Einheiten annimmt und andererseits niedrigere
Einheiten, die schon Realisierungsnormen entsprechen. Hier geht es
überhaupt nicht um die Existenz oder Nichtexistenz der Phoneme,
sondern nur um ein methodisches Kriterium. Die Theorie, die wir
meinen, geht weiter. Sie behauptet, daß es in der Realität, also etwa
im sprachlichen Wissen, überhaupt keine Phoneme gebe, und führt
die Idee der Phoneme auf die Buchstabenschrift zurück, die in der
Geschichte der Menschheit nur einmal erfunden worden sei und somit eine Ausnahme darstelle. Nur bei den Griechen sei die Schrift
als phonematische Schrift ausgeprägt worden; andere Schriftsysteme
würden sich dagegen auf die Einheit "Wort" oder auf die Einheit
"Silbe" beziehen. Wir halten diese Theorie von der Nicht-Existenz
der Phoneme jedoch nicht für stichhaltig, und zwar aus folgenden
Gründen:

1. Die phonematische Schrift ist zwar von den Griechen durch Anpassung der phönizischen Schrift erfunden worden, die eine
    Konsonantenschrift oder - besser - eine Silbenschrift war. Zum
    zweiten Mal ist die phonematische Schrift aber im 15. Jh. von
    dem koreanischen König Sejong erfunden worden [vgl. Sejong
    1446/1980; Ledyard 1966]. Seine Schrift ist zwar zugleich eine
    Silbenschrift. Sie bildet aber die formellen bzw. die phonemischen Einheiten sogar vollkommener und genauer ab als die europäischen Schriften. So werden beispielsweise die Laute [h]
    und [ŋ] mit dem gleichen Zeichen geschrieben, weil der erste
    Laut nur am Wortanfang, der zweite aber nur am Wortende stehen kann. Das Argument der einmaligen Erfindung ist darum
    nicht ganz zutreffend.
2. Auch wenn die alphabetische, d.h. die phonematische Schrift
    nur einmal erfunden worden wäre, könnte dies nicht als Argument für die Nichtexistenz der Phoneme herangezogen werden.
    Die alphabetische Schrift konnte nämlich, nachdem sie erfunden war, grundsätzlich auf alle Sprachen angewandt werden.

Die Intuition, die ihrer Erfindung zugrundelag, findet in dieser Tatsache eine überzeugende Bestätigung.

3. Die sachlichen Argumente, die gegen die Phoneme angeführt werden, betreffen nicht die Phoneme selbst, sondern stets ihre Realisierung. So wird beispielsweise gesagt, man könne Phoneme in der Rede nicht trennen, könne beispielsweise keine genaue Grenze angeben zwischen [k] und [a] in *ka*, weil die Artikulation des [a] schon im [k] beginne und die Artikulation des [k] im [a] nachwirke. Oder es wird gesagt, daß manche Phoneme gar nicht realisiert würden, z.B. das /r/ im Auslaut; so werde z.B. *hier* als [hi:ə] realisiert. Diese Argumente betreffen aber nur die physikalischen Erscheinungen der Rede; sie betreffen nicht die nicht-physikalische Existenz der Phoneme im Bewußtsein, d.h. im sprachlichen Wissen der Sprecher.

4. Leugnet man die Existenz der Phoneme, so verschiebt sich das Problem des Gehalts des sprachlichen Wissens nur von den Lauten auf die Silben. Hält man nämlich die Silben für real existent, so muß man auch hier fragen, welche Silben es als Einheiten gibt und wie die Verfahren zu ihrer Realisierung gestaltet sind.

Auch in der Grammatik gibt es sowohl bereits kombinierte Einheiten als auch Verfahren zu ihrer Kombination. Geht man von der Syntax aus, d.h. von den Kombinationen im Satz, so wird man vor allem Verfahren feststellen. Geht man dagegen vom Wortschatz aus, so wird man mehr kombinierte Einheiten feststellen und die Grenze, bei der die Verfahren beginnen, in Richtung auf den Satz verschieben. Dies war das Ergebnis unserer Diskussion der Auffassungen von Saussure und Chomsky [vgl. 4.2.5.]. Es ist eine interne Frage der Linguistik, wo die Grenze zwischen Einheiten und Verfahren zu ziehen ist. Diese Diskussion betrifft aber nicht die Tatsache, daß es beides gibt.

Man hat darüber diskutiert, ob auch die grammatischen Morpheme, z.B. die Flexionsendungen und die Präfixe und Suffixe der Wortbildung, zum Wortschatz gehören. Man hat sich gefragt, ob ganze fixierte Kombinationen Teil des Wortschatzes sind, z.B. *Zeter und Mordio* oder *für die Katz*. Solche Diskussionen beziehen sich aber nicht auf den Wortschatz als Gefüge von Zeichen mit einem bestimmten Ausdruck und einem bestimmten (lexikalischen) Inhalt, sondern auf die Grenze zwischen kombinierten Elementen und Verfahren.

Dasselbe gilt für die Diskussion zwischen "Lexikalisten" und "Syntaktizisten", die im Rahmen der generativen Transformationsgrammatik in bezug auf die Wortbildung geführt worden ist. Bei dieser Diskussion ging es nicht nur um die methodische Frage der leichteren Beschreibung, sondern auch direkt oder indirekt um die Idee der Grenze zwischen Einheiten und Verfahren. Fragt man sich z.B. anhand der Ausdrücke *realisieren*, *Realisierung* und *kritisieren*, *Kritik*, wo die Grenze zu ziehen ist, so kommt man zu dem Ergebnis, daß *Realisierung* einem Verfahren entspricht, während *Kritik* eine gegebene Einheit ist; die nach dem Verfahren gebildete Form müßte nämlich **Kritisierung* lauten.

Bei dem Problem, ob man etwas als vorgegebene Einheit kennt oder ob man nur das Verfahren zur Bildung dieser Einheit kennt, geht es also nicht um die Natur des sprachlichen Wissens, sondern um die Grenze zwischen zwei Arten von Wissen.

Was für die Grammatik gilt, gilt auch für den Wortschatz. Die Sprecher kennen sowohl vorgegebene Elemente als auch Verfahren der Wortbildung. Die Grenze verläuft ungefähr zwischen dem primären Wortschatz und den Wortbildungen nach nicht mehr produktiven Verfahren einerseits und den produktiven Wortbildungsverfahren andererseits. Man kann die Grenze nur ungefähr angeben, weil auch Wörter, die nach nicht mehr produktiven Verfahren gebildet worden sind, oft noch analysiert werden können, und weil unproduktive Verfahren wieder reaktiviert werden können [vgl. 2.4.1.].

Vorgegebene Einheiten treten sogar in der Syntax auf, dem Gebiet der Kombinationen par excellence. Wir bezeichnen diese vorgegebenen syntaktischen Kombinationen als "wiederholte Rede". In vielen Fällen gibt es nur noch die in der Sprachtradition überlieferten Kombinationen, während die Verfahren, nach denen sie einst kombiniert worden sind, nicht mehr zum entsprechenden sprachlichen Wissen gehören (d.h. nicht mehr auf diese Fälle bezogen werden). Dies ist der Fall bei Präpositionen wie *mittels* oder bei Elativen wie *funkelnagelneu* oder *steinreich*, die so heute nicht mehr gebildet werden könnten. Es ist auch der Fall bei Kombinationen, die lexikalischen Elementen entsprechen, z.B. *Zeter und Mordio*, und bei solchen, die Texten entsprechen, z.B. *Mit ihm kann man Pferde stehlen*. In all diesen Fällen ist dem Sprecher nur noch die schon gegebene Kombination gegenwärtig, aber nicht mehr das Verfahren, mit dem sie einst gebildet wurde.

Ch. Hockett hat vorgeschlagen, nicht mehr zwischen Wortschatz und Grammatik zu unterscheiden, sondern die Idee des Idiomatischen und Fixierten zum Unterscheidungskriterium zu machen [vgl. Hockett 1958, 173]. Nach dieser Auffassung wäre alles Fixierte einschließlich der wiederholten Rede in der Morphologie zu behandeln, alles durch Operationen Gebildete dagegen in der Syntax. Zur Morphologie würden danach gehören die Einheiten des primären Wortschatzes (z.B. engl. *house*), die unregelmäßig gebildeten Flexionsformen (z.B. engl. *oxen*), die Kombinationen, die ihrem Inhalt nach lexikalischen Einheiten entsprechen (z.B. dt. *Zeter und Mordio*) und sogar die wiederholte Rede in Textfunktion (z.B. *Mit ihm kann man Pferde stehlen*). Zur Syntax würde dagegen schon die regelmäßige Bildung der Flexionsformen gehören (z.B. engl. *house-s*).

Wir selbst folgen der Unterscheidung Hocketts nicht, sondern ziehen es vor, zur wiederholten Rede nur die vorgegebenen Kombinationen zu rechnen, die oberhalb der Schicht des Wortes festzustellen sind. Die Wörter schlechthin einschließlich ihrer unregelmäßigen Formen sind für uns noch nicht wiederholte Rede. Das Spezifikum der wiederholten Rede besteht nämlich gerade darin, daß es ein Stück Sprechen ist, das als ganzes in die Tradition der Sprache eingeht. Die Fragestellung Hocketts zeigt aber, daß die Unterscheidung von Einheiten und Verfahren für das Ganze der Sprache verallgemeinert werden kann.

In allen Bereichen der Sprache hat das sprachliche Wissen beides als Gehalt: Auf der einen Seite haben wir Verfahren der Kombination, denen als Regeln explizierbare Normen innewohnen. Auf der anderen Seite haben wir vorgegebene Elemente, die kombiniert werden. Die Frage, wie sich Einheiten und Verfahren im einzelnen zueinander verhalten und wie die Grenze zwischen beiden Bereichen exakt zu ziehen ist, brauchtes wir hier noch nicht zu diskutieren, weil diese Frage bereits zum vierten Problem der sprachlichen Kompetenz gehört, nämlich zum Problem der Strukturierung des sprachlichen Wissens, auf das wir noch gesondert eingehen werden.

4.3.4. Der Gehalt des expressiven Wissens

Auf der Ebene des Diskurses oder Textes besteht der Gehalt des sprachlichen Wissens an erster Stelle in der Kenntnis von Verfahren mit innewohnender Norm. Während aber die Verfahren auf der allgemein-sprachlichen Ebene noch leer waren, d.h. sich nur auf die Art des sprachlichen Machens und noch nicht auf gemachte Einheiten beziehen konnten, operieren die Verfahren der Textbildung mit einzelsprachlichen Zeichen, die in der Tradition schon gegeben sind. Die Normen der Textbildung schließen Abweichungen nicht aus. Vielmehr zeigt sich gerade an den Abweichungen die Norm, denn Abweichungen sind immer Abweichungen von etwas.

So können die Sprecher beispielsweise unterscheiden zwischen Verfahren, die einen Diskurs eröffnen und Verfahren, die einen Diskurs fortsetzen. Für die Diskursfortsetzung gibt es sogar besondere Zeichen in den Einzelsprachen, z.B. dt. *daher, und so, deswegen, infolgedessen* usw. Beginnt nun ein konkreter Text mit einem Verfahren der Diskursfortsetzung, so wird der Sprecher dies als Abweichung erkennen und möglicherweise den ideellen Textanfang für sich rekonstruieren. In der Abweichung zeigt sich so die Norm des Textanfangs.

Einige Textsorten haben fixierte Formeln zur Diskurseröffnung, die in manchen Sprachgemeinschaften sogar eine eigene "Grammatik" besitzen. Am bekanntesten ist wohl die Eröffnungsformel der Märchen, dt. *Es war einmal ...* oder franz. *Il était ...* Alles, was so anfängt, wird als Märchen oder wenigstens als märchenhaft interpretiert. Franz. *il était (un x)* steht grammatisch isoliert, weil die Existenz sonst durch *il y a* bzw. *il y avait* bezeichnet wird; ähnliches gilt auch für das Deutsche. Das Verfahren, den Text mit einer bestimmten Formel zu eröffnen, wird natürlich nicht in allen Märchen angewandt, und sie tritt auch nicht nur in Märchen auf. Kommt sie aber vor, so wird sie als Zeichen des Märchenhaften interpretiert; so z.B. in *Il était un petit navire.* Die Kenntnis des Verfahrens erlaubt den Sprechern, Beliebiges als Märchen oder als märchenhaft darzustel-

len. So verwendet z.B. der französische Dichter Charles Cros die
Märchenformel zur Eröffnung der überaus geheimnisvollen Geschichte vom "Bückling" ["Le hareng saur", in: Cros/Corbière,
Oeuvres complètes, Paris (Bibl. de la Pléiade) 1970, 138; vgl. auch
1980: *Textlinguistik*, 142]:

> Il était un grand mur blanc - nu, nu, nu
> Contre le mur une échelle - haute, haute, haute
> Et par terre, un hareng saur - sec, sec, sec.
> [Es war einmal eine große weiße Wand - nackt, nackt, nackt. An der
> Wand (stand) eine Leiter - hoch, hoch, hoch, und auf dem Boden (lag)
> ein Bückling - trocken, trocken, trocken.]

Das Verfahren der Märcheneröffnung beruht also auf einer Formel,
einer vorgegebenen Einheit, die als solche traditionell ist und immer
wieder übernommen wird.

Andere Verfahren oder Schemata des Sagens können sehr viel
komplizierter gestaltet sein. Erwähnt seien hier die Präsentativaus-
drücke des Typs *Es kommt ein Schiff, Es kommt ein Mann*, die sich
auf das Augenblickliche beziehen und darum das Einmalige oder
einmalig Eingetretene bezeichnen können. Werden solche Ausdrük-
ke in Verbindung mit einer individuellen Bezeichnung, z.B. mit einem bestimmten Eigennamen und eventuell mit der gleichen Zeit-
oder Ortsangabe in einem Text wiederholt, so drückt dies aus, daß
immer wieder dasselbe präsentiert wird, d.h. daß sich die Zeit nicht
mit dem Text bewegt. Der mexikanische Schriftsteller Salvador Elizondo hat in seinem Roman *Farabeuf. La crónica de un instante* [Mé-
xico 1965] dieses Verfahren (mit einer Reihe von Varianten) zu einem interessanten, wenn auch literarisch kaum gelungenen Experi-
ment verwendet. Der Roman "erzählt" (mit allerlei kurzen Exkur-
sen, Rück- und Ausblicken) eine Zeitspanne von wenigen Minuten.
Um zu zeigen, daß sich die Zeit nicht bewegt und daß immer wieder
der gleiche Augenblick gemeint ist, wiederholt der Verfasser immer
wieder Ausdrücke, die sich auf die bevorstehende Ankunft von Dok-
tor Farabeuf beziehen. Dadurch erscheint die kurze Zeitspanne als
ein Bündel von gleichzeitigen, statischen Perspektiven, in denen die
den Rück- und Ausblicken entsprechenden Erlebnisse gesehen
werden.

Auf der Text- und Diskursebene gibt es also Verfahren mit innewohnenden Normen und auch traditionelle Instrumente zur Durchführung dieser Verfahren, nämlich Formeln und Formelhaftes. Das
Schwergewicht liegt aber auf den Verfahren, weil die Formeln und
die einzelsprachlichen Einheiten nur Anzeichen für die gemeinten
Verfahren sind. Näheres und Ausführlicheres zu den sprachlichen
Textverfahren ist in unserer *Textlinguistik* [1980: *Textlinguistik*] zu
finden.[1]

---

1 Neben der Kenntnis textbildender Verfahren gibt es natürlich auch die
  Kenntnis konkreter Texte oder Textfragmente. Jeder Sprecher kann den
  einen oder anderen Text wiederholen oder in seinem eigenen Text wiederaufnehmen. Hier ging es uns jedoch nicht um diese konkrete Text-
  kenntnis, sondern nur um die allgemeinsten Typen des Gehalts des
  durchschnittlichen expressiven Wissens, d.h. um die Kenntnis allgemeiner textbildender Verfahren und Formeln.

5. Die Gestaltung der sprachlichen Kompetenz

5.1. Formen der Strukturierung

5.1.0. Fragestellung

Wir kommen nun zum letzten Problem, das wir hier behandeln wollen, nämlich zu der Frage, ob die sprachliche Kompetenz bzw. das sprachliche Wissen strukturiert ist und - wenn ja - wie es strukturiert ist. Wir können uns hier kurz fassen, da wir dieses Problem schon in vielen Publikationen behandelt haben, vor allem in der zuerst 1952 auf spanisch und 1975 auf deutsch erschienenen Abhandlung *Sistema, norma y habla* [1952/1975: "System, Norm und Rede"], in dem Aufsatz "Synchronie, Diachronie und Typologie" [1970: "Synchr., Diachr. und Typ."] und in weiteren Schriften zum Sprachtypus. Außerdem beziehen wir uns auf die Unterscheidungen, die wir im Zusammenhang mit diesem Problem machen, in fast allen unseren Schriften zur Sprachtheorie und zur Grundlegung der linguistischen Disziplinen.

Fragt man nach der Strukturierung des sprachlichen Wissens, so muß man beachten, daß die Termini "Struktur" und "strukturiert" in einem weiteren und in einem engeren Sinn aufgefaßt werden können. Wie wir oben [4.1.1.] schon gesagt haben, ist "Struktur" zunächst nichts anderes als die Form der inneren Relationen in einem bestimmten Bereich von Fakten. Es ist klar, daß das sprachliche Wissen in diesem Sinne notwendigerweise strukturiert ist. Wie diese Strukturierung in bezug auf die drei Ebenen der Kompetenz und in bezug auf die Dimension der Varietät in der einzelsprachlichen Kompetenz zu charakterisieren ist, wird im folgenden zu skizzieren sein.

Der Terminus "Struktur" wird aber gewöhnlich in einem engeren Sinn verstanden, wenn er auf die Sprache angewandt wird. Man nimmt an, daß die Form der inneren Relationen nicht beliebig und willkürlich vielfältig und veränderlich ist, sondern daß sie eine bestimmte Kohärenz, eine bestimmte Ordnung, Homogenität und Festigkeit aufweist. Nach unserer Auffassung ist eine Strukturiertheit des sprachlichen Wissens in diesem engeren Sinne auf der idiomatischen Ebene und auf dieser nur im Rahmen der "funktionellen Sprache" festzustellen. Auf der elokutionellen und auf der expressiven Ebene handelt es sich sozusagen um eine "äußere" - äußerlich bedingte - Kohärenz: eine Kohärenz mit allgemeinen Prinzipien des Denkens und mit der Kenntnis der Sachen bzw. mit dem jeweiligen Ziel und den jeweiligen Umständen des Sagens. Und auf der idiomatischen Ebene gilt die Dimension der Vielfalt nicht minder als die Dimension der Homogenität. Die Strukturierungsebenen der funktionellen Sprache, nämlich Norm, System und Typus, werden wir im letzten Abschnitt kurz vorstellen. Zuerst wollen wir uns aber der Mannigfaltigkeit widmen.

5.1.1. Interferenzen zwischen den drei Arten des sprachlichen Wissens

Beim ersten Blick hat man den Eindruck, daß das sprachliche Wissen entweder gar nicht im engeren Sinne strukturiert ist oder nur eine gemischte Struktur besitzt, die zwar einerseits feste und konstante Regelmäßigkeiten aufweist, auf der anderen Seite aber auch Vielfalt, Heterogenität und Schwankungen. Für jede Regel und für jede Norm kann man Ausnahmen finden. Diese Ausnahmen bestehen entweder im sprachlichen Wissen der Sprachgemeinschaft selbst, oder sie treten als - eventuell einmalige - Abweichungen in der Rede eines individuellen Sprechers auf.

Die Unfestigkeit des dem Sprechen zugrundeliegenden Wissens hängt zunächst mit der Tatsache zusammen, daß, wie wir schon gesehen haben, im Sprechen nicht nur ein einziges System von Regelmäßigkeiten funktioniert, sondern drei verschiedene Arten von Regeln und Normen miteinander interferieren bzw. interferieren können, nämlich die des elokutionellen, des idiomatischen und des expressiven Wissens.

Betrachten wir zunächst ein Beispiel für die Interferenz zwischen elokutionellem und idiomatischem Wissen. Im Sprachsystem des Deutschen weisen Komposita aus Substantiv und Substantiv eine strenge Regelmäßigkeit auf. Das eine Substantiv ist ein Determinans, das andere ein Determinatum, so daß ein Kompositum als ein

Y aufzufassen ist, das auf irgendeine Weise durch ein X determiniert wird. Der Inhalt eines Kompositums ist somit 'ein Y, das mit einem X etwas zu tun hat' oder - anders formuliert - zum einen ein Y, zum anderen eine allgemeine präpositionelle Funktion (die z.B. als '[Y] für [ein X]', '[Y] mit [einem X]', '[Y] von [einem X]' realisiert wird) und zum dritten ein X, nämlich das Determinans.

Will man aber interpretieren, welche Relation tatsächlich bezeichnet werden soll, so reicht das idiomatische Wissen über diesen einzelsprachlichen Inhalt nicht aus. Man muß die Kenntnis der Sachen, d.h. das elokutionelle Wissen, hinzunehmen. Das idiomatische Wissen sagt uns, daß eine *Windmühle* mit dem Wind und eine *Kaffeemühle* mit Kaffee zu tun hat. Daß eine Windmühle eine Mühle ist, die durch die Kraft des Windes funktioniert, und daß eine Kaffeemühle eine ''Mühle'' ist, die zum Mahlen von Kaffee dient, entnehmen wir unserer Kenntnis der Sachen. Denn wir kennen solche Mühlen, aber keine Mühlen, die den Wind mahlen oder die durch Kaffee angetrieben werden [vgl. auch oben 2.3.3.].

Würden wir die tatsächliche Interpretation der Komposita berücksichtigen, könnten wir auf den ersten Blick eine große Anzahl von Funktionen feststellen, und zwar Funktionen, die radikal verschieden voneinander sind und nicht auf einen gemeinsamen Nenner zurückzuführen sind. Darüber hinaus gibt es Fälle, bei denen wir den Eindruck haben, das Verhältnis von Determinans und Determinatum sei umgekehrt, z.B. bei *Jahrhundert* und *Jahrtausend*; oder es gibt Fälle, bei denen das Kompositum nur eine Verallgemeinerung des Determinans zu sein scheint, z.B. bei *Schulwesen, Kriegswesen*. Hier geht es offenbar nicht um Wesen von der Schule oder für den Krieg, sondern um die Schule oder den Krieg zusammen mit allem, was mit Schule oder Krieg zusammenhängt.

Auf den ersten Blick stellen wir also unendliche Unregelmäßigkeit fest. Sie beruht darauf, daß das idiomatische Wissen mit dem elokutionellen Wissen interferiert. Man spricht eben nicht nur mit dem idiomatischen Wissen. Auf idiomatischer Ebene besteht aber Regelmäßigkeit ('ein Y, das mit einem X etwas zu tun hat'), und auf eben diese Regelmäßigkeit können alle genannten Beispiele zurückgeführt werden.

Ebenso interferiert das idiomatische Wissen mit dem expressiven. Das expressive Wissen bestimmt die Verwendung und Interpretation des idiomatischen Wissens. So hängt es z.B. von der Thematik des jeweiligen Diskurses ab, wie *Wurzel* zu interpretieren ist. Bei einer sprachwissenschaftlichen oder grammatischen Vorlesung denkt man wahrscheinlich nicht daran, daß *Wurzel* auch die Wurzel eines Baums oder eines Zahns bezeichnen könnte. Die Interpretation des Sprachlichen wird folglich durch die Thematik des Diskurses determiniert: Isoliertes kann man oft nicht genau interpretieren. Jede Interpretation ist zunächst die Eingliederung in eine Situation, in einen Kontext und in einen Diskurstyp.

Sicherlich sind das elokutionelle und das expressive Wissen strukturiert im weiteren Sinne, d.h. sie weisen eine bestimmte Form der inneren Relationen auf. Sie sind es aber nicht unbedingt im engeren Sinne. Man kann nämlich nicht mit Sicherheit sagen, daß das elokutionelle und das expressive Wissen eine bestimmte feste Form der inneren Relationen aufweisen, und man kann noch weniger sagen, daß es sich hier um ein Wissen handelt, das strenge Festigkeit in der Gemeinschaft aufweist. Bei diesen beiden Arten des sprachlichen Wissens gibt es eher Normen, genauer Verhaltensnormen, als feste Regeln. Diese Verhaltensnormen können, insbesondere beim expressiven Wissen, sehr differenziert und heterogen sein.

Wie steht es aber nun mit dem idiomatischen Wissen? Im allgemeinen wird die Frage nach der Gestaltung des sprachlichen Wissens so gestellt, daß das idiomatische Wissen nicht von den anderen Arten unterschieden wird. Wir haben hier diese Unterscheidung gemacht und dadurch schon eine Reihe von Fällen scheinbarer Unstrukturiertheit als Interferenz verschiedener Normen auf verschiedenen Ebenen ausscheiden können. Im folgenden können wir uns darum ausschließlich auf das idiomatische Wissen beziehen.

5.1.2. Die Strukturierung des idiomatischen Wissens: Varietät und Homogenität

Auch wenn man sich darauf beschränkt, die Gestaltung des idiomatischen Wissens zu untersuchen, und nur fragt, wie das Deutschkönnen, Englischkönnen, Französischkönnen usw. strukturiert ist, so

stellt man auf den ersten Blick sowohl Regelmäßigkeiten als auch
Unregelmäßigkeiten, weitgehend geltende Normen sowie Abweichungen und Ausnahmen fest.

Es gibt Ausnahmen, die nur ein einziges Einzelfaktum betreffen.
So vertritt beispielsweise das Wort *Käse* im Deutschen einen Fle-
xionstyp für sich allein: *Käse* ist nämlich das einzige maskuline Substantiv mit *e* im Stammauslaut, das einen endungslosen Plural bildet
(*der Käse - die Käse*) [vgl. Werner 1969]. Solche Fälle der "inneren"
Inkohärenz (Inkohärenz innerhalb eines Sprachsystems) beeinträchtigen allerdings an und für sich nicht die "äußere" Homogenität
und Festigkeit des sprachlichen Wissens: Sie können in gleicher
Form und in gleichem Ausmaß auch für alle Sprachsysteme innerhalb einer historischen Sprache und daher für die ganze entsprechende Sprachgemeinschaft gelten.

Das sprachliche Wissen ist aber auch (und vor allem) in "extensiver" Hinsicht (im Rahmen ein und derselben historischen Sprache
und in der entsprechenden Sprachgemeinschaft) nicht einheitlich. In
dieser Hinsicht stellt man im Sprechen bemerkenswerte Variation
fest, und zwar bis hin zur Variation von Individuum zu Individuum,
ja sogar bis hin zur Variation zwischen verschiedenen Diskursen desselben Individuums. Woran liegt das? Es kann auch hier nicht daran
liegen, daß überhaupt keine Regeln oder Normen angewandt werden, daß also die Sprecher die Normen der sprachlichen Verfahren
gar nicht kennen. Es liegt, wie wir schon angedeutet haben, vielmehr daran, daß v e r s c h i e d e n e N o r m e n u n d R e-
g e l n v o n v e r s c h i e d e n e n S p r a c h s y s t e m e n
im tatsächlichen Sprechen nicht nur der Gemeinschaft, sondern
auch der Individuen angewandt werden oder - kürzer gesagt - daß
auch das Individuum in seiner Sprachgemeinschaft und innerhalb
seiner historischen Sprache mehrere Sprachen spricht. Das sprachliche Wissen weist auch als idiomatisches Wissen zuerst eine "Architektur" auf und erst in jedem einzelnen Teil dieser Architektur eine
Struktur. Man könnte in diesem Zusammenhang auch von einer
"äußeren" und einer "inneren" Struktur sprechen. Die Architektur als die äußere Struktur betrifft die Zusammensetzung des
sprachlichen Wissens aus verschiedenen Sprachsystemen, z.B. aus
verschiedenen Mundarten, aus verschiedenen Sprachniveaus und

stets aus verschiedenen Sprachstilen. Diese verschiedenen Teile des sprachlichen Wissens können in einzelnen Punkten radikal voneinander abweichen.

Die Frage nach der Strukturiertheit kann deshalb nicht für das idiomatische Wissen als ganzes gestellt werden. Das idiomatische Wissen, das sich im Sprechen zeigt, ist ein gemischtes Wissen. Es funktioniert im Sprechen, d.h. bei der Konstitution von Texten, nicht nur durch seine Homogenität, sondern auch durch seine Varietät. Auch das sprachliche Wissen eines Individuums zeigt zugleich die beiden Dimensionen. Die Dimension der Varietät bezieht sich auf andere Individuen, auf andere geographische Räume, auf andere Momente des Sprechens; die Dimension der Homogenität bezieht sich direkt auf das jeweilige Sprachsystem und indirekt auf das Außersprachliche, auf die Bezeichnung der Welt und auf die Gestaltung der Welt und der Erfahrung mit sprachlichen Mitteln. Nach der Strukturiertheit kann man daher nur im Rahmen der Homogenität fragen, nicht in bezug auf die Varietät, da jede Varietät eine eigene Struktur aufweisen kann, die mit der Struktur an einer anderen Stelle in der Architektur nicht übereinzustimmen braucht.

Es ist also eine Voraussetzung der Frage nach der Strukturiertheit, daß wir an verschiedenen Stellen der Architektur einer historischen Sprache grundsätzlich nicht im voraus mit gleichen Strukturen rechnen dürfen. Wir dürfen nicht davon ausgehen, daß die verschiedenen Mundarten, Sprachniveaus und Sprachstile strukturgleich sind. Grundsätzlich dürfen wir nur in der Dimension der Homogenität nach einer bestimmten Struktur suchen, d.h. nur innerhalb einer funktionellen Sprache, einer Sprache, die idealiter homogen ist und einer einzigen Mundart, einem einzigen Sprachniveau und einem einzigen Sprachstil entspricht.

Es ist ein Irrtum zu glauben, mit der Erforschung der Struktur einer funktionellen Sprache wolle man das ganze sprachliche Wissen auf ein einheitliches, streng homogenes Wissen reduzieren und beispielsweise das Deutsche als eine einheitliche und absolut homogene Sprache auffassen. In Wirklichkeit ist es genau umgekehrt: Die Dimension der Homogenität ist die Voraussetzung für die Feststellung der Strukturen dort, wo sie tatsächlich zu finden sind. Das Sprechen weist aber nicht nur die Dimension der Homogenität auf, sondern auch die der Varietät. Es gibt kein Individuum, das überhaupt nichts von anderen Mundarten und Sprachniveaus weiß. Jedes Individuum kennt per definitionem mehrere Sprachstile. Es spricht nicht nur eine einzige funktionelle Sprache innerhalb seiner historischen Sprache.

In unseren Sprachgemeinschaften gibt es sicherlich kein streng "einsprachiges" Individuum, d.h. kein Individuum, das nur eine Mundart auf nur einem Sprachniveau kennt und überhaupt nichts von anderen Mundarten und Sprachniveaus weiß; und jedes Individuum kennt per definitionem wenigstens mehrere Sprachstile: Es spricht daher nicht nur eine einzige funktionelle Sprache innerhalb seiner historischen Sprache.

Die Frage nach der Gestaltung des sprachlichen Wissens kann somit wie folgt präzisiert werden:

1. Für die historische Sprache im ganzen stellt sich die Frage nach der äußeren Struktur oder der "Architektur". Wir haben hier nach den Formen der Varietät in den verschiedenen Dimensionen des Diatopischen, Diastratischen und Diaphasischen zu fragen, d.h. der Mundarten, Sprachniveaus und Sprachstile.
2. Nur für die homogene funktionelle Sprache stellt sich die Frage nach der Strukturiertheit im engeren Sinne, d.h. die Frage nach den stabilen Formen der inneren Relationen. Hier können wir fragen, wie die Technik einer funktionellen Sprache strukturiert ist, und die Ebenen ihrer Strukturierung feststellen, die wir S p r a c h n o r m , S p r a c h s y s t e m und S p r a c h t y p u s nennen.

Diese Gestaltungsebenen sind in "extensiver" Hinsicht nicht an eine bestimmte funktionelle Sprache gebunden (obwohl eine funktionelle Sprache, die sich nicht wenigstens auf der Ebene der Sprachnorm von anderen funktionellen Sprachen unterscheidet, auch keine autonome funktionelle Sprache sein kann): Sie gelten in dieser Hinsicht für das idiomatische Wissen als solches. So kann auch grundsätzlich das gleiche System mehreren funktionellen Sprachen z.B. innerhalb der historischen Sprache "Deutsch" entsprechen, und der gleiche Sprachtypus kann nicht nur mehreren funktionellen Sprachen innerhalb einer historischen Sprache, sondern auch mehreren historischen Sprachen entsprechen. Dies bedeutet aber nicht, daß man die Ebenen extensiv feststellt. Sie können immer nur intensiv festgestellt werden, d.h. nur in einer bestimmten funktionellen Sprache. Denn zuerst muß man ja feststellen, welches die Sprachnorm bzw. welches das Sprachsystem und welches der Sprachtypus als Sprachstruktur i s t. Erst nachträglich kann man ihre Ausdehnung in der Sprachgemeinschaft feststellen und sie auch extensiv abgrenzen, d.h. ihre "Architektur" umreißen. Wenn man in der Forschungspraxis letzteres auch unmittelbar tut, so nur deshalb, weil man diese Strukturen im ganzen oder teilweise als schon bekannt und feststehend annimmt. Im nächsten Abschnitt wollen wir diese Gestaltungsebenen kurz vorstellen und charakterisieren.

5.2.   Die Gestaltungsebenen der funktionellen Sprache

5.2.1. Die Ebene der Sprachnorm

In Auseinandersetzung mit der gängigen Interpretation von Saussures Unterscheidung zwischen *langue* und *parole* haben wir immer wieder darauf hingewiesen, daß die *langue*, die "Einzelsprache", eine Technik der *parole*, des Sprechens, ist, die im Sprechen identifiziert und aus diesem abstrahiert werden kann. Wie wir im vorausgehenden Abschnitt dargelegt haben, ist zunächst vom Beitrag des elokutionellen und expressiven Wissens zum Sprechen abzusehen. Darüber hinaus muß man von den Varietäten der historischen Sprachen absehen und allein eine bestimmte funktionelle Sprache ins Auge fassen, wenn man sprachliche Strukturen im engeren Sinne des Begriffs feststellen will.

Eine Sprachtechnik kann zuerst als geläufiger Sprachgebrauch verstanden werden: als im Sprechen einer Sprachgemeinschaft übliche, "normale", durchschnittliche Realisierung eines homogenen Gefüges von sprachlichen Einheiten und Verfahren, und zwar unabhängig von dem Ausmaß, in dem das normalerweise Realisierte auch objektiv funktionell ("distinktiv" bzw. "oppositiv") ist. Von der Rede, der sie zugrundeliegt, d.h. von der jeweils individuellen Realisierung der Einzelsprache, die sie als idiomatisches Wissen enthält und manifestiert, unterscheidet sich die Sprachtechnik in diesem Sinne durch eine zweifache Abstraktion: Zum einen wird abstrahiert von der Subjektivität, Originalität und Kreativität des Individuums im allgemeinen und im jeweiligen Augenblick, zum anderen - wie oben schon gesagt - von der Variabilität der Realisierungen in der Sprachgemeinschaft.

Wir nennen die Sprachtechnik als Gefüge von normalen Realisierungen "Norm" bzw. "Sprachnorm". Die Ebene der Norm ist die niedrigste, d.h. den konkreten Realisierungen noch am nächsten liegende Strukturierungsebene des idiomatischen Wissens. Es ist etwa die Ebene, die im allgemeinen - wenn auch nur selten explizit - den Beschreibungen in Grammatiken und Wörterbüchern für praktische Zwecke zugrundeliegt. Man exemplifiziert die Norm am besten in Kontrast zum System. Wir verweisen deshalb auf die Beispiele, die oben [1.6.6.] und im nächsten Abschnitt angeführt sind.

5.2.2. Die Ebene des Sprachsystems

Die nächsthöhere Ebene der Sprachtechnik, d.h. des einer funktionellen Sprache entsprechenden technischen Wissens, ist das S p r a c h s y s t e m. Das Sprachsystem, das als realisiert in der Norm enthalten ist, umfaßt darin das, was objektiv funktionell ist - die inhaltlichen und materiellen unterscheidenden ("distinktiven") Oppositionen -, d.h. in dieser Hinsicht w e n i g e r Züge als die Sprachnorm; in anderer Hinsicht - als Wissen-Wie, d.h. als Realisierungsmöglichkeit - umfaßt es aber (virtuell) alles, was in einer Sprache aufgrund ihrer schon bestehenden bedeutungsrelevanten Unterscheidungen und Verfahren zu deren Ausdruck möglich, d.h. r e a l i s i e r b a r ist: Einheiten, Kombinationen und konkrete Oppositionen, die in der Sprachnorm nicht (bzw. n o c h nicht) existieren, also viel mehr, als in der Norm als schon realisiert erscheint. Das System ist nicht nur Realisiertes wie die Norm, sondern auch R e a l i s i e r b a r k e i t. In einer früheren Schrift zu dieser Unterscheidung haben wir das System im Gegensatz zur Norm folgendermaßen charakterisiert:

Unter diesem Aspekt [verschiedener Stufen der Verwirklichung von Sprache] erscheint uns das S y s t e m als System von Möglichkeiten,

von Koordinaten, und diese zeigen die Wege, die den Ausdrucksbe-
dürfnissen oder der Willkür und Laune des einer bestimmten Gemeinschaft angehörenden Sprechers offen stehen oder versperrt sind; es ist
eher eine Gesamtheit von Freiheiten als von Auflagen, da es zahllose Realisierungen erlaubt und nur verlangt, daß man die funktionellen Bedingungen des sprachlichen Instruments nicht antastet; man könnte
seine Eigenschaft eher beratend als bindend nennen. Was hingegen dem
Individuum auferlegt wird, seine Ausdrucksfreiheit einschränkt und die
vom System her gebotenen Möglichkeiten innerhalb der fixierten Grenzen der traditionellen Realisierungen begrenzt, ist die N o r m: die
Norm kann in der Tat als System der obligatorischen Realisierungen,
der sozialen und kulturellen "Auflagen" angesehen werden; sie hängt
von Umfang und Art der jeweiligen Gemeinschaft ab. [1970: "System,
Norm und 'Rede'", 209; z.T. in neuer Übersetzung]

Wie bei jeder Technik kann man also auch bei der Sprachtechnik
fragen, was man mit einem bestimmten System alles machen kann,
nicht nur, was man mit ihm schon gemacht hat: Die Technik als solche reicht weiter als ihre schon geläufige Realisierung. Und das
Sprachsystem ist in dieser Hinsicht nicht T e i l der Sprachtechnik,
sondern eine höhere Ebene derselben, auf der weiterreichende Reali-
sierungsmöglichkeiten eröffnet werden. Eine historische Sprache
enthält somit eine "futurische" Dimension: Sie umfaßt nicht nur
die realisierten Normen ihrer funktionellen Sprachen, sondern auch
das, was in und mit diesen Sprachen m a c h b a r, realisierbar ist,
aber (noch) nicht geschaffen wurde.

Um die Abgrenzung der Ebene des Systems von der Ebene der
Norm zu verdeutlichen, führen wir aus früheren Arbeiten einige
Beispiele zu verschiedenen Bereichen der sprachlichen Strukturie-
rung an:

1. Die vielleicht deutlichsten Beispiele sind im lautlichen Bereich
    zu finden, da die Phonologie präzise Beschreibungen für die Sy-
    stemebene erarbeitet hat. Wir wählen ein Beispiel aus dem Spa-
    nischen. Dort gibt es - im Gegensatz zum Italienischen, Fran-
    zösischen oder Portugiesischen - keine distinktive Opposition
    zwischen offenen und geschlossenen Vokalen. So steht beispiels-
    weise *o* im System als distinktive phonologische Einheit *e, i, u*
    und *a* gegenüber und unterscheidet z.B. *ojo* von *ajo*, doch zwi-
    schen dem offenen [ɔ] und dem geschlossenen [o] besteht kei-

nerlei funktioneller Unterschied. In der Norm wird aber die Unterscheidung von offenem und geschlossénem *o* oft gemacht; so wird z.B. zwischen der normalen Realisierung des *o* in *rosa, hoja, dogma* - mit [ɔ] - und der normalen Realisierung des *o* in *llamó, boda, esposa* - mit [o] - streng unterschieden. Dem Phonem /o/, d.h. der funktionellen Einheit des Systems, entsprechen zwei normale Realisierungen auf der Ebene der Norm, nämlich [ɔ] und [o] (offenes und geschlossenes *o*), sowie eine unendliche Variation bei der konkreten Realisierung dieser Laute im Sprechen:

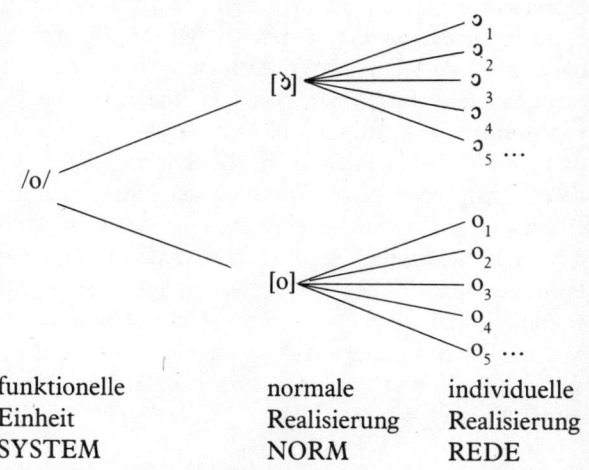

funktionelle	normale	individuelle
Einheit	Realisierung	Realisierung
SYSTEM	NORM	REDE

[vgl. 1952/1975: "System, Norm und Rede", 65-66 und 1970: "System, Norm und 'Rede'", 205-206]

2. Im Bereich der Morphologie erkennen wir den Unterschied zwischen System und Norm am besten anhand der Flexionsfehler, die von Kindern oder sonstigen nicht mit der Norm vertrauten Sprechern gemacht werden. Diese Fehler entstehen fast immer aus der Anwendung der funktionellen Oppositionen des Systems, die nicht mit der normalen Verwendung übereinstimmt. Sie sind Realisierungen von Möglichkeiten des Systems, die aber in der jeweiligen Sprachtradition aus dem einen oder ande-

ren Grund nicht genutzt bzw. nicht in diesen konkreten Fällen realisiert werden. Ein englisches Kind bildet möglicherweise zu dem Singular *ox* den Plural *oxes* statt *oxen* und ein französisches Kind zum Singular *carneval* den Plural *carnevaux* statt *carnevals*. Es kann dies deswegen tun, weil das System solche Oppositionen tatsächlich kennt, z.B. in *ass - asses, cheval - chevaux*. Auf der Ebene der Norm werden aber nicht diese Plurale realisiert, sondern andere obligatorisch vorgeschriebene Pluralvarianten [vgl. 1952/1975: "System, Norm und Rede", 68-69].

3. In der Wortbildung wird der Unterschied zwischen Norm und System in bezug auf die täglichen Ausdrucksbedürfnisse jedes Sprechers offenbar. Betrachten wir Wörter, die in einem Normregister wie dem Duden-Wörterbuch nicht verzeichnet sind, als nicht existent, dürfen wir zwar von *Konkretisierung*, aber nicht von *Abstrahierung* sprechen. Wir dürfen zwar zu *nasal nasalieren* und *Nasalität* verwenden, nicht aber *velarisieren* und *Velarität* zu *velar*. Auch wenn diese Wörter in der Norm tatsächlich nicht vorhanden sein sollten, so existieren sie doch virtuell im System, d.h. in der Gesamtheit der Strukturen, Möglichkeiten und funktionellen Oppositionen der deutschen Sprache. Im System existieren virtuell alle möglichen deverbalen Ableitungen auf *-ung*, alle möglichen Verben auf *-ieren* oder *-isieren* und alle Abstrakta auf *-ität* usw., und zwar ganz unabhängig von ihrer Aufnahme in die Norm.

4. In der Syntax erscheint der Gegensatz von Norm und System zum einen als Unterschied zwischen den allgemeinen und regelmäßigen Satzbautypen einerseits und den festen Formeln andererseits, für die Saussure Beispiele wie *mit der Tür ins Haus fallen* bzw. *aus etwas nicht klug werden, von Sinnen kommen, zu guter Letzt* anführt [vgl. Saussure 1916/1967, 149]. Die regelmäßigen Satzbautypen gehören dem System an, die festen Formeln sind dagegen als traditionelle Realisierungen von Schemata des Systems bloß Elemente der Norm.

Zum anderen spielt die Norm dort eine Rolle, wo aus mehreren vom System zugelassenen Varianten eines syntaktischen Musters eine bestimmte Variante als "normal" hervorgehoben wird. So läßt beispielsweise das lateinische System für den Satz 'Peter mag Paul' einen jeden der folgenden Ausdrücke zu: *Petrus Paulum amat - Paulum Petrus amat - Petrus amat Paulum - Paulum amat Petrus - Amat Petrus Paulum - Amat Paulum Petrus*. Aber nur der erste Satz repräsentiert die Norm; die übrigen entsprechen nicht der Norm (auf Satzebene) oder besitzen bestimmte "stilistische" Werte (auf Textebene). Auf der Ebene der "Norm" war die lateinische Wortstellung viel weniger frei, als es in unseren Handbüchern dargestellt wird [vgl. 1952/1975: "System, Norm und Rede", 76].

5.   Im Bereich des Wortschatzes ist die Unterscheidung von Norm und System am schwierigsten zu treffen, weil wir hier mit der großen Komplexität und der beträchtlichen Vielfalt der funktionellen Oppositionen rechnen müssen. Trotzdem ist es aber auch hier möglich, grundlegende Oppositionen zu unterscheiden und auf konstante Muster zurückzuführen, wie wir in unseren Arbeiten zur strukturellen Semantik und zur Lexikologie gezeigt haben [vgl. z.B. 1964/1978: "Diachrone Semantik", 1978: "Wortschatz"].

Dem   S y s t e m   entspricht im Wortschatz die besondere begriffliche Einteilung der Welt, die in jeder Einzelsprache stattfindet, sowie die besondere Weise der formalen Realisierung dieser Einteilung. Mit Systemunterschieden wird jeder konfrontiert, der ein zweisprachiges Wörterbuch benutzt oder von einer Sprache in die andere übersetzt. Dem System entsprechen somit die einzelsprachlichen Bedeutungen, die durch die im Wortschatz bestehenden Oppositionen konstituiert werden.

Auf der Ebene der   N o r m   sind dagegen die gebräuchlichen Redebedeutungen anzusiedeln, d.h. die verschiedenen Weisen, in denen eine Bedeutung des einzelsprachlichen Systems zur Bezeichnung eines Wirklichkeitsausschnitts verwendet werden kann, wie sie in den einsprachigen Bedeutungswörterbüchern beschrieben werden. In der Norm wird festgelegt, welche der vom System zugelassenen inhaltlichen und formalen Varianten die übliche ist und welche ungebräuchlich sind oder einen bestimmten Stilwert besitzen. Dies gilt z.B. für die Unterscheidung von Haupt- und Nebenbedeutungen, aber auch für die

Wahl zwischen "Synonymen", d.h. zwischen Inhalten in neu-
tralisierbarer Opposition: so entspricht z.B. bei span. *perro* und
can 'Hund' nur *perro*, bei dt. *Pferd* und *Roß* nur *Pferd* der
Norm. Die deutschen Verben *aufmachen* und *zumachen* werden
in der Norm ihren Synonymen *öffnen* und *schließen* vorgezogen.
Vor allem beim sekundären Wortschatz trägt die Norm oft dazu
bei, Bedeutungen auf bestimmte Bezeichnungen zu begrenzen
und zu fixieren und von anderen Bezeichnungen auszuschließen. Es ist ein Faktum der Norm, wenn dt. *Hauptmann* auf einen bestimmten Offiziersdienstgrad (franz. 'capitaine') und dt.
Hauptstadt auf 'Stadt, in der die Regierung ihren Sitz hat'
(franz. 'capitale') fixiert ist. Vom System her wäre es durchaus
möglich, *Hauptmann* als 'wichtigsten Mann' und *Hauptstadt* als
'wichtigste Stadt' zu interpretieren, wie andere Komposita mit
Haupt- zeigen (z.B. *Hauptgrund, Hauptsache, Haupteingang*)
[vgl. oben 1.6.6. und außerdem 1952/1975: "System, Norm
und Rede", 77-80 und 1978: "Wortschatz", 232-235].

Wir haben Beispiele gewählt, in denen System und Norm auseinan-
derfallen. Dies muß jedoch nicht immer so sein. Die Norm kann mit
dem System zusammenfallen, sofern das System nur e i n e Realisierungsmöglichkeit anbietet; ebenso kann auch die individuelle
Realisierung mit der Norm zusammenfallen. Dies heißt jedoch
nicht, daß die begriffliche Unterscheidung aufgegeben werden kann;
die beiden Begriffe beziehen sich auf verschiedene Abstraktionsebe-
nen. Evident wird die Unterscheidung überall dort, wo das System
eine Reihe von offenbar fakultativen Realisierungsvarianten zuläßt.

5.2.3. Die Ebene des Sprachtypus

Die Ebene des Sprachtypus ist die höchste Ebene der Sprachtechnik, die festgestellt werden kann. Der Sprachtypus umfaßt die Kategorien von inhaltlichen und materiellen Oppositionen, die Typen
von Funktionen und Verfahren eines Sprachsystems oder - wenn sie
in dieser Hinsicht identisch sind - von verschiedenen Sprachsystemen. Es geht also um die funktionellen Prinzipien einer Sprachtechnik und unter diesem Aspekt um die Gesamtheit der funktionellen

Zusammenhänge zwischen Funktionen und Verfahren, die auf der Ebene des Systems als verschieden auftreten.

Die Idee des Sprachtypus in diesem Sinne ist bereits von Humboldt und Gabelentz formuliert worden (von Humboldt unter dem Namen "charakteristische Form", von Gabelentz schon mit dem Namen "Sprachtypus"). Humboldt sieht nämlich in einer Sprache eine "Form" bzw. eine "charakteristische Form" als einheitliches Gestaltungsprinzip bzw. als Gefüge von Gestaltungsprinzipien wirksam:

> Es versteht sich ... von selbst, dass in den Begriff der Form der Sprachen keine Einzelheiten als isolirte Thatsache, sondern immer nur insofern aufgenommen werden darf, als sich eine Methode der Sprachbildung an ihr entdecken läßt. Man muss durch die Darstellung der Form den specifischen Weg erkennen, welchen die Sprache ... zum Gedankenausdruck einschlägt. [Humboldt 1963, 423]

Ohne auf Humboldt Bezug zu nehmen, postuliert Gabelentz ähnliche Gestaltungszusammenhänge:

> Es scheint aber auch, als wären in der Sprachphysiognomie gewisse Züge entscheidender als andere. Diese Züge gälte es zu ermitteln; und dann müsste untersucht werden, welche andere Eigenthümlichkeiten regelmässig mit ihnen zusammentreffen. ... Die Induction, die ich hier verlange, dürfte ungeheuer schwierig sein ... Aber welcher Gewinn wäre es auch, wenn wir einer Sprache auf den Kopf zusagen dürften: Du hast das und das Einzelmerkmal, folglich hast du die und die weiteren Eigenschaften und den und den Gesammtcharakter! [Gabelentz 1972, 481].

Wir selbst haben diese Idee vom Sprachtypus als Ebene der einzelsprachlichen Strukturiertheit bestimmt und in mehreren Schriften präzisiert und konkretisiert [vgl. 1970: "Synchr., Diachr. und Typ.", 1971: *Nouvelle Typologie*, 1980: "Sprachtypologie", 1983: "Typologie von Verfahren"].

So haben wir insbesondere gezeigt, wie verschiedene Teile des Systems der romanischen Sprachen nach dem gleichen Prinzip gestaltet sind und somit einen bestimmten Typus repräsentieren:

> In den romanischen Sprachen, mit Ausnahme des Französischen (und z.T. des Okzitanischen) gilt als allgemeines Kohärenzprinzip für völlig verschiedene Bereiche der entsprechenden Sprachsysteme (von der

"Morphologie" bis zur Wort- und Satzbildung) der kategorielle Unterschied zwischen "inneren" (nicht relationellen) und "äußeren" (relationellen) Funktionen, und zwar in folgender Form: 'Innere (paradigmatische) materielle Bestimmungen für innere Funktionen, äußere (syntagmatische) materielle Bestimmungen - d.h. periphrastische Ausdrücke - für äußere Funktionen'. Funktionen wie Numerus, Genus oder diejenigen der einfachen Tempora des Verbs gehören zur ersten Gruppe, Funktionen wie Kasus, Steigerung oder Passiv hingegen zur zweiten. Das Lateinische kannte nämlich den kategoriellen Unterschied zwischen inneren und äußeren Funktionen nicht; so standen auch im Lateinischen die syntagmatischen Bestimmungen (wie im Falle von *magis idoneus, in schola, amatus sum*) nicht etwa den paradigmatischen gegenüber, sondern sie waren lediglich ein Zusatz und eine Ergänzung zu diesen (im Grunde für die Fälle, in denen der paradigmatische Ausdruck fehlte). Und im Französischen wurde der gleiche kategorielle Unterschied seit dem Mittelfranzösischen wieder aufgegeben, wenn auch, in materieller Hinsicht - beim Übergang zu einem anderen Sprachtypus - zugunsten der periphrastischen Verfahren. Dies wird auch durch die Geschichte dieser Sprachen bestätigt, d.h., daß sich der Sprachtypus in der Entwicklung der entsprechenden Sprachsysteme manifestiert. So haben die romanischen Sprachen, und zwar weitgehend unabhängig voneinander, den paradigmatischen Ausdruck von Numerus, Genus und Tempus beibehalten bzw. systematisch wiederhergestellt und ausgebaut, den paradigmatischen Ausdruck des Kasus und der Steigerung dagegen ebenso systematisch aufgegeben und abgebaut, was z.T. noch unter unseren Augen weitergeht (z.B. im Falle der Kasusformen der Personalpronomina). In ähnlicher Weise entspricht das romanische Passiv in funktioneller Hinsicht nicht dem lateinischen. Im Lateinischen drückte das sog. "Passiv" sowohl das eigentliche Passiv als auch das Unpersönliche (z.B. *dicitur*) und das Medium (z.B. *nominor*, 'ich heiße') aus. Das romanische materielle Passiv, das im ganzen periphrastisch ist, ist in typologischer Hinsicht nur für den Ausdruck einer relationellen Funktion, d.h. in diesem Fall des eigentlichen Passivs geeignet; und in der Tat drückt es auch nur dieses Passiv aus, wohingegen für die unpersönliche und die mediale Funktion andere Ausdrücke eingeführt wurden (cf. z.B. it. *si dice, mi chiamo*). Die romanischen Sprachen sind nicht nur wegen ihrer gemeinsamen Grundlage und ihrer gegenseitigen Beeinflussung einander so ähnlich, sondern auch - und in gewisser Hinsicht sogar vor allem - deshalb, weil sie (mit Ausnahme des Französischen) weitgehend nach analogen technischen Prinzipien gestaltet wurden [1980: "Sprachtypologie", 164-65].

Auch für das Deutsche haben wir ein Gestaltungsprinzip auf der Ebene des Sprachtypus festgestellt, das die analoge Gestaltung ganz verschiedener Bereiche der Sprache bestimmt.

Im Gegensatz zum Lateinischen und zu den romanischen Sprachen verfügt das Deutsche über eine große Zahl von Partikeln. Diese Partikel haben die allgemeine Funktion, das Gesagte (bzw. das im Gesagten Gemeinte) in ein jeweils anders bestimmtes Verhältnis zu einem Kontext oder zu einer Situation zu bringen und damit u.a. den Gültigkeitsbereich des Gesagten zu präzisieren oder einzuschränken. Im Fall von *Na, was ist denn schon dabei?* hat man z.B. einen Verweis auf die Haltung des Sprechers (*na*), einen weiteren auf die Haltung des (auch nur vorausgesetzten) Adressaten (*denn*), einen Bezug auf andere eventuell vergleichbare Situationen (*schon*) und einen Bezug auf die "aktuelle" Situation (*dabei*), während man sich im Italienischen (in ähnlichen Situationen) mit dem Ausdruck *Che c'è?* begnügen könnte.

Ein weiteres Charakteristikum des Deutschen besteht in der weitgehend offenen Möglichkeit, präfigierte Verben zu bilden. So hat man im Deutschen gegenüber frz. *tomber*, it. *cadere*, sp. *caer* (allein oder mit syntagmatischen Determinationen) *fallen* und dazu noch *hinfallen, abfallen, ausfallen, vorfallen, zurückfallen, hineinfallen, überfallen, umfallen* usw. Ebenso gibt es neben *gehen* die präfigierten Verben *durchgehen, umgehen, untergehen, übergehen, abgehen, ausgehen, aufgehen, mitgehen* usw. Diese Präfixverben haben die Funktion, den Verbalvorgang auf einen "realen" - meist räumlichen oder zeitlichen - Zusammenhang zu beziehen, indem sie z.B. den äußeren Ausgangspunkt, den Zielpunkt oder die Richtung dieses Vorgangs angeben.

Eine dritte Eigenheit des Deutschen besteht in den Möglichkeiten der Nominalkomposition, die hier viel weiter gehen als beispielsweise in den romanischen Sprachen. So kann man z.B. gegenüber verschiedenen lexikalischen Einheiten im Spanischen (*billete, entrada, ficha, mapa,* eventuell mit zusätzlichen syntagmatischen Determinationen) im Deutschen Nominalkomposita mit *Karte* als Determinatum verwenden (*Fahrkarte, Eintrittskarte, Karteikarte, Landkarte*). Ein Charakteristikum des Deutschen ist darüber hinaus die Möglichkeit, Mehrfachkomposita wie *Verkehrsflugzeugmotorenreparaturwerkstätte* ad hoc zu bilden. Die Nominalkomposition drückt im Deutschen einen Bezug auf einen außersprachlichen Kontext aus, nämlich auf den üblichen bzw. permanenten "realen" Zusammenhang, in dem ein "Objekt" oder ein "Faktum" steht und durch den es als Vertreter einer besonderen Species gilt bzw. gelten kann. So kann z.B. eine "Karte" auf das Fahren, auf das Eintreten, auf einen geographischen Raum usw. bezogen werden, wodurch sie zu einer "Fahrkarte", einer "Eintrittskarte", einer "Landkarte" usw. wird.

Worin besteht nun der Zusammenhang zwischen den genannten Strukturen im Deutschen, die auf ein gemeinsames Gestaltungsprinzip auf der Ebene des Sprachtypus schließen lassen? Das Prinzip, das allen drei Strukturierungsformen zugrundeliegt, ist das Prinzip der kontextuell-situationellen Determination mittels einzelsprachlicher Funktionen. In anderen Sprachen wird die Einordnung in eine bestimmte Situation oder in einen bestimmten Kontext stillschweigend vorausgesetzt oder in der Rede mit okkasionellen Mitteln angegeben. Im Deutschen gibt es dagegen diese einzelsprachlichen Funktionen auf der Ebene des Sprachsystems. Daß es sich in allen drei Bereichen um Funktionen handelt, die zur Einschränkung und Präzisierung des Gesagten bzw. des im Gesagten Gemeinten dienen, zeigt sich nicht zuletzt daran, daß die Determinationen fehlen können, wenn sie aus dem übrigen Kontext eindeutig hervorgehen oder überhaupt nicht präzisierbar sind. In geeigneten Kontexten kann man durchaus *Was ist?* anstelle von *Na, was ist denn schon dabei?* sagen. Statt *abfallen* genügt *fallen*, wenn wie in *Die Blätter fallen von den Bäumen* der Vorgang mit zusätzlichen syntagmatischen Mitteln hinreichend präzisiert ist. Und wenn die Situation eindeutig ist, braucht man nur die *Karte* zu verlangen und nicht die *Eintritts-, Fahr-* oder *Landkarte*.

Die drei genannten Faktenbereiche stehen also in einem sinnvollen Zusammenhang. Das Deutsche ist dadurch eine "situations- und kontextbezogene" Sprache oder, wenn man will, eine "Sprech-Sprache": eine Sprache, die sehr zahlreiche und verschiedenartige Determinationen des Sprechens zu einzelsprachlichen Funktionen gestaltet und als solche in sich selbst aufgenommen hat.

Hat man ein solches Gestaltungsprinzip auf der Ebene des Sprachtypus erst einmal gefunden und formuliert, so kann man fragen, ob es auch in einem anderen Sprachsystem wirksam ist. Dies ist beim Prinzip der kontextuell-situationellen Determination tatsächlich der

Fall. Das Altgriechische war in dieser Hinsicht analog strukturiert wie das Deutsche und besaß eine große Zahl von Partikeln und ausgebaute Möglichkeiten der Verbpräfigierung und der Nominalkomposition [vgl. 1980: "Partikeln"].

5.2.4. Das Verhältnis von Norm, System und Typus

Betrachtet man jeweils die sprachlichen Fakten, die unter diese Begriffe fallen können, so geht das Sprachsystem über die Sprachnorm und der Sprachtypus über das Sprachsystem hinaus. Die Sprachnorm umfaßt nämlich nur die bereits realisierten Fakten, das System aber sowohl die realisierten als auch die aufgrund schon gegebener Oppositionen möglichen Fakten; und die Prinzipien des Sprachtypus ermöglichen nicht nur die schon existierenden Funktionen und Oppositionen, sondern auch viele andere, die man womöglich nie schaffen wird. In diesem Sinne ist jede Sprache eine o f f e n e oder d y n a m i s c h e Technik, d.h. eine Technik, die teilweise realisiert ist und teilweise noch zu realisieren oder wenigstens realisierbar ist. Das System ist System von Möglichkeiten hinsichtlich der Norm, der Typus ist System von Möglichkeiten hinsichtlich des Systems. Wenn wir das, was jeweils schon tatsächlich existiert, und das, was als Möglichkeit gegeben ist, zugleich berücksichtigen, so können wir das Verhältnis zwischen der Norm, dem System und dem Typus folgendermaßen darstellen:

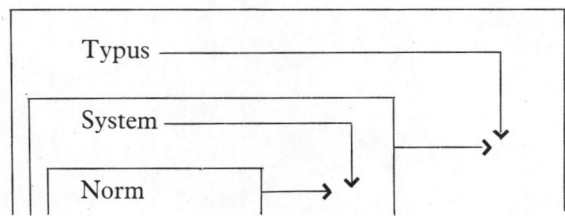

Dies bedeutet, daß eine Weiterentwicklung der Norm einfach einer Anwendung des Systems entsprechen kann, und ebenso eine Weiterentwicklung des Systems einer Anwendung des Sprachtypus. Die

Norm kann sich also im geschichtlichen Prozeß verändern, während das System gleich bleibt, und das System kann sich in der Geschichte verändern, aber im Typus seine Gestaltungsprinzipien bewahren. Die Gestaltungsebenen der funktionellen Sprache sind somit die Voraussetzung dafür, daß die Sprecher ihr sprachliches Wissen kreativ einsetzen und dadurch die Sprache weiterentwickeln können. Die Theorie der Sprachgeschichte ist jedoch nicht mehr Gegenstand dieser Darstellung; wir verweisen auf unser Buch *Synchronie, Diachronie und Geschichte* [1958/1974] und auf eine Reihe von späteren Arbeiten [z.B. 1979: "Humanwissenschaften", 1983: "Linguistic change"]. Es sei hier nur hervorgehoben, daß die Sprachtechnik als Gefüge von Funktionen und Verfahren Kontinuität und Entwicklungsmöglichkeit zugleich beinhaltet. Zwischen Kontinuität und Entwicklung gibt es keinen wirklichen Gegensatz, denn die innere Entwicklung einer Sprachtechnik erscheint uns als Manifestation und Bestätigung ihrer Kontinuität.

Literaturverzeichnis

Schriften des Verfassers

[1952/1975: "System, Norm und Rede"]: *Sistema, norma y habla*. Montevideo [Übers.: (1975): "System, Norm und Rede". In: 1975: *Sprachtheorie*, 11-101].

[1955/1975: "Determinierung und Umfeld"]: "Determinación y entorno". *Romanistisches Jahrbuch* 7, 29-54 [Übers.: (1975): "Determinierung und Umfeld". In: 1975: *Sprachtheorie*, 253-290].

[1958/1974: *Synchr., Diachr. und Gesch.*]: Sincronía, diacronía e historia. Montevideo [Übers.: (1974): *Synchronie, Diachronie und Geschichte*. München].

[1964/1978: "Diachrone Semantik"]: "Pour une sémantique diachronique structurale". *Travaux de linguistique et de littérature (TraLiLi) de Strasbourg II/1*, 139-86 [Übers. in: Geckeler, H., Hrsg. (1978): *Strukturelle Bedeutungslehre*. Darmstadt, 90-163].

[1970: "Bedeutung und Bezeichnung"]: "Bedeutung und Bezeichnung im Lichte der strukturellen Semantik". In: Hartmann, P. / Vernay, H., Hrsg.: *Sprachwissenschaft und Übersetzen*. München, 104-21.

[1970: "Kontrastive Grammatik"]: "Über Leistung und Grenzen der kontrastiven Grammatik". In: *Probleme der kontrastiven Grammatik. Jahrbuch des Instituts für deutsche Sprache 1969*. Sprache der Gegenwart 8. Düsseldorf, 9-30.

[1970: Sprache]: *Sprache - Strukturen und Funktionen. Zwölf Aufsätze*. Tübingen [3. durchges. und verbess. A. 1979].

[1970: "Synchr., Diachr. und Typ."]: "Synchronie, Diachronie und Typologie". In: 1970: *Sprache*, 71-88 [3. A. 1979, 77-90].

[1970: "System, Norm und 'Rede'"]: "System, Norm und 'Rede'". In: 1970: *Sprache*, 193-212 [3. A. 1979, 45-60].

[1971: *Nouvelle typologie*]: Essai d'une nouvelle typologie des langues romanes. Université de Bucarest. Cours d'été. Sinaia [Übers. in: 1988: *Energeia und Ergon*].

[1971: "Vives"]: "Zur Sprachtheorie von Juan Luis Vives". In: *Festschrift zum 65. Geburtstag von Walter Mönch*. Heidelberg, 234-255.

[1972: "Gabelentz"]. "Georg von der Gabelentz und die synchronische Sprachwissenschaft". In: Gabelentz 1972, 3*-35* [Zuerst franz.: (1967): Word 23, 74-100].

[1973: Lage]: *Die Lage in der Linguistik*. Innsbruck (= Innsbrucker Beiträge zur Sprachwiss. Vorträge 9).

[1975: *Sprachtheorie*]: *Sprachtheorie und allgemeine Sprachwissenschaft. Fünf Studien*. München.

[1975: "Universalien"]: "Die sprachlichen (und die anderen) Universalien". In: Schlieben-Lange, B., Hrsg.: *Sprachtheorie*, 127-161 [Zuerst franz. 1974: Vortrag XI. Linguistenkongreß in Bologna].

[1976: *Verbalsystem*]: *Das romanische Verbalsystem*. Hrsg. und bearb. von H. Bertsch. Tübingen.

[1976/1987: "Logik der Sprache"]: "Logique du langage et logique de la grammaire". In: David, J./ Martin, R., Hrsg.: *Modèles logiques et niveaux d'analyse linguistique*. Metz, 15-33 [Übers. in: 1987: *Formen und Funktionen*, 1-23].

[1978: "Wortschatz"]: "Einführung in die strukturelle Betrachtung des Wortschatzes". In: Geckeler, H., Hrsg.: *Strukturelle Bedeutungslehre*. Darmstadt, 193-238 [Zuerst franz. 1966, deutsch Tübingen 1970, 2. A. 1973].

[1978: "Übersetzungstheorie"]: "Falsche und richtige Fragestellungen in der Übersetzungstheorie". In: Grähs/Korlén/Malmberg, Hrsg.: *Theory and Practice of Translation*. Bern, 17-32 [Wieder in: Wilss, W., Hrsg. (1981): *Übersetzungswissenschaft*. Darmstadt, 27-47].

[1979: "Humanwissenschaften"]: "Humanwissenschaften und Geschichte. Der Gesichtspunkt eines Linguisten". *Det Norske Videnskaps-Akademi*. Årbok 1978. Oslo, 118-130.

[1979/1988: "Humboldt"]: "Humboldt und die moderne Sprachwissenschaft". In: *Festschrift A. Čikobava*. Tiflis, 20-29 [Verbesserte Fassung in: 1988: *Energeia und Ergon*].

[1980: "Historische Sprache"]: "'Historische Sprache' und 'Dialekt'". In: Göschel/Ivić/Kehr, Hrsg.: *Dialekt und Dialektologie*. Wiesbaden, 106-122 (= ZDL, Beihefte, N.F. Nr. 26).

[1980: "Partikeln"): "Partikeln und Sprachtypus. Zur strukturell-funktionellen Fragestellung in der Sprachtypologie". In: Brettschneider, G., Lehmann, Chr., Hrsg., *Wege zur Universalienforschung. Festschrift Hansjakob Seiler*. Tübingen, 199-206.

[1980: "Sprachtypologie"]: "Der Sinn der Sprachtypologie". In: Thrane, T. u.a., Hrsg.: *Typology and genetics of language. Travaux du Cercle Linguistique de Copenhague* 20, 157-170.

[1980: *Textlinguistik*]: *Textlinguistik. Eine Einführung*. Hrsg. und bearb. von J. Albrecht. Tübingen.

[1981: "Dialectología"]: "Los conceptos de 'dialecto', 'nivel' y 'estilo de lengua' y el sentido propio de la dialectología". *Lingüística Española Actual (LEA)* III, 1-32 [Wieder als: (1982): *Sentido y tareas de la dialectología*. México.].

[1981/1988: *Lecciones*]: Lecciones de lingüística general. Madrid [Zuerst ital. 1973. - Übers.: (1988): *Einführung in die Allgemeine Sprachwissenschaft*. Tübingen.

[1982: "Structuralisme"]: "Au-delà du structuralisme". *Lingüistica e letteratura* VII/1-2, 9-16.

Literaturverzeichnis 281

[1983: "Linguistic change"]: "Linguistic change does not exist". *Linguistica nuova ed antica* I, 51-63 [Festschrift V. Pisani].
[1983: "Typologie von Verfahren"]: "Sprachtypologie und Typologie von sprachlichen Verfahren". In: Faust, M. u.a., Hrsg.: *Allgemeine Sprachwissenschaft, Sprachtypologie und Textlinguistik. Festschrift P. Hartmann.* Tübingen, 269-279.
[1985: "Competence"]: "Linguistic Competence: What is it Really?". *The Modern Language Review*, Vol. 80, part 4, XXV-XXXV.
[1987: *Formen und Funktionen*]: Formen und Funktionen. Studien zur Grammatik. Tübingen (= Konzepte der Sprach- und Literaturwissenschaft 33).
[1988: *Energeia und Ergon*]: *Energeia und Ergon*, hrsg. von Albrecht, J. / Lüdtke, J. / Thun, H., Bd. 1. Tübingen.
[1988: "Sprachliches Wissen"]: "Die Ebenen des sprachlichen Wissens. Der Ort des "Korrekten" in der Bewertungsskala des Gesprochenen". In: 1988: *Energeia und Ergon*, 327-364 [Teilübersetzung von: (1957): *El problema de la correción idiomatica.* Unveröffentlicht].

Schriften anderer Autoren

Alonso, Dámaso (1952): *Poesía española. Ensayo de métodos y límites estilísticos.* 2. A. Madrid.
Altuchow, Nicolás (1959): *El Tarkasamgraha de Annambhatta. Texto sánscrito con introducción, traducción y notas.* Montevideo (Universidad de la Republica - Facultad de Humanidades y Ciencias - Publicaciones del departamento de lingüistica 15) [deutsch: *Annambhattas Tarkasamgraha*, hrsg. und übers. von E. Hultzsch. Berlin 1907].
Bach, Emmon (1968): "Noun and noun phrases". In: Bach, E., Harms, R.T., Hrsg.: *Universals in Linguistic Theory.* New York.
Bally, Charles (1926): *Le langage et la vie.* Paris.
Bally, Charles (1932): *Linguistique générale et linguistique française.* Bern [3. A. 1950].
Bally, Charles (1937): "Synchronie et Diachronie". *Vox Romanica* 2, 345-352.
Baudouin de Courtenay, Jan (1895): *Versuch einer Theorie phonetischer Alternationen. Ein Capitel aus der Psychophonetik.* Straßburg [Wieder in: Mugdan, J., Hrsg.: *Baudouin de Courtenay. Ausgewählte Werke in deutscher Sprache.* München, 51-180].
Baumgarten, Alexander Gottlieb (1983): *Texte zur Grundlegung der Ästhetik.* Übers. und hrsg. von H.R. Schweizer. Hamburg.
Bloch, Bernard (1948): "A set of postulates for phonemic analysis". *Language* 24, 3-47.
Bloomfield, Leonard (1926): "A set of postulates for the science of language". *Language* 2, 153-164 [Übers. in: Bense/Eisenberg/Haberland,

Hrsg. (1976): *Beschreibungsmethoden des amerikanischen Strukturalismus.* München, 36-48].

Bloomfield, Leonard (1935): *Language.* 2. A. London.

Bolinger, Dwight D. (1975): "On the Passive in English". In: Makkai, A., Becker, V.B., Hrsg.: *The first LACUS Forum 1974.* Columbia, South Carolina, 57-77.

Carnap, Rudolf (1934): *Logische Syntax der Sprache.* Wien [2. A. Wien/New York 1968].

Chomsky, Noam (1957): *Syntactic structures.* Den Haag [Übers.: (1973): *Strukturen der Syntax.* Den Haag].

Chomsky, Noam (1959): "A Review of B. F. Skinners 'Verbal Behavior' (1957)". *Language* 35, 26-58 [Übers. in Auszügen in: Holzer/Steinbacher, Hrsg. (1972): *Sprache und Gesellschaft.* Hamburg, 60-85].

Chomsky, Noam (1965): *Aspects of the theory of syntax.* Cambridge, Mass. [Übers.: (1969): *Aspekte der Syntax-Theorie.* Frankfurt].

Croce, Benedetto (1902): *Estetica come scienza dell'espressione e linguistica generale.* Bari [7. A. 1941; Übers.: (1930): *Aesthetik als Wissenschaft vom Ausdruck und allgemeine Sprachwissenschaft,* nach der 6. A. übertr. von H. Feist und R. Peters. Tübingen].

Duijker, H.C.J. (1946): *Taal en psychische werkelijkeid 1: Extralinguale elementen in de spraak.* Amsterdam.

Flydal, Leiv (1951): "Remarques sur certains rapports entre le style et l'état de langue". *Norsk Tidsskrift for Sprogvidenskap* 16, 240-257.

Gabelentz, Georg von der (1972): *Die Sprachwissenschaft. Ihre Aufgaben, Methoden und bisherigen Ergebnisse.* Neudruck der 2. A. von 1901. Tübingen [1. A. 1891].

Gardiner, Alan H. (1932): *The theory of speech and language.* Oxford [2. A. 1951].

Harris, Zellig S. (1951): *Methods in structural linguistics.* Chicago [1960ff.: *Structural linguistics*].

Hegel, Georg Wilhelm Fr. (1817): *Enzyklopädie der philosophischen Wissenschaften im Grundrisse.* Heidelberg [Wieder in: *Sämtliche Werke,* hrsg. von H. Glockner. Bd. 6, Neudruck Stuttgart 1968, 1-310].

Hjelmslev, Louis (1974): *Prolegomena zu einer Sprachtheorie.* München [Dänisch 1943, engl. 1961].

Hockett, Charles F. (1958): *A Course in Modern Linguistics.* New York.

Hockett, Charles F. (1967): *The state of the art.* Den Haag.

Humboldt, Wilhelm von (1963): *Ueber die Verschiedenheit des menschlichen Sprachbaus und ihren Einfluss auf die geistige Entwicklung des Menschengeschlechts.* Werke, hrsg. von A. Flitner und K. Giel, Bd. 3: *Schriften zur Sprachphilosophie.* Darmstadt, 368-757 [Zuerst Berlin 1836].

Jakobson, Roman (1974): "Der Begriff der grammatischen Bedeutung bei Boas". In: Jakobson, R.: *Form und Sinn. Sprachwissenschaftliche Betrachtungen.* München, 68-76.

Jones, Daniel (1950): *The phoneme: its nature and use.* Cambridge.

Ledyard, Gari Keith (1966): *The Korean Language Reform of 1446: The Origin, Background, and Early History of the Korean Alphabet.* University of California, Berkeley, Ph.D. [Ann Arbor, Mich.: University Microfilms].

Leibniz, Gottfried Wilhelm (1684/1965): "Meditationes de cognitione, veritate et ideis - Betrachtungen über die Erkenntnis, die Wahrheit und die Ideen". In: Leibniz, G. W.: *Kleinere Schriften zur Metaphysik.* Darmstadt 1965, 32-65.

Lohmann, Johannes (1952): "Das Verhältnis des abendländischen Menschen zur Sprache (Bewußtsein und unbewußte Formen der Rede)". *Lexis* III, 1, 5-49.

Madvig, J. N. (1971): "Ueber Wesen, Entwickelung und Leben der Sprache" [1842]. In: *Sprachtheoretische Abhandlungen*, hrsg. von Johansen, 81-116 [Zuerst in: (1875): *Kleinere philologische Schriften.* Leipzig].

Morciniec, Norbert (1964): *Die nominalen Wortzusammensetzungen in den westgermanischen Sprachen.* Breslau.

Nencioni, Giovanni (1946): *Idealismo e realismo nella scienza del linguaggio.* Florenz.

Ortega y Gasset, José (1934): "Ideas y creencias". In: *Obras Completas*, Tomo V (1933-1941). Madrid 1947, 381-409.

Pagliaro, Antonio (1955): *Glottologia. Parte speciale. Linguistica della "parola".* Rom.

Paul, Hermann (1920): *Prinzipien der Sprachgeschichte.* 5. A. Halle.

Pos, H.-J. (1938/39): "Phénoménologie et Linguistique". *Revue Internationale de Philosophie*, Bruxelles, I 354-365.

Sapir, Edward (1921/1961): *Language.* New York [Übers.: (1961): *Die Sprache. Eine Einführung in das Wesen der Sprache.* München].

Saussure, Ferdinand de (1916): *Cours de linguistique générale.* Publié par Ch. Bally et A. Sechehaye. Lausanne/Paris [Übers.: (1967): *Grundfragen der allgemeinen Sprachwissenschaft.* 2. A. Berlin [1. A. 1931]).

Sechehaye, Albert (1940): "Les trois linguistiques saussuriennes". *Vox Romanica* 5, 1-48.

Sejong (1446/1980): *Hun min jeong eum: Die richtigen Laute zur Unterweisung des Volkes*, hrsg. von H. Zachert, übers. von W. Franz und R. Itschert. Wiesbaden.

Skalička, Vladimir (1948): "The need for a linguistics of la parole". *Recueil linguistique de Bratislava I*, 21-38.

Stefanini, L. (1955): *Trattato di estetica*, I. Brescia.

Steinthal, Heymann (1855): *Grammatik, Logik und Psychologie, ihre Prinzipien und ihr Verhältnis zueinander.* Berlin.

Varro, Marcus Terentius (1938): *De Lingua Latina - Varro on the Latin language.* With an English translation ed. R. Kent. 2 Vol. London/Cambridge, Mass.

Vossler, Karl (1923): "Grammatik und Sprachgeschichte, oder das Verhältnis von "richtig" und "wahr" in der Sprachwissenschaft". In: *Gesam-*

melte Aufsätze zur Sprachphilosophie. München, 1-19.

Weinrich, Harald (1961): "Die 'clarté' der französischen Sprache und die Klarheit der Franzosen". *Zeitschrift für Romanische Philologie* 77, 528-544 [Wieder in: (1985): *Wege der Sprachkultur*. Stuttgart].

Werner, Otmar (1969): "Das deutsche Pluralsystem. Strukturelle Diachronie". In: *Sprache: Gegenwart und Geschichte. Jahrbuch des Instituts für deutsche Sprache 1968*. Sprache der Gegenwart 5. Düsseldorf, 92-128.

Žirmunskij, Viktor Maksimovič (1936): *Nacional'nyj jazyk i social'nye dialekty* [Nationalsprache und soziale Dialekte]. Leningrad.

Personenregister

Alfonso el Sabio   137
Alonso, D.   210
Altuchow, N.   164
Annambhatta   164
Archimedes   184
Aristoteles   12, 71, 86, 135
Arp, H.   36

Bach, E.   243
Bally, Ch.   33-35, 49
Baudouin de Courtenay, J.   196
Baumgarten, A. G.   207
Bloch, B.   39-41
Bloomfield, L.   39
Bolinger, D. D.   200

Carnap, R.   221
Chateaubriand, F.   136
Chomsky, N.   3-4, 28, 37-59, 126,
   133, 187, 195-197, 200-201, 204,
   216, 239-240, 242-245, 253
Croce, B.   195-196
Cros, Ch.   257

Dante, A.   162, 188
Descartes, R.   206
Duijker, H.C.J.   66
Durkheim, E.   192

Elizondo, S.   257

Flydal, L.   24

Gabelentz, G. von der   15-23, 28-
   29, 32, 46-48, 135, 273
Gardiner, A.   60-64
Gauguin, P.   218
Goethe, J.W.   123-124, 249

Harris, Z.   41-42
Hegel, G.W.F.   10-11, 14-15, 47,
   194, 201, 204-205, 210
Heine, H.   199
Hervás, L.   188
Hjelmslev, L.   66
Hockett, Ch.F.   223, 225, 255
Homer   151, 172
Humboldt, W. von   10-15, 38, 71,
   242, 273
Husserl, E.   196

Jakobson, R.   126
Jones, D.   40-41

Kafka, F.   99
Kant, I.   201

Ledyard, G.K.   252
Leibniz, G.W.   205, 208, 210
Leonardo da Vinci   12
Locke, J.   201
Lohmann, J.   63
Lukian   105

Madvig, J.N.   10, 14-15
Malmberg, B.   250
Marc, F.   218
Mey, R.   149
Michaux, H.   221
Monti, V.   247
Morciniec, N.   110
Morgenstern, Ch.   46, 52, 55

Nencioni, G.   39-40

Ortega y Gasset, J.   98

Pagliaro, A.   35-37, 58

Sachregister

Eugenio Coseriu

Einführung in die Allgemeine Sprachwissenschaft

Aus dem Spanischen übersetzt
von Monika Hübner, Silvia Parra
Belmonte und Uwe Petersen

UTB 1372, 1988, 332 Seiten, DM 29,80
ISBN 3-7720-1723-1

Diese "Einführung in die Allgemeine Sprachwissenschaft" ist keiner bestimmten Richtung verpflichtet. Die wichtigsten sprachwissenschaftlichen Schulen unseres Jahrhunderts werden vergleichend dargestellt, wobei ideengeschichtliche, sprachtheoretische und beschreibungstechnische Gesichtspunkte als Maßstab dienen. Am Schluß gelangt der Verfasser zu einer vorsichtigen Beurteilung der Leistung und Grenzen der verschiedenen Ansätze vor dem Hintergrund einer auf das Notwendigste beschränkten Darstellung seiner eigenen Position. Das Werk enthält eine Fülle von wertvollen Informationen zu den verschiedensten Gebieten der Sprachwissenschaft und kann über die beiden Register auch als Nachschlagewerk benutzt werden.

UTB   **Francke**

UTB
FÜR WISSEN
SCHAFT

Fachbereich
Linguistik

32 Porzig: Das Wunder der Sprache
(Francke). 8. Aufl. 1986. DM 26,80

80 Kutschera: Sprachphilosophie
(W. Fink). 1975. DM 24,--

102 Brekle: Semantik
(W. Fink). 3. Aufl. 1982. DM 12,80

105 Eco: Einführung in die Semiotik
(W. Fink). 5. Aufl. 1985. DM 26,80

130 Gülich/Raible:
Linguistische Textmodelle
(W. Fink). 1977. DM 19,80

200/201/300 Lewandowski:
Linguistisches Wörterbuch 1–3
(Quelle & Meyer). 4. Aufl. 1984/85.
je Band DM 32,80

325 Kapp (Hrsg.):
Übersetzer und Dolmetscher
(Francke). 2. Aufl. 1984. DM 22,80

328 Plett: Textwissenschaft und
Textanalyse
(Quelle & Meyer). 2. Aufl. 1979.
DM 22,80

450 Werlich: Typologie der Texte
(Quelle & Meyer). 2. Aufl. 1979.
DM 10,80

483 Fluck: Fachsprachen
(Francke). 3. Aufl. 1985. DM 22,80

716 Heringer/Öhlschläger/Strecker/
Wimmer: Einführung in die
praktische Semantik
(Quelle & Meyer). 1977. DM 26,80

800 Hannappel/Melenk:
Alltagssprache
(W. Fink). 2. Aufl. 1984. DM 22,80

819 Koller: Einführung in die
Übersetzungswissenschaft
(Quelle & Meyer). 3. Aufl. 1987.
DM 29,80

824 Leisi: Paar und Sprache
(Quelle & Meyer). 2. Aufl. 1983.
DM 24,80

886 Völzing: Begründen, Erklären,
Argumentieren
(Quelle & Meyer). 1979. DM 22,80

1159 Bühler: Sprachtheorie
(Gustav Fischer). 1982. DM 28,80

1349 Lühr: Neuhochdeutsch
(W. Fink). 2. Aufl. 1988. DM 24,80

1372 Coseriu: Einführung in die
Allgemeine Sprachwissenschaft
(Francke). 1988. DM 29,80

1411 Gadler: Praktische Linguistik
(Francke). 1986. DM 16,80

1415 Snell-Hornby:
Übersetzungswissenschaft
(Francke). 1986. DM 34,80

1441/1442 Felix/Fanselow:
Sprachtheorie 1/2
(Francke). 1987.
Je Band DM 29,80

Preisänderungen vorbehalten.

Das UTB-Gesamtverzeichnis erhalten Sie bei Ihrem Buchhändler oder direkt von UTB, 7000 Stuttgart 80, Postfach 80 11 24.